Violão e identidade nacional

Marcia Taborda

Violão e identidade nacional

Rio de Janeiro, 1830-1930

CIVILIZAÇÃO BRASILEIRA

Rio de Janeiro
2011

PROJETO GRÁFICO DE MIOLO
Evelyn Grumach e João de Souza Leite

DIAGRAMAÇÃO DE MIOLO
Abreu's System

CAPA
Raul Ermelindo Taborda

CIP-BRASIL. CATALOGAÇÃO-NA-FONTE
SINDICATO NACIONAL DOS EDITORES DE LIVROS, RJ

T118v
Taborda, Marcia, 1965-
Violão e identidade nacional: Rio de Janeiro 1830-1930/Marcia Taborda. - Rio de Janeiro: Civilização Brasileira, 2011.

Prêmio FUNARTE de produção crítica em música
Anexo
Inclui bibliografia
ISBN 978-85-200-1029-7

1. Violão - Rio de Janeiro (RJ) - História. 2. Violão - Aspectos sociais - Rio de Janeiro (RJ). 3. Música popular - Rio de Janeiro (RJ) - História e crítica. 4. Cultura popular - Rio de Janeiro (RJ). 5. Rio de Janeiro (RJ) - Usos e costumes - Século XIX. 6. Rio de Janeiro (RJ) - Usos e costumes - Século XX. I. Título.

10-6575
CDD: 787.87
CDU: 780.614.131

Texto revisado segundo o novo Acordo Ortográfico da Língua Portuguesa.

Direitos desta edição adquiridos pela
EDITORA CIVILIZAÇÃO BRASILEIRA
Um selo da
EDITORA JOSÉ OLYMPIO LTDA.
Rua Argentina, 171 – Rio de Janeiro, RJ – 20921-380
Tel.: 2585-2000

Impresso no Brasil
2011

Sumário

Agradecimentos

Para realizar esta pesquisa contei com a colaboração de pessoas às quais faço aqui meu agradecimento.

Gostaria de destacar a importância e o privilégio de ter como orientador e querido amigo José Murilo de Carvalho, a quem sou profundamente grata pela generosidade com que sempre me acolheu. Aos professores Elizabeth Travassos, Guilherme Pereira das Neves, Marcelo Verzoni e Marcos Luís Bretas, o meu reconhecimento pelas observações que enriqueceram o trabalho. Como todo pesquisador e músico que precisa parar parte de sua atividade profissional para submergir em arquivos, agradeço à Capes, cujo suporte financeiro permitiu a dedicação à pesquisa. A Mercedes Reis Pequeno, Glícia Campos, Rachel Soihet, Martha Abreu, Lucia Maria Bastos Pereira das Neves, José Ramos Tinhorão e Manuel Morais, o meu agradecimento. A Turíbio Santos, a minha gratidão pelo estímulo de sempre. Sou gratíssima a Jesus Chediak e a meu amigo de infância de um dia, Sérgio Cabral.

Aos queridos Luciana Requião, Monica Leme, João Maia e Suely Campos Franco, agradeço o carinho e apoio em todos os momentos de dúvida.

Um agradecimento especial a Arlete, minha mãe, ao Zuza e a meus irmãos, Verônica e Marcelo Ermelindo, companheiros de todas as horas.

Dedico este trabalho a Arthur Loureiro de Oliveira, que despertou em mim o gosto pela pesquisa, e a José Maria Neves, amigo cuja personalidade e brilho intelectual fazem tanta falta. (*In memoriam.*)

Ao meu amor, Raul.

Introdução

O violão é o personagem central deste trabalho. Não apenas o objeto, mas o uso que se fez dele aqui. O instrumento difundiu-se, entranhando-se em todos os setores da cultura brasileira. Tornou-se, desde os primeiros tempos da colônia até hoje, o fiel depositário das emoções e criações do nosso povo: um acervo vivo e pulsante. Esteve presente tanto nas manifestações das camadas mais humildes da população quanto nas vivências dos mais requintados grupos das elites econômicas, políticas e intelectuais.

Quando chegou ao Brasil era ainda uma viola de arame de quatro ordens de cordas, instrumento indispensável na orquestra jesuítica, nas mãos dos curumins da catequese, e que também acompanhou em Pernambuco as cantorias de Bento Teixeira, autor da "Prosopopeia", obra inaugural da literatura brasileira do século XVI. No século seguinte, já com cinco ordens de cordas, fez na Bahia as delícias de Gregório de Matos, poeta que acompanhava à viola os bailados das mulatas do Recôncavo. No século XVIII, a mesma viola de arame fazia o encanto das açafatas da corte de D. Maria I, rainha de Portugal. Enquanto na Europa as cantigas de Caldas faziam furor, aqui no Brasil as violas estavam tão difundidas que até nos testamentos de bandeirantes eram muitas vezes arroladas. Durante o Império, já agora com seis cordas simples, foi a velha viola batizada de violão, e tornou-se a grande, ou melhor, o grande metamorfoseador das danças europeias (valsas, polcas, *schottisches*, mazurcas etc.) em danças brasileiras de idêntica denominação. Foi também o violão constante acompanhador dos gêneros e subgêneros de visível caráter nacional: modinhas, lundus, cateretês, maxixes, choros e sambas.

O violão de seis cordas simples surgiu na Europa no fim do século XVIII. Chegou ao Brasil no começo do século XIX, fator que levamos em conta para delimitar o início desta investigação. Como limite posterior, determinamos 1930. Essa periodização justifica-se pela própria trajetória do instrumento.

Foi uma época marcada por grandes mudanças nas diversas formas de utilização do violão, principalmente relacionadas a avanços tecnológicos. O surgimento do processo elétrico das gravações fonográficas e a respectiva divulgação por meio do rádio determinaram novos rumos, que levariam a música popular urbana à condição de produto; para tanto, fez-se necessária a modificação na forma de conceber e organizar o instrumental de base para veiculação desse repertório. As decorrências desse processo geraram não apenas matéria-prima para o nascimento da chamada cultura de massas, como estabeleceram também um novo paradigma no ordenamento das formas de comunicação.

Apesar de justificada a delimitação cronológica, contraditoriamente iniciamos o trabalho desrespeitando a periodização proposta. E não poderia ser diferente. Para investigar a trajetória do violão, pareceu-nos imprescindível tratar da organologia, da natureza física desse objeto e da palavra que o nomeia. O estudo da palavra, como em nenhum outro caso, adquire aqui relevância e gera resultados que não podem ser subestimados. A análise de documentos fundamentais de nossa história, incorretamente utilizados na bibliografia musical, permitiu corrigir inúmeros erros de tradução em relatos de viajantes, nas referências que fizeram à música e aos instrumentos aqui encontrados. Além disso, o primeiro capítulo é dedicado também a examinar a introdução do violão na sociedade brasileira.

Nos dois capítulos subsequentes, respeitando a cronologia proposta, buscou-se reconstituir os processos que levaram ao surgimento da técnica e do repertório brasileiro, no que tange à música de concerto, e esmiuçar aquela que se tornaria a grande realização do instrumento: servir de suporte harmônico aos gêneros típicos formadores da música popular. A presença do violão no desempenho da sustentação rítmico-harmônica revelou-se, em alguns casos, aspecto identificador do próprio gênero musical a que servia de base. Basta lembrar a importância que assumiu na música brasileira o chamado baixo-cantante, realizado pelo acompanhamento violonístico, e, mais recentemente, a batida "bossa-nova", que transpôs para o violão o padrão de acompanhamento que tipifica o próprio gênero.

Apesar de a pesquisa girar em torno de um objeto musical, as músicas por ele veiculadas na dimensão da execução e da expressividade não se encontram aqui representadas. Acreditamos que o acervo musical hoje disponível, especialmente os cerca de 7 mil registros fonográficos do período inicial das gravações mecânicas, constitui documentação fundamental para o desenvolvimento de uma musicologia voltada para as práticas interpretativas. No entanto, em lugar de buscar uma tipificação dos conjuntos de choro a partir das características de execução (como soavam, como eram musicalmente estruturados, qual era o papel de cada instrumento no conjunto), nos impusemos outras questões: quem eram esses músicos, qual era sua relação com a cidade, eram profissionais ou amadores, de que viviam, quais eram os gêneros que executavam. O último capítulo se desenvolve em torno da pergunta "Um instrumento nacional?".

Se a identificação do violão com os chorões e os conjuntos populares serviu de sustentação ao discurso que depreciativamente relacionava o instrumento a setores marginais da sociedade, o timbre do violão e o ambiente sonoro por ele criados tornaram-se, igualmente, símbolos emblemáticos da nacionalidade. Isso muito contribuiu para a tensão entre "pequena" e "grande tradição", que parece marcar a cultura brasileira contemporânea.

Formulada a hipótese, vamos obrigatoriamente tocar em dois pontos cruciais, molas mestras do debate sobre a cultura brasileira, mais especificamente de sua face musical: a questão do popular em contraponto com o erudito e o dilema entre a expressão nacional e a cópia dos modelos estrangeiros.

Na maior parte da bibliografia musical brasileira, a disposição dos mundos da cultura ainda está claramente apartada. Uma das nossas mais conceituadas obras de referência denomina-se *Enciclopédia da música brasileira: popular, erudita e folclórica*. Os campos de estudo são da mesma forma delimitados na organização dos currículos universitários: a vertente erudita cabe aos musicólogos; as manifestações regionais, as culturas abarcadas pelo termo folclore são matéria da etnomusicologia; a música popular, muito recentemente absorvida pela academia, tem sido tratada isoladamente, cabendo-lhe um programa diferenciado, tal como desenvolvido pela Universidade do Estado do Rio de Janeiro no bacharelado em música popular. Em contrapartida, estudos recentes apontam para a compreensão das manifestações musicais no que há de interação entre elas: embora se reconheça a especificidade dos fazeres, a música enquanto fenômeno social total transcende domínios.

Nesse sentido é preciosa a contribuição do historiador Peter Burke, no estudo dedicado à cultura popular. Reconhecendo por um lado dicotomia cultural, por outro, troca e reciprocidade, o historiador observa que a atenção dos estudiosos deveria concentrar-se na interação e não na divisão entre culturas. A noção de troca proposta por Peter Burke parece-nos bastante apropriada, principalmente por romper com a dureza e o isolamento embutidos na divisão entre cultura hegemônica e cultura subalterna, esta naturalmente subjugada àquela. É sobretudo enriquecedora, por abolir a construção em que os processos de interação eram encarados pela ótica da deformação, da distorção, do rebaixamento (ou a contrapartida da ascensão), conceitos que permearam a grande maioria dos estudos dedicados à música brasileira.

O violão se constituiu num objeto privilegiado de análise a partir do momento em que sua utilização suscitou inúmeras questões relacionadas ao lugar social que caberia a seus executantes. A discussão esteve presente na literatura, nos jornais, nas revistas. A associação do instrumento aos setores marginalizados constituiu o principal argumento daqueles que defenderam a impossibilidade de o violão tornar-se um instrumento "nobre", digno de ser apresentado em salas de concerto, pois a ele caberiam apenas noitadas de seresta, plangentes modinhas, lundus e, posteriormente, buliçosos (e depreciáveis) maxixes e sambas.

Contudo, o violão não estava apenas nas ruas. Frequentou o Palácio do Catete nas mãos de Nair de Teffé, primeira-dama, esposa do presidente Hermes da Fonseca; foi o grande companheiro e o arquivo musical de Villa-Lobos, compositor responsável pelo surgimento do repertório de concerto dedicado ao instrumento. Configura-se, assim, mais uma ferramenta da teoria desenvolvida por Peter Burke: a figura do mediador, grupo de pessoas que atuavam entre a grande e a pequena tradição.

No âmbito da música brasileira é Heitor Villa-Lobos quem encarna com extrema propriedade o papel de mediador. Na juventude, Villa foi um chorão. Sua intimidade com esses músicos era tanta, que chegou a declarar certa vez a um jornalista francês que tinha se formado no Conservatório de Cascadura, sugerindo que seu aprendizado musical se dera entre compositores e instrumentistas da música popular.

A convivência entre intelectuais e músicos populares ocorreu com frequência na vida carioca. Ao organizar ciclo de conferências sobre temas do folclore, Afonso Arinos convidou o compositor e violonista João Pernambuco para ilustrar a parte musical. Em outra ocasião, Arnaldo Guinle, Coelho Neto e Floresta de Miranda, visando ao lançamento de uma antologia da música popular, solicitaram a João Pernambuco que os acompanhasse na excursão ao Nordeste para realizar a coleta de material.

A união entre mundos da cultura entrou para o folclore carioca no peculiar episódio descrito a seguir. O calendário de festejos do Rio era marcado pela tradicional festa do bumba meu boi, organizada anualmente por Mello Moraes Filho. O cortejo partia de sua residência e percorria um trajeto de visita a amigos, destacadamente ao Visconde de Ouro Preto, em cuja casa findava a festa. O Visconde de Ouro Preto (Afonso Celso de Assis Figueiredo), ministro da Marinha em 1866, ministro da Fazenda em 1878, presidente do Conselho de Ministros do último gabinete monárquico em 1889, era um dos mais ilustres representantes da elite não só política, como também intelectual, da nação.

Mello Moraes, precisando de um homem de confiança para sair no boi, consultou o amigo violonista Candinho Ramos, que indicou para tal seu velho compadre Alexandre Gonçalves Pinto. Orientaram Alexandre a redobrar-se em cuidados, pois seu antecessor havia destruído um boi, que custara bom dinheiro. Alexandre, o novo representante do boi na festa em casa do aristocrata, nada mais era que um humilde carteiro, em suas palavras, "bom chefe de família, funcionário honrado, tocador de cavaquinho e cuera violão". Chorão emérito, publicou o livro *O choro: reminiscências dos chorões antigos*, no qual, além de retratar com notável propriedade o mundo do choro no Rio de Janeiro, revela ainda todo o conhecimento que tinha das festas populares, da vivência das ruas, dos gêneros musicais em voga, do sabor das comidas e bebidas degustadas, enfim, de todo um universo representativo da cultura popular carioca.

Alexandre foi apresentado ao Dr. Mello Moraes como o homem escolhido para sair no boi, como nos conta: "Na hora regimental lá estava eu firme para assumir o compromisso." Viveu a fantasia com tal intensidade que distribuiu chifradas que acabaram por destroçar definitivamente o sagrado mamífero.

> Mas o caso interessante é que se meu antecessor foi péssimo boi eu ainda fui pior!, pois ia pelas ruas afora convencido mesmo que era um boi de verdade bravo, pulando, dando marradas a torto e a direito (...) que quando cheguei em casa do inesquecível Visconde de Ouro Preto, o boi estava em petição de miséria, com o carão todo esfacelado e com um chifre só.

Candinho, quando reparou no estado do bicho, botou as mãos na cabeça, dizendo:

— Compadre, você me colocou mal com o compadre Mello Moraes!

Na maior calma, Alexandre respondeu:

— Pois não foi para dar marradas que eu saí no boi?

Antes de entrar na casa do Visconde de Ouro Preto, Alexandre pendurou o animal pelo queixo em uma das janelas da sala onde se achavam os participantes da festa.

> Reparando o Visconde de Ouro Preto no carão do bicho na janela e olhando para a sala bem iluminada, perguntou-lhe o que era aquillo? Alexandre respondeu com a maior ingenuidade: Este boi me tem muita amizade, que não me vendo veio para a janela me espiar!

Esse divertidíssimo episódio, além de precioso documento do folclore musical urbano, reitera que a fronteira entre a cultura do povo e a cultura das elites é vaga. Muito mais enriquecedor que estudá-las buscando classificação estanque e compartimentada será investigá-las na força e na vitalidade características do processo de interação.

O desempenho do violão no estabelecimento desses processos não poderia ser menosprezado. Pela abrangência social que assumiu, o instrumento ocupou lugar privilegiado na investigação da constituição e da dinâmica do peculiar "tráfego de mão dupla" que deu origem, a partir de fins do século XIX, à cultura brasileira contemporânea. Veja-se a riqueza do chamado "abrasileiramento das danças europeias", que encontrou na voz do violão o meio pelo qual novos gêneros pudessem emergir deste lado do oceano.

Outro aspecto da atuação do violão nos leva a abordar uma constante que também sobressai nos estudos dedicados à música brasileira: a busca pela expressão nacional. O tema que já ocupava intelectuais brasileiros desde fins do século XIX e que marcou fortemente a produção literária da época toma corpo, no âmbito da música, a partir do movimento modernista, que teve em Mário de Andrade o principal teórico.

Como bem observou a antropóloga Elizabeth Travassos no livro *Modernismo e música brasileira*, o modernismo não inventou o nacionalismo musical, mas trouxe para a ordem do dia a necessidade de repensar a cultura brasileira em sua particularidade e em suas relações com outras culturas.

A ideologia nacionalista recomendou aos compositores como caminho possível para a modernidade dar as costas ao modelo europeu e submergir, em contrapartida, nas raízes primitivas da nação. Primitivismo que, segundo Mário, não seria de ordem estética, mas social, procurando conformar a produção humana do país à realidade nacional. Para tanto, ao artista "intelectual-erudito" caberia "dar pros elementos já existentes uma transposição erudita que faça da música popular, música artística", uma vez que "uma arte nacional já está feita na inconsciência do povo", como disse Mário no *Ensaio sobre a música brasileira*. Caberia assim ao compositor inspirar-se em nossa musicalidade étnica, embrenhar-se no folclore nacional, para erigir seu particular monumento à nacionalidade. Como resultado, salvo raríssimas exceções, a produção nacionalista terá sido marcada pelas citações rítmico-melódicas pinçadas do universo folclórico, procedimento que acabou por abstrair muito da organicidade dessas obras. Quantos ponteios e maracatus terão escapado da maldição do pastiche?

Note-se que a orientação andradiana de transpor para o universo "artístico" a produção popular refere-se à música tradicionalmente brasileira, nascida e criada no ambiente rural. Quanto à música urbana, ainda no *Ensaio*, Mário recomenda que a documentação não seja desprezada, mas condiciona sua validade à percepção do observador, que deveria ser capaz de "discernir no folclore urbano o que é essencialmente autóctone, o que é tradicionalmente nacional, o que é essencialmente popular, enfim, do que é popularesco, feito à feição do popular, ou influenciado pelas modas internacionais". José Miguel Wisnik, no livro *O nacional e o popular na cultura brasileira*, observou com acuidade que "sintomática e sistematicamente o discurso nacionalista do Modernismo musical bateu nessa tecla: re/negar a cultura popular emergente, a dos negros da cidade, em nome da estilização das fontes da cultura popular rural, idealizada como a detentora pura da fisionomia oculta da nação".

Sabemos que nesse contexto o violão exerceu papel de destaque. Ao vincular-se à massa de deseducados urbanos, o instrumento viu-se banido de qualquer manifestação pretensamente "artística". No entanto, num incrível contraponto, textos da época fazem referência ao violão como o "alto-falante da alma nacional".

Essa vinculação simbólica advém de seu desempenho e de sua excelência no acompanhamento de canções, mas não de todas as canções, e sim da canção típica regional: rural, autêntica, a "verdadeira" manifestação da essência do ser brasileiro. Assim, e muito curiosamente, se operou o cruzamento do modernismo com a música popular: em meados dos anos 1920, o nacionalismo modernista resvala para o regionalismo, o que vem explicar o grande sucesso de Catullo da Paixão Cearense. A consagração da face regionalista do movimento se deu em 1926 com o concurso "O que é nosso", promovido pelo jornal *Correio da Manhã*, que propagou o modismo da canção típica cantada e executada ao violão por jovens senhoritas da sociedade, processo que detalharemos no corpo do trabalho.

O cenário onde a trajetória se desenvolve é a cidade do Rio de Janeiro. A música regional carioca tomou incontestavelmente foros de música nacional. Gêneros como o choro e o samba surgiram e se desenvolveram na cidade, consagrando repertório incorporado ao acervo nacional. Deve-se observar, no entanto, que essa obra foi construída por músicos de todo o país. Os grandes violonistas brasileiros vieram de todos os recantos do Brasil: Quincas Laranjeira, Meira e João (Pernambuco), Dilermando Reis, Canhoto e Garoto (São Paulo), José Augusto de Freitas (Minas Gerais), Levino da Conceição (Mato Grosso) e, na história mais recente, Sebastião Tapajós (Pará) e Turíbio Santos (Maranhão), músicos que desenvolveram suas carreiras transitando por rádios, estúdios, casas de espetáculos e bares cariocas.

A "capital irradiante" abrigou os novos meios de comunicação, a indústria fonográfica, o rádio, a imprensa, o cinema, tornando-se, como bem observou Nicolau Sevcenko, "o eixo de irradiação e caixa de ressonância das grandes transformações em marcha pelo mundo assim como palco de sua visibilidade e atuação em território brasileiro". O Rio de Janeiro passou a ditar o comportamento, os valores, os modos de vida, práticas, enfim, que transformaram a sensibilidade cultural da nação.

Partindo desses pressupostos, construímos a pesquisa. As informações levantadas sobre o violão confirmaram a importância do instrumento como objeto de estudo, assim como a riqueza e variedade de fontes com que julgávamos poder realizá-la. Apesar da onipresença no tempo e no espaço geográfico, histórico e musical, a bibliografia sobre o instrumento é tão exígua que não seria exagero classificá-la de inexistente. À enorme popularidade do instrumento em nosso país, contrapõe-se a escassez de fontes bibliográficas que tratem de sua introdução e difusão na cultura brasileira.

CAPÍTULO 1 As origens do violão

Dir-se-ia que a viola, como as pessoas de carne e osso, tinha corpo e alma, um pulsar próprio, estonteando nas suas vibrações os espíritos e corações frágeis, com tendência para rachadura, à semelhança das louças e vidros finos.

Manuel Ferreira, *A viola de dois corações*

A PALAVRA

Qualquer trabalho sobre o violão deve necessariamente partir do estudo da palavra que o designa, mero aumentativo de viola, vocábulo empregado para esse instrumento única e exclusivamente nos países de língua portuguesa. Em todas as outras principais línguas, a denominação do instrumento é derivada do árabe *qitara*, por sua vez tomado do grego *kithara*: em francês, *guitare*; em alemão, *Gitarre*; em inglês, *guitar*; em italiano, *chitarra*; em espanhol, *guitarra*.

É praticamente impossível precisar a evolução e a expansão dos cordofones. Desde a Idade Média, farta iconografia europeia nos revela imagens de deuses, reis, damas, anjos músicos pairando suavemente e acalentando toda sorte de instrumentos de cordas: cítaras, saltérios, alaúdes, guitarras, harpas, liras. Se por um lado essa preciosa documentação nos deu conhecimento da existência de tantas variedades de cordofones, por outro comprovou a enorme confusão da nomenclatura gerada principalmente pelo fato de um mesmo instrumento ser conhecido por vários nomes, ao mesmo tempo que um mesmo nome era aplicado a vários instrumentos.

Por volta do século XIV, havia na Europa, entre tantos outros, dois tipos de instrumentos da família do alaúde que adquiriram particular importância: a guitarra mourisca e a guitarra latina. Juan Ruiz, arcipreste de Hita, menciona esses e outros instrumentos nos versos do *Libro de buen amor*,[1] numa cena de êxtase na qual os instrumentos, ganhando vida, cantam e dançam para celebrar a alegria da chegada de Don Amor:

> *Rescíbenlo omnes e dueñas con amores,*
> *Con muchos instrumentos salen los atanbores.*
> *Allí sale gritando la guitarra morisca,*
> *De las voces aguda, de los puntos arisca,*
> *El corpudo laud que tiene punto a la trisca*
> *La guitarra latina con esos se aprisca*[2]

Além de dar conhecimento da variedade de instrumentos executados no período, o poema, datado de 1330, nos permite vislumbrar as particularidades timbrísticas que os definiam: a descrição da guitarra mourisca (de caixa ovalada e cordas metálicas executadas geralmente com plectro) *de las voces aguda, de los puntos arisca*, leva a crer que o instrumento possuía sonoridade gritante, mais apropriada ao acompanhamento *rasgueado*. A guitarra latina, com suas cordas de tripa pinçadas geralmente com os dedos, deveria soar com mais doçura.

O termo espanhol *rasgueado*, traduzido em português como rasgado, refere-se à técnica (e ao estilo) de execução da mão direita, na qual os dedos, com movimento em bloco alternando os sentidos ascendente e descendente, atingem todas as cordas, metaforicamente rasgando-as. No ponteado, os dedos da mão direita articulam individualmente as diferentes cordas, respeitando a individualidade das vozes.[3]

O autor refere-se também a "*la vihuela de péndola*" e a "*la vihuela de arco*", isto é: a viola tocada com plectro (palheta, em geral de pena de ave) e a viola tocada com arco. Sabemos ainda que havia na época a viola *da gamba* (viola de perna, como o violoncelo atual) e a viola *da braccio* (viola de braço, para distinguir da viola de perna).

Os termos *vihuela* (Espanha), *viola* (Itália), *viole* (França), derivados do latim *fidicula*, eram usados para designar grande variedade de cordofones. Aplicavam-se tanto a instrumentos de arco — os antepassados da família do violino e da viola — como a instrumentos executados com plectro ou com os dedos. Aos poucos o nome *vihuela* passou a designar apenas um tipo de instrumento aparentado à guitarra.

Vihuela e guitarra distinguiam-se pelo número de cordas, pelo modo de execução — ponteado naquela e rasgueado nesta —, pelo repertório e pelas classes sociais a que se destinavam. Juan Bermudo observou que, para se conseguir uma guitarra, bastava tirar da *vihuela* duas cordas: a mais aguda e a mais grave.

Enquanto a guitarra tornou-se confidente das emoções da plebe, a *vihuela* foi instrumento palaciano, veículo para composição de obras que viriam a enriquecer enormemente a música instrumental do período. Esse instrumento, que floresceu e se difundiu principalmente na Espanha durante o século XVI, chegou a Portugal com o nome de viola (a viola da mano). A respeito do nome, Tomás Borba e Lopes Graça assinalam no *Dicionário de Música* a antiga prática de vários países da Europa de esculpir uma figura feminina, ou então uma flor — a violeta (do latim *viola*) —, na parte superior do cravelhal das violas de cordas friccionadas. Tal fato levou alguns musicólogos à suposição de que a flor tivesse dado nome à família desses instrumentos.

Cumpre notar que a palavra viola (do mesmo modo que *vihuela*) se consolidou historicamente sempre acompanhada de complemento: viola da mano, viola de arco, viola da gamba, viola da braccio, viola d'amore. Em Portugal e no Brasil, onde alcançou extrema popularidade, incorporou designações regionais como viola de tripa, viola de arame, viola de dois corações, viola braguesa, beiroa, micaelense, caipira e viola de cocho.

Entre nós a palavra viola mantém até hoje o significado de violão. Embora se especializasse na designação do instrumento inicial de quatro ou cinco cordas duplas, limitado quase exclusivamente à área rural, conservou também, de forma residual, o valor semântico de violão, este, sim, quase exclusivamente limitado à área urbana litorânea. O instrumento de cinco cordas duplas, como era tradição, passou a ser sempre identificado pelo complemento: viola de arame, viola de dez cordas, viola caipira, viola sertaneja.

Francisco Alves, o "Chico Viola", tocava só violão, assim como Mano Décio da Viola e o compositor Paulinho da Viola, que nos versos do samba "Guardei minha viola" confirma o uso do termo:

> Minha viola vai pro fundo do baú,
> Não haverá mais ilusão,

Quero esquecer ela não deixa,
Alguém que só me fez ingratidão
No carnaval quero afastar
As mágoas que o meu samba não desfaz
Pra facilitar o meu desejo
Guardei meu violão, não toco mais... minha viola

O mesmo se dá em Portugal, país em que a palavra viola nomeia dois tipos de cordofone. No norte dá-se o nome viola ao instrumento que mantém a antiga forma quinhentista e ainda se encontra em plena vitalidade; no sul, onde esse instrumento se extinguiu, designa o seu substituto de seis cordas simples. Para distingui-lo da viola de cinco ordens de cordas, no norte dá-se ao instrumento de cordas simples o nome de violão.

É importante mencionar que no Brasil a palavra viola nomeia também instrumento da família dos violinos (o alto dos cordofones de arco). Segundo o *Dicionário Aurélio*, espécie de violino de maiores dimensões, afinado uma quinta abaixo da afinação do violino e uma oitava acima da do violoncelo. Já o vocábulo guitarra fixou-se no Brasil ao designar o mais jovem instrumento da família, a guitarra elétrica, cujo processo de difusão se iniciou depois da Segunda Guerra Mundial.

ORGANIZANDO O "SAMBA DO CRIOULO DOIDO", A PALAVRA NO TEXTO DOS VIAJANTES

A utilização da palavra viola nos países de língua portuguesa para denominar o mesmo instrumento que no restante da Europa chamava-se guitarra gerou na literatura brasileira inúmeros mal-entendidos e erros de tradução, cuja revisão se faz absolutamente necessária. Grande parte das informações citadas na bibliografia musical tem por base relatos de viajantes que por aqui passaram em diferentes períodos da história. Escritos nos idiomas originais (francês, inglês, alemão etc.), exigiam do tradutor, para a correta versão, não somente o domínio da língua, mas também o conhecimento das peculiaridades dos instrumentos mencionados. Verifica-se que esse desconhecimento foi responsável pela difusão de inúmeros erros de interpretação, notadamente pela impossibilidade de os tradutores reconhecerem quando *guitar* ou *guitare* deveria significar viola ou violão. Tal é o caso da tradução dos textos de Debret.

O pintor Jean-Baptiste Debret, que veio para o Rio de Janeiro em 1816 com a Missão Francesa, registrou no livro *Viagem pitoresca e histórica ao Brasil* "documentos relativos aos resultados dessa expedição pitoresca", obra que se tornou referência obrigatória para os estudiosos da história e da cultura brasileiras. No capítulo "Loja de barbeiros", o autor cuidadosamente descreve os atributos e as peculiaridades desse curioso profissional: "Dono de mil talentos, ele [o barbeiro] tanto é capaz de consertar a malha escapada de uma meia de seda, como de executar, no *violino* ou na clarineta, valsas e contradanças francesas, em verdade arranjadas em seu modo."[4]

O pesquisador José Ramos Tinhorão, cuja produção se revela preciosa ferramenta para quem se interessa pelo estudo da música popular brasileira, investigou em alguns de seus livros a chamada música de barbeiros, como em *Música popular — um tema em debate*, no qual lhe dedica um capítulo. Ao mencionar a atividade dos barbeiros cariocas, Tinhorão se vale das preciosas anotações de Debret, assim traduzidas: "Dono de mil talentos, ele [o barbeiro] tanto é capaz de consertar a malha escapada de uma meia de seda, como de executar, no *violão* ou na clarineta, valsas e contradanças francesas, em verdade arranjadas em seu modo."[5]

Ao utilizar a referência ao violão e à clarineta como instrumental característico desses profissionais, o autor concebe uma relação de familiaridade entre a música de barbeiros e a dos chorões, grupo que se estabeleceria na cidade do Rio de Janeiro por volta de 1870, atestando que aqueles seriam de fato precursores destes. A música dos chorões, esta sim, teve no instrumental — solista acompanhado de violões e cavaquinhos — uma das principais características. Tinhorão completa a análise afirmando que "na cidade do Rio de Janeiro foi a música de barbeiros mãe do choro, avó do regional profissional do rádio e bisavó dos conjuntos de bossa-nova".[6]

Voltando à informação original, devemos observar que Debret menciona como instrumentos executados pelos barbeiros o *violon*,[7] ou seja, *violino* e clarineta, não fazendo qualquer alusão, ao menos nesse trecho, à presença da *guitare*, a viola brasileira.

Assim sendo, as características atribuídas aos barbeiros, mesmo por Tinhorão, apontam, mais do que para um primeiro processo de organização do choro conjunto, para um grupo de animadores cuja participação tornou-se imprescindível nos coretos, procissões, festas profanas e religiosas do Império, como observou Manuel Antônio de Almeida:

> As festas daquele tempo eram feitas com tanta riqueza e com muito mais propriedade, a certos respeitos, do que as de hoje: tinham entretanto alguns lados cômicos: um deles era a música de barbeiros à porta. Não havia festa em que

> se passasse sem isso: era coisa reputada quase tão essencial como o sermão: o que valia, porém, é que nada havia mais fácil de arranjar-se meia dúzia de aprendizes ou oficiais de barbeiro, ordinariamente negros, armados, este com um pistão desafinado, aquele com uma trompa diabolicamente rouca, formavam uma orquestra desconcertada, porém estrondosa, que fazia as delícias dos que não cabiam ou não queriam estar dentro de uma igreja.[8]

Ao comentar o figurino dos barbeiros, Mariza Lira acrescenta: "As figuras vestiam-se grotescamente: jaqueta de brim branco, calça preta, ajustadíssima e meio curta, chapéu branco de palha tecida, com a copa em funil e abas caídas, terminadas em franjas da própria palha. Andavam descalços."[9] Tais descrições fazem suspeitar que os barbeiros, pela algazarra e animação características, seriam antes precursores da animada folia carnavalesca. Os instrumentos mencionados são sempre de timbre estridente, e nesse contexto o insuficiente volume de som do violão jamais seria notado.

Esse erro de tradução se difundiu pela literatura brasileira, perpetuado por diversos autores em diferentes contextos. É ainda surpreendente que o mesmo engano tenha sido cometido por Sérgio Milliet, tradutor da edição integral da obra.[10]

Debret faz menção à *guitare* em outras passagens. Ao descrever a Festa do Divino, conta: "Chama-se, no Rio de Janeiro, folia do Imperador do Espírito Santo um grupo de jovens, tocadores de viola, de pandeiros e de ferrinhos precedidos de um tambor."[11] Embora Sérgio Milliet tenha feito referência aos tocadores de violão, a *guitare* citada e ilustrada por Debret parece ser uma viola.[12] Na aquarela, retratou um pequeno conjunto de músicos, alguns com instrumentos de percussão e dois deles empunhando um instrumento de cordas duplas de pequeno porte.

A observação de Debret coincide com a de Mello Moraes Filho: "Os ferrinhos, os pandeiros e os pratos tiniam, os tambores rufavam, as violas enfeitadas casavam-se às vozes dos foliões bem-vestidos, que, desde a porta da igreja, cantarolavam."[13] A partir da metade do século, quando o violão se espalhou pela cidade do Rio de Janeiro, a viola lhe cedeu o papel de suporte harmônico nas manifestações musicais dessa festividade.

Em *Reise in Brasilien, 1817-1820,*[14] Spix e Martius documentam a presença da viola e a descrevem com rara precisão:

> O brasileiro tem, tal como o português, uma boa sensibilidade para modulações agradáveis e sequências regulares, dando assim ao seu canto um maior apoio graças ao acompanhamento simples da viola. A viola é aqui, como no sul da Europa, o instrumento preferido, ao passo que o piano é uma muito rara peça mobiliária que se encontra apenas nas casas ricas. As canções populares são acompanhadas pela viola e tem a sua origem, tanto em Portugal como no próprio país.[15]

É sabido que Spix e Martius possuíam conhecimento musical. Durante a viagem, anotaram a melodia de modinhas, de um lundu instrumental, e preocuparam-se em descrever o instrumento com apurada correção, ao colocar a palavra viola entre parênteses, para não deixar dúvida de que a *guitarre* europeia mencionada era a viola brasileira. Mais uma vez a tradução veio para confundir:

> O brasileiro tem, como o português, fino talento para a modulação e progressão harmônica, e baseia o canto com o simples acompanhamento do violão. A viola, tanto como no sul da Europa, é o instrumento favorito; o piano é um dos móveis mais raros e só se encontra nas casas dos abastados. As canções populares, cantadas com acompanhamento do violão, são parte originárias de Portugal, parte inspiradas pela poesia indígena.[16]

Alguns relatos sobre a atividade musical do Padre José Maurício também foram marcados por esse tipo de equívoco. Ayres de Andrade, no livro *Francisco Manuel da Silva e seu tempo*, atestou:

> E mesmo depois de ter aberto o curso de artinha na Rua das Marrecas, nem ao menos ali pôde ter um piano para as lições. Quando estas reclamavam a participação de um instrumento, era o popular violão que resolvia o problema. O padre, como todo bom mulato carioca com queda para a música, era exímio tocador de violão.[17]

No mesmo equívoco incorreu Iza Queiroz Santos, que utilizou o livro *Essai statistique*, de Balbi, como fonte de pesquisa, assim como Ronoel Simões em capítulo do livro *A longa caminhada de um violão*.

O curso de música do Padre José Maurício teve início em 1793 e manteve-se em atividade até a morte do compositor, em 1830. O violão, então denominado viola francesa, surgiu no fim do século XVIII entre a França e a Itália, mas difundiu-se nas primeiras décadas do século XIX. Francisco Manuel da Silva (1795-1865) frequentou o curso livre de música do padre ainda menino; dessa forma, sua iniciação às regras de harmonia teria sido feita ao som dos acordes de uma viola, mais precisamente de uma viola de arame, o instrumento da época.

Mauro Gama, biógrafo do Padre José Maurício, descreve o fato com correção:

> É nessa data [1793], que ele fundou o curso de música, em sua própria casa (já na Rua das Marrecas), com o objetivo de preparar o pessoal necessário à sua futura atividade de mestre de capela — instrumentistas, cantores —, aos quais nada iria cobrar pelas lições. Ali se formam, desde então, os conjuntos que se apresentam na Sé. Os alunos se distinguem por um laço azul e vermelho no chapéu e contam com o benefício adicional de ficarem isentos do serviço militar. O material de ensino era de extrema modéstia: o único instrumento para os exemplos práticos não passava de uma *viola de arame*. Não obstante, o curso ganhou, aos poucos, uma significação que não se pode deixar de ressaltar: passaram por ele quase todas as pessoas que, na época, se destacaram na vida musical do país.[18]

Apesar dos poucos recursos de que dispunha, pelas mãos do Padre José Maurício passaram compositores e instrumentistas que se destacariam na vida musical brasileira do período.

As evidências apontam para o fato de que a viola, cultivada desde o século XVI nos diversos recantos do Brasil, foi o instrumento eleito para o acompanhamento de cantigas — fato mencionado e documentado pela grande maioria dos viajantes, cedendo lugar para o violão, principalmente no ambiente urbano a partir de meados do século XIX.

O INSTRUMENTO

Há uma característica peculiar ao desenvolvimento do violão, desde o seu surgimento até os dias de hoje: jamais lhe definiram padrão de estrutura, forma, tamanho, afinação, número de cordas etc. A anatomia do instrumento apresenta elementos comuns aos cordofones: cordas pinçadas para produção do som, mecanismo de afinação, braço e escala que permitem modificar o comprimento da corda e produzir notas diferentes, corpo e caixa de ressonância. O formato oitavado da caixa é distintivo do violão.

Se quiséssemos especular sobre a origem dos cordofones, poderíamos supor que o surgimento do arco musical, talvez um arco de caça que surpreendeu pela possibilidade de produzir som, foi supostamente a ponta de lança no estabelecimento dos instrumentos de cordas. A instigante curiosidade, alavanca da transformação que moveu a espécie humana, determinou, há aproximadamente 4 mil anos, no antigo Egito e na Suméria, a incorporação de segundas, terceiras (foram muitas) cordas de diferentes comprimentos àquela única que preenchia de som o arco musical, e que se fizeram ouvir estando acopladas à calabaça de tartaruga como caixa de ressonância. Num momento seguinte, cerca de dois milênios após serem conhecidas as harpas e as liras, deu-se às cordas a possibilidade de repousarem sobre uma tábua, o braço, evidente avanço técnico que trouxe novo recurso para articulação e produção do som.

Teriam sido, assim, criadas as bases que caracterizam a família dos instrumentos de cordas que apareceram na história no período neolítico. Exemplos de arcos musicais são os urucungos, também chamados berimbaus ou berimbaus de barriga, utilizados na capoeira e imitados ou citados pelos acompanhamentos de violão de Baden Powell nos chamados afro-sambas.

O alentado verbete *guitar*, do *The new Grove dictionary of musical instruments*, principia com a seguinte informação: "O violão é um instrumento de cordas da família do alaúde, dedilhado ou pinçado, e normalmente com tastos ao longo do braço." A expressão "instrumento de cordas da família do alaúde" merece maior atenção.

Stanley Sadie, editor da obra, esclarece que um dicionário de instrumentos deve inicialmente identificar a natureza de instrumentos não familiares, de acordo com um sistema estabelecido de classificação. O *Grove* utiliza o clássico Hornbostel-Sachs, publicado originalmente em 1914, sistema que atualiza a antiga e inapropriada divisão da orquestra em instrumentos de cordas, sopros e percussão. A classificação de Hornbostel-Sachs distribui os instrumentos em quatro categorias: idiofones, aerofones, membranofones e cordofones.

Os cordofones, instrumentos de uma ou mais cordas esticadas entre pontos fixos, entre os quais se inclui o violão, são divididos em simples e compostos. Os simples, também denominados cítaras, abrangem os instrumentos dotados apenas de uma ou mais cordas com o respectivo suporte, ou com suporte e ressonador que podem ser destacados sem destruir o aparelho sonoro, como os arcos musicais.

Os cordofones compostos, mais sofisticados do ponto de vista da construção, abrangem os instrumentos em que o suporte das cordas e o ressonador são organicamente unidos e não podem ser separados sem destruir o aparelho sonoro. Essa categoria subdivide-se em três famílias: harpas, liras e alaúdes. Nesta última se inserem, além do próprio alaúde, o violino, a viola e seus familiares e o violão. Observe-se que a classificação dos cordofones não deve ser feita em função da técnica de execução que os dividiria, por exemplo, em instrumentos de arco ou instrumentos de cordas dedilhadas. Engano cometido com alguma frequência.

As mais antigas referências aos instrumentos de corda na documentação portuguesa encontram-se nas iluminuras do *Cancioneiro da Ajuda*, manuscrito datado de 1280; dentre as 16 imagens que o códice contém, violas de mão aparecem representadas em nada menos que oito. A esse respeito, Ernesto Veiga de Oliveira lembra que a guitarra latina prefigura a forma essencial da *vihuela* ou da viola quinhentista. A viola atual, essencialmente a viola quinhentista, teria desse modo como protótipo e longínquo antepassado a guitarra latina do arcipreste de Hita, ou seja, o velho instrumento jogralesco do *Cancioneiro da Ajuda*.

Na *História da música portuguesa*, João de Freitas Branco, ao mencionar a arte e o instrumental dos jograis, informa que aquela gente de extração baixa e costumes pouco recomendáveis sabia tanger instrumentos e fazer malabarismos. "Eram contratados para acompanhar suas trovas tocando algum instrumento dos que vemos nas iluminuras dos cancioneiros: alaúde, guitarra mourisca ou latina, rabeca."[19]

A enorme expansão e popularidade da viola — mesmo com todo o exagero dos números — está na perdurável tradição de que teriam sido encontradas 10 mil guitarras — as conhecidas violas da época — abandonadas pelos portugueses nos destroçados campos de Alcácer-Quibir. Despindo-se da fantasia da monumental serenata, o que sobrevive nesse relato é o testemunho de quão popular era o instrumento em Portugal.

Gil Vicente, na farsa *Inês Pereira*, apresentada em 1523 ao mui alto e mui poderoso D. João III, descreveu o afã da protagonista para encontrar marido discreto e de viola:

que seja homem mal feito
feio, pobre, sem feição,
como tiver discrição,
não lhe quero mais proveito.
E saiba tanger viola,
e coma eu pão e cebola.
Sequer uma cantiguinha!
Discreto, feito em farinha,
Porque isto me degola.[20]

O gosto pelo instrumento, tanto entre a nobreza quanto nos meios populares, subsistiria por longas décadas. D. João III tinha um violeiro privativo, Diogo Dias, nomeado por alvará de 24 de maio de 1551. É sabido que à época a música era das artes mais prestigiadas, ensinada na universidade, assim como o monarca que teve obras de vários músicos espanhóis a ele dedicadas. Dentre esses autores deve-se mencionar Juan Bermudo, com a *Declaração de instrumentos musicais* (Ossuna, 1549), e Luys Milan, com *El Maestro* (Valência, 1536), "*dirigido al muy alto e muy poderoso y inuictissimo principe Don Juhan; por la gracia de dios rey de Portugal y de las islas*".

A viola é também mencionada por Camões na peça *Filodemo*:

A viola, Senhor, vem
Sem primas nem derradeiras
Mas sabe que lhe convém?
Se quer, Senhor, tanger bem,
Há de haver mister terceiras[21]

À primeira leitura, os versos contam simplesmente que a viola está destituída das cordas mais agudas (primas) e das mais graves (derradeiras) e que para tocá-la de acordo faz-se necessário utilizar as cordas da região média, nem graves nem agudas, denominadas terceiras. Freitas Branco fornece subsídios para outra compreensão da passagem: conta que, à época, "terceiras" era denominação corrente dada às alcoviteiras, que desempenhavam papel fundamental na intermediação de amores escondidos. Podemos também vislumbrar, pela menção às primas, segundas e terceiras, que Camões tivesse algum conhecimento prático da execução de instrumentos de corda, como era costume de poetas do seu tempo.

O século XVII vivencia o apogeu da guitarra espanhola, agora com cinco pares de cordas, instrumento que se manteve em voga por 200 anos e que alcançou todas as classes sociais: preferido de amadores, artistas e nobres das principais cortes europeias.

Diz-se que a quinta corda da guitarra foi introduzida pelo poeta Vicente Espinel (1550-1624), professor de literatura de Lope de Vega (1562-1635). A lenda data de 1632, quando um personagem da peça *Dorotea*, de Vega, declara: "Possa o céu perdoar a Espinel! Ele nos deu seus novos versos, décimas ou espinelas, e as cinco cordas da guitarra." Ainda que especialistas não aceitem essa versão, não há dúvida de que o poeta muito contribuiu para a popularização do instrumento. Um dos raros exemplares da época é uma guitarra construída pelo português Belchior Dias.

O primeiro tratado para guitarra de cinco ordens foi publicado em 1596 pelo médico e músico amador Juan Carlos Amat. O método do espanhol Luis de Briceño foi impresso em Paris nas primeiras décadas do século XVII, e em 1645, na Itália, o português Nicolao Doizi de Velasco, formado musicalmente na Espanha, publicou seu tratado. A literatura para o instrumento encontrou o apogeu nas composições de Gaspar Sanz, Francesco Corbetta, responsável pela difusão da guitarra entre a nobreza, e seu aluno Robert de Visée.

Alguns anos mais tarde, aparece em Portugal o tratado *Nova arte de viola, que ensina a tocalla com fundamento sem mestre*, obra dada à luz por Manoel da Paixão Ribeiro, "professor licenciado de Grammatica Latina, e de ler, escrever, e contar em a Cidade de Coimbra, que ensina a tocá-la sem mestre". Trata-se de edição da Real Oficina da Universidade, datada de 1789, constando de 58 páginas, oito estampas desdobráveis e a devida licença da Mesa da Comissão Geral sobre o Exame e Censura dos Livros.

No prólogo, a título de confissão, Paixão Ribeiro atesta ao leitor o ardente desejo e a paixão que tinha por saber tocar bem viola; ao ver que não conseguiria na cidade "professores dela, que além de raros se faziam misteriosos", desviou o tempo destinado às ocupações para indagar as regras necessárias para pôr em execução seus desígnios. Paixão Ribeiro não menciona, ou simplesmente desconhecia, o método de viola publicado por Pita da Rocha.

Conta que sua coleção de regras despertou tal interesse que ele foi obrigado a publicá-las: "Só deste modo poderia evitar os muitos empenhos, principalmente de Senhoras, que cada dia me sobrevinham, e que já chegavam a ponto de odiar-me com algumas pessoas, a que absolutamente não podia satisfazer, por me julgarem misterioso." Paixão Ribeiro deixa claro que a publicação estava voltada para instruir no acompanhamento de canções, sendo ele mesmo, reconhecidamente, um executante de modinhas.

Dividida em duas partes, "uma especulativa e outra prática", a *Nova arte de viola* ensina como Regra I o modo de ponteá-la:

> do primeiro modo a pontearemos com cordas de tripa. (...) Este primeiro ponto servirá de regra para os mais, que devem ser até doze. Com a diferença porém, que cada um deles deve ter diminuição da grossura relativamente aos antecedentes descendo *gradatim* para o corpo da viola. Do segundo modo se pontea de arame, ou prata; e então não se atende à grossura das chapas, mas só a que elas tenham menos altura, que as antecedentes, descendo pelo braço; o que se consegue entranhando mais as chapas pelo dito braço da Viola. Os pontos de corda devem ser dobrados, e os de chapa singelos.[22]

Ponteá-la, no caso, refere-se à divisão do braço em casas ou pontos — não confundir com o estilo de execução. Note-se que a palavra pontos assume diferentes significados; nomeia também os acordes — pontos naturais (maiores) e pontos bemolados (menores) —, como observa Paixão Ribeiro na Regra VIII: "Ponto ou postura é uma disposição feita nas cordas com os dedos apertados em cima delas." Daí a expressão tocar por pontos.

Como Regra II, "Do conhecimento das cordas", Paixão Ribeiro chama atenção para a necessidade de distinguir as cordas de tripa verdadeiras das falsas: aquelas serão cristalinas, iguais, bem-torcidas e cor de trigo. "Com as de arame não há observação alguma porque todas são boas."[23] O instrumento descrito na *Nova arte* tem 12 pontos e arma com 12 cordas distribuídas em cinco ordens: 3 + 3 + 2 + 2 + 2, do grave para o agudo.

Os preceitos dispostos por Paixão Ribeiro foram francamente assimilados e consolidados no Brasil. Prova disso, a ampla difusão e o acolhimento que aqui se deu à chamada viola de arame, nome que perdurou justamente pela popularidade e difusão desse encordoamento, uma vez que ele era composto apenas de cordas "boas".

Já por essa época, em Portugal o uso da palavra viola teria se sobreposto à utilização do nome guitarra. Essa substituição ocorreu definitivamente com o surgimento da guitarra portuguesa, descrita por Silva Leite (1796) como instrumento composto de seis pares de cordas e caixa harmônica piriforme, aparentado ao antigo cistro (por sua vez derivado da antiga guitarra mourisca). A guitarra consagrou-se na cultura portuguesa, indissoluvelmente ligada ao acompanhamento do fado.

INTRODUÇÃO DA VIOLA NO BRASIL

Embora pareça provável que o instrumento tivesse chegado anteriormente, notícias certas sobre violas de arame só aparecem de fato nas cartas dos jesuítas, que chegaram ao Brasil com Tomé de Souza em 1549. Foram eles que introduziram aqui, de modo sistemático, as violas e os demais instrumentos europeus.

O instrumento tinha, então, três cordas duplas e a prima simples. No século seguinte, iria ganhar mais uma ordem de cordas e, na segunda metade dos anos de setecentos, ainda mais outra. Transformou-se assim num instrumento de seis cordas duplas, que se tornaram simples. Isso exigiu um aumento de tamanho para compensar o menor volume de som. Tornou-se, assim, viola grande. Ou *violão*.

O Padre Fernão Cardim, ao viajar por Bahia, Pernambuco, Espírito Santo, Rio de Janeiro e São Vicente (São Paulo) entre os anos de 1583 e 1590, fornece informações sobre o que viu nas missões jesuíticas visitadas, em cartas endereçadas ao provincial em Portugal. Por toda parte, foram os visitantes recebidos por índios, "uns cantando e tangendo a seu modo", outros, "com uma dança de escudos à portuguesa, fazendo muitos trocados e dançando ao som da viola, pandeiro, tamboril e flauta".[24] Em algumas aldeias, "há escolas de ler e escrever, onde os padres ensinam a ler, a contar, a cantar e tanger; tudo tomam bem, e há já muitos que tangem flautas, violas, cravos".[25]

Não só entre os curumins discípulos dos jesuítas, porém, estava difundida a viola. Os colonos portugueses também se dedicavam ao instrumento. Bento Teixeira, autor da *Prosopopeia*, obra que inicia "o ciclo de nossa vida literária propriamente dita",[26] criticou, por volta de 1580, Antônio da Rosa, cantor que se acompanhava à viola de arame. Os versos da cantiga diziam:

trino, solo e uno,
uno, solo e trino,
no es outro alguno,
sino Dios devino

Bento Teixeira comentou "Não está boa" na presença não só do cantor, como também de Paulo Abreu, "que ora dizem ser defunto em Igarassú".[27]

Cerca de 14 anos depois, João da Rosa, tabelião em Olinda, denunciou Bento Teixeira como cristão-novo, em função da declaração de que a proposição consignada nos versos era falsa. O cantor, Antônio da Rosa, depondo ao inquisidor, confirmou que Bento Teixeira dissera "não está boa, e que não lhe lembra que mais falassem, nem repetissem, nem altercassem sobre isso palavra nenhuma". Como não ficasse claro se o comentário referia-se à qualidade da música ou ao mérito da letra, esclareceu: "Se o dito Bento Teixeira disse a dita palavra que não estava boa entendendo pela letra ou pela verdade dela, ele testemunha que não o sabe, porque não o declarou como já tem dito."[28]

A denúncia de João da Rosa teve pelo menos duas consequências positivas. Por um lado, propiciou um raro registro de violonista acompanhador na música brasileira, Antônio da Rosa. Por outro, insinuou que "viola, pandeiro, tamboril e flauta" não eram apenas, como disse Câmara Cascudo, a "orquestra típica das festas jesuíticas"[29]. Provavelmente estavam bem difundidos entre todos os brasileiros. Essa suspeita se aprofunda com o dito de Anchieta: "Os estudantes dessa terra também sabem pouco", porque "tudo se leva em festas, cantar e folgar."[30]

As informações sobre a introdução da viola no Brasil nos levam a crer que esta se deu não só pelos jesuítas, a elite intelectual da colônia, como também pelos colonos portugueses. Do ponto de vista social, a viola já se apresentava como o elemento por meio do qual as classes dominantes da colônia difundiam a cultura musical moderna do Ocidente às classes subalternas do Brasil.

Devemos acrescentar que, por sua vez, esses grupos subalternos começaram bem cedo a influenciar a cultura da sociedade global, com a criação de produtos novos, geralmente aceitos. O musicólogo cubano Leonardo Acosta, na obra *Musica e Descolonizacion*, observa que desde o século XVII proliferaram na Espanha ritmos e danças provavelmente provenientes das colônias da América, dentre os quais a sarabanda, a chacona, o fandango, o tango, a habanera, entre outros.

Os emigrantes portugueses que se transferiram para o Brasil em escala crescente, a maioria dos quais pertencente às camadas subalternas da sociedade, trouxeram tradições e costumes; seus hábitos de vida, práticas de construção e diversão, folguedos e festas do Espírito Santo, contas do rosário e, naturalmente, a viola. A *enxada de cantar* tinha para eles lugar certo: "nem nascituro de dias, o meio da cama de estado, em cima da colcha tecida ou da manta enramada de vermelho ou então aconchegada num saco de boca fechada e cadarço, resguardada da humidade e da miudagem, à semelhança da redoma e dos santinhos", como poeticamente nos conta José Alfredo Ferreira de Almeida.

Um retrato da composição social do país em 1584 mostra que, dos 60 mil habitantes da colônia, 50% eram índios "mansos", ou seja, um total de 30 mil. A população restante era constituída de 20 mil africanos e apenas 10 mil portugueses, que representavam a minoria branca dessa sociedade. Dessa forma, podemos vislumbrar que a grande difusão da viola aconteceu de fato no século seguinte, consagrando assim a presença maciça (até nossos dias) do instrumento acrescido de um par de cordas, a famosa viola de dez cordas.

Um dos primeiros violeiros de renome do Brasil Colônia foi o poeta e boêmio Gregório de Matos, que improvisava e entoava as cantigas do tempo em suas andanças pelo Recôncavo Baiano. Tinha talento não apenas para tocar o instrumento, mas também para construí-lo.

Seus poemas, repletos de referências a violonistas baianos da segunda metade do século XVII, são fonte de informações sobre a história da nossa música popular. Neles encontramos não apenas uma das primeiras referências ao cavaquinho no Brasil, como o registro vivo do processo de interação cultural:

Ao som de uma guitarrilha,
que tocava um colomim (curumim)
vi bailar na Água Brusca
as mulatas do Brasil.
Que bem bailam as mulatas,
Que bem bailam o paturi

O cavaquinho aparece aqui denominado guitarrilha (pequena guitarra); o nome *machinho* surge no século XVIII, e o termo cavaquinho só no século XIX. Observe-se, ainda, que no poema há menção a uma dança do paturi (pequeno pato selvagem), acompanhada de cavaquinho.

A originalidade do processo de interação vem do fato de haver na Bahia da segunda metade do Seiscentos uma dança urbana com denominação tupi, com acompanhamento de instrumento de origem portuguesa executado por um menino índio, bailada por mestiços, mulatas e assistida por um branco de "olhos garços", segundo a descrição que Manuel Pereira Rabelo faz de Gregório de Matos, que não será demasia imaginar envolvido no pagode com sua viola de cabaça.

A viola difundiu-se. Mário de Andrade, referindo-se a inventários coloniais paulistas, menciona uma rica viola, avaliada em 2 mil-réis, deixada pelo bandeirante Sebastião Pais de Barros em 1688. No século XVIII continuam abundando as referências ao instrumento, que entra definitivamente para a história da música colonial ao estar na base de acompanhamento dos gêneros difundidos na corte portuguesa pelo poeta carioca Domingos Caldas Barbosa (1738-1800).

A VIOLA DE CALDAS BARBOSA

Para a grande maioria dos pesquisadores brasileiros, Caldas teria introduzido na corte de D. Maria I a modinha e o lundu, gêneros considerados "pilares mestres sobre os quais se ergueu todo o arcabouço da música popular brasileira",[31] segundo afirmou Mozart de Araújo. Tais considerações levaram a intermináveis debates envolvendo a possível comprovação da origem da modinha e, em decorrência, geraram questões relativas à proveniência erudita ou popular do gênero.

Em meio a tantas especulações, um ponto comum sobressai na documentação referente ao poeta: todos os estudiosos, sem exceção, afirmaram que o veículo para a realização das manifestações musicais de Caldas teria sido a viola, instrumento por ele mesmo tangido. Nada teríamos a acrescentar a esse respeito, não fossem os recentes estudos publicados pelo musicólogo português Manuel Morais, que atestam a impossibilidade de comprovação de que Caldas tocasse viola ou ainda de que fosse ele mesmo o compositor das músicas que davam suporte a seus poemas.[32] Segundo o autor:

> Deve-se a Caldas Barbosa a introdução, nos salões aristocráticos lisboetas de seu tempo, das modinhas e lunduns brasileiros, se bem que esta responsabilidade só lhe deva ser imputada a nível poético. É repetidamente dito nas suas biografias que era, além de poeta, cantor (na acepção vulgar da palavra), tocador de viola e até autor da música das suas modinhas, factos que nunca conseguimos ver provados nos documentos que consultamos.[33]

O primeiro biógrafo de Caldas Barbosa foi o cônego Januário da Cunha Barbosa, sobrinho do poeta. Cunha Barbosa, que nasceu em 10 de julho de 1780, recebeu ordens sacras em 1803 e no ano seguinte fez viagens a Lisboa, voltando ao Rio de Janeiro em 1805. Foi diretor da Biblioteca Nacional e Pública da Corte, secretário perpétuo da Sociedade Auxiliadora da Indústria Nacional e, com o Marechal José da Cunha Mattos, fundou e formulou as bases do Instituto Histórico e Geográfico Brasileiro, do qual foi secretário perpétuo. Foi homem de ideias, ações e comprometimento com a difusão do saber. Em seu testemunho sobre Caldas, contou com o depoimento de outro parente, também sobrinho do poeta. Existe ainda a possibilidade de em sua passagem por Lisboa o cônego Januário ter travado contato com outras pessoas do convívio de Caldas, cujo falecimento se dera havia apenas quatro anos.

Essa biografia, publicada em 1842 no volume 4 da *Revista do IGHB*, foi certamente a fonte original de informações sobre Caldas Barbosa. A respeito da relação do poeta com a música, atestou o cônego:

> Faltando-lhe os auxílios de seu pai, até que por felicidade sucedeu ser apreciado no Porto pelos dois bem conhecidos amantes da literatura José de Vasconcelos (depois Marquês de Bellas) e Luiz de Vasconcelos (depois Conde de Figueiró), então desembargadores na Relação daquela cidade, os quais, fazendo justiça a seus *talentos poéticos e músicos* o acolheram em sua casa, e o fizeram entrar no conhecimento e estima das pessoas mais gradas daquela cidade. (...) O seu gênio era admirado, mórmente quando improvisava com muito acerto e graça, *tangendo uma viola*, e cantando

> as glosas que fazia aos assuntos líricos que se lhe davam (grifo da autora).

Em 1850, no *Florilégio da literatura brasileira*, Adolpho de Varnhagen se ocupou do nosso poeta, também elogiando seus talentos de músico:

> Além disso introduziu-o [referindo-se a José de Vasconcelos] em toda a boa sociedade da corte, cuja estima o protegido depois soube cantar, já pela facilidade de seus *improvisos cantados ao som da viola*, à semelhança de um lírico grego ou de um trovador da idade média, já por sua alma afetuosa e inofensiva, que não criava inimigos, nem era acessível a intrigas. Este acolhimento foi tal que a presença de Caldas se tornou quase uma necessidade de todas as festas, sobretudo nas partidas do campo. Nos aristocráticos sermões das Caldas, nos cansados banhos de mar, nos pitorescos passeios de Cintra, em Bellas, em Queluz, em Bemfica, sociedade onde não se achava *Caldas com sua viola* não se julgava completa. [Grifos da autora.]

Em outra passagem, Varnhagen menciona o acolhimento que tinham as cantigas de Caldas, destacando o fato de os ouvintes aplaudirem não só a poesia, mas também a melodia do acompanhamento da voz e da viola, docemente executada pelo trovador. Esse autor voltaria a se ocupar de Caldas Barbosa, dessa vez num relato de maior dimensão, publicado em 1851 no nº XIV da *Revista do IHGB*, no qual reitera as observações a respeito de Caldas e a música.

Ainda no século XIX, o perfil do poeta foi traçado por Joaquim Manuel de Macedo no *Anno Biographico Brasileiro*

(1876), por Sacramento Blake no *Diccionario Bibliographico Brasileiro* (1893), por Inocêncio Francisco da Silva no *Diccionario Bibliographico Portuguez*, publicado em Lisboa em 1859, e por Prezalindo Lery Santos no *Pantheon Fluminense, Esboços Biographicos*, publicado no Rio de Janeiro em 1880. Todos mencionam seus talentos de músico violeiro.

O mesmo acontece nas obras publicadas no século XX. A atuação de Caldas Barbosa estará sempre vinculada à modinha e ao lundu, gêneros que, de acordo com os pesquisadores, teria praticado acompanhando-se de uma viola.

No mais clássico estudo dedicado a esses gêneros, o livro *A modinha e o lundu no século XVIII*, Mozart de Araújo atesta: "Só em 1775 — fixemos esta data — temos notícia do poeta, publicando as suas primeiras obras e frequentando os palácios dos fidalgos, com a sua viola debaixo do braço."[34] Autores como José Ramos Tinhorão, Câmara Cascudo e Sílvio Romero reafirmaram que Caldas era tangedor de viola e que teriam recolhido cantigas de autoria do poeta repetidas por analfabetos como anônimas.

Os poemas de Caldas, concebidos para serem cantados, trouxeram uma novidade que causava tanto admiração quanto contestação: a maneira coloquial com que abordava temas amorosos e sentimentais. Sílvio Romero, falando sobre a popularidade de Caldas Barbosa, afirmou que quase todas as cantigas de Lereno (Caldas adotou o nome poético de Lereno Selinuntino ao ser admitido na Arcádia de Roma) corriam de boca em boca nas classes plebeias. Para desespero dos poetas portugueses Bocage, Nicolau Tolentino, Filinto Elísio e outros, Caldas era uma verdadeira coqueluche nos saraus da corte, com suas modinhas e seus lundus.

O sucesso do poeta brasileiro despertou tamanha ira em Bocage, que, movido por esse sentimento, produziu raro documento de época atestando as relações entre Caldas e a viola:

> Preside o neto da rainha Ginga
> A corja vil, aduladora, insana;
> Traz sujo moco amostras de chanfana
> Em copos desiguais se esgota a pinga.
> Vem pão, manteiga e chá, tudo à catinga;
> Masca a farinha a turba americana;
> E o orang-utang a corda a *banza* abana,
> Com gestos e visagens de mandinga
> Um bando de comparsas logo acode
> Do fôfo Conde ao novo Talaveiras;
> Improvisa berrando o rouco bode;
> Aplaudem de contínuo as frioleiras
> Belmiro em Ditirambo, o ex-frade em Ode,
> Eis aqui do Lereno as quartas-feiras.

O quadro pintado por Bocage satiriza reunião da Academia de Belas Artes de Lisboa, a "Nova Arcádia", fundada e presidida por Caldas Barbosa. Nos encontros realizados no palácio do Conde de Pombeiro bebia-se e comia-se ao som da viola tangida por Caldas. O vocábulo "banza",[35] do quimbundo *mbanza*, está consignado no *Dicionário Aurélio* como "grosseira guitarra africana de quatro cordas (popular viola, guitarra)", cordofone que se prestaria perfeitamente a ser tangido por Caldas então na condição de um orangotango.

A despeito dos trechos utilizados, a hipótese de que Caldas era mesmo tocador de viola encontra apoio em prova irrefutável, de natureza circunstancial: se seus poemas, como todos ad-

mitem, foram feitos para serem cantados e acompanhados à viola, não nos é possível imaginar que o poeta estivesse sempre improvisando cantigas, fazendo-se acompanhar de um violeiro. Levando-se em conta a ferocidade com que alguns de seus contemporâneos o detrataram, é fácil supor que os mesmos jamais deixariam escapar da troça a imagem do poeta e seu suposto acompanhante.

Quanto ao fato de Caldas Barbosa ser o compositor da música que dava suporte a seus versos, Manuel Morais tem razão em afirmar que se carece de fontes coevas que atestem a veracidade dessa afirmação.

Na história recente da música popular brasileira, outro personagem cumpriu papel semelhante ao de Caldas: Catullo da Paixão Cearense. Todos os que conviveram com o trovador foram unânimes em afirmar que ele não possuía conhecimentos musicais, sendo autor apenas dos textos das canções. Sabemos, no entanto, quem foram os compositores da música que envolvia seus textos. Grandes nomes da música instrumental do período, como Anacleto de Medeiros, tiveram suas melodias transpostas para o universo da canção pela pena de Catullo.

No que diz respeito a Caldas Barbosa, não temos esse testemunho. Alguns de seus versos foram musicados por compositores de escola, como Marcos Portugal (1762-1830), resultando numa produção de características e proporções distintas das cantigas de sabor brasileiro. Caldas produziu ainda libretos para farsas como *A saloia namorada* ou *O remédio é casar*, cuja música foi escrita por Antonio Leal Moreira (1758-1819). Leal Moreira foi o primeiro maestro-compositor do Real Teatro São Carlos responsável pelas primeiras encenações de obras cantadas em português. O prestígio de Caldas na corte se vê reafirmado nesse convite.

Note-se ainda que era praxe a apresentação de dramas assinados pelo maestro responsável pelo teatro; essa forma de apresentação musical requer conhecimentos bem mais profundos do que os exigidos para a composição de simples cantigas. Não afirmamos que Caldas tivesse tais conhecimentos.

O fato de não haver compositor para as cantigas de Caldas é bastante significativo. Na tradição da música popular é incontável o número de publicações de modinhas que circulavam pelo Rio de Janeiro, sempre desprovidas da parte musical e muitas vezes deixando de mencionar o autor da música; tampouco era prática do compositor popular anotar suas melodias, que se faziam conhecer pelo processo de difusão oral.

Outro aspecto salientado por estudiosos como Gerard Behágue não pode ser posto de lado: o sabor das palavras utilizadas nos poemas de Caldas — nhonhô, nhanhazinha, infadadinha, mugangueirinha —, linguagem tipicamente popular e brasileira, ou, como disse Mário de Andrade, verdadeiro "compêndio de brasileirismos vocabulares", foi ressaltado por uma composição musical (anônima) cuja estrutura, especialmente rítmica, complementava-lhe também brasileiramente o tempero, especialmente no efeito singular resultante da utilização da síncope.

Embora a questão ainda esteja por ser resolvida, as circunstâncias apontam para determinadas direções: que Caldas não dominasse a escrita musical, vá lá, era característica peculiar à grande maioria dos compositores populares.

Não fosse ele o compositor das melodias mencionadas, quem estaria habilitado a ser?

DA VIOLA AO VIOLÃO: O PERÍODO DE TRANSIÇÃO

A popularidade da viola no Rio de Janeiro em fins do século XVIII pode ser atestada pelo estabelecimento de fabricantes do instrumento no centro da cidade, dando, inclusive, nome ao logradouro que os acolheu: a rua das Violas.

No *Almanak da Cidade do Rio de Janeiro — 1792/1794* constam como violeiros estabelecidos na rua das Violas os artesãos Antonio José Tavares, José Correia de Paiva, João Francisco Viana, José Dias de Castro Guimarães e Manoel Gonçalves Toledo.

A rua das Violas principiava na antiga praia dos Mineiros e acabava num trecho da rua da Conceição, entre as atuais avenidas Presidente Vargas e Marechal Floriano. Vizinha à rua do Peixe, posteriormente denominada rua do Mercado, nome naturalmente devido ao tipo de comércio ali instalado, era frequentada por tipos muito populares. Foi dessas ruas que tiveram vários nomes. Chamada inicialmente de Domingos Coelho, um dos seus primeiros moradores, com a morte deste recebeu o nome da viúva, Serafina de Andrade. Foi também chamada de Ilha Seca e ainda rua dos Três Cegos. Brasil Gerson conta que em 1787, quando de sua passagem pelo Rio de Janeiro, Bocage nela residiu. Por meio dos almanaques do Rio de Janeiro publicados pela *Revista do IHGB*, os quais davam o nome das ruas onde moravam as autoridades governamentais, sabe-se que o pai de Caxias, desde a época de capitão, em 1811, residia na rua das Violas, cenário principal da infância do herói brasileiro. A rua conservou o nome até 1869, quando a Câmara Municipal lhe deu a designação, que ainda hoje se mantém, de rua Teófilo Otoni.

O folclore do lugar inclui um pitoresco episódio. Por volta de 1820, ficava ali a Hospedaria da Corneta, cuja proprietária era Maria Pulquéria, também conhecida como Maricota Corneta. A hospedaria era frequentada por boêmios, cantadores, jogadores e malandros. Era tão badalada, que certa noite ninguém menos que D. Pedro I apareceu por lá, claro que disfarçado, usando uma capa tipicamente trajada por paulistas. A viola soava nas mãos de Francisco Gomes da Silva, o Chalaça, quando um cantador principiou os seguintes versos:

> Paulista é pássaro bisnau,
> sem fé, nem coração:
> é gente que se leva a pau,
> a sopapo ou pescoção.

Enfurecido, D. Pedro I tirou a capa que lhe cobria o rosto e ordenou a seu acompanhante: Meta o pau nessa canalha! Sumiram-se todos, à exceção de Gomes da Silva, em direção de quem foi o capanga de Sua Majestade, pronto para atingir-lhe com o cacete. Mas, espertamente, Chalaça o derrubou com uma rasteira antes de ser atingido. Com toda a placidez, tirou o chapéu e curvou-se, como um verdadeiro cavalheiro: "Francisco Gomes da Silva apresenta a Vossa Alteza os seus respeitos e os seus serviços." D. Pedro explodiu numa gargalhada. Chalaça acabou se tornando criado particular do futuro imperador, além de seu amigo, confidente e companheiro de noitadas.

Há quem diga que D. Pedro I também tocava viola. Mário de Andrade, na *Pequena história da música*, afirma: "Dão Pedro I, aluno de Neukomm, foi hábil musicista. Às vezes dirigia ele mesmo as execuções da Capela Imperial, e, pelo que refere Schumacher, era tão apaixonado de música, que chegava a receber visita de estranhos, com a guitarra em punho."[36]

Há ainda dois importantes personagens que marcaram a vida musical carioca por sua atuação como tocadores de viola. Na segunda metade do século XVIII, sob o governo do Conde da Cunha, temos notícia da figura peculiar do padre Ventura, descrito como pardo feio, de enorme corcunda e grande vocação para a música. Padre Ventura foi o fundador da Casa da Ópera, o primeiro teatro carioca. Popular por ser único, era também frequentado pelos notáveis da época, como o vice-rei, o ouvidor etc. Luiz Edmundo fornece detalhes da atividade do diretor:

> Era seu empresário, diretor de cena e regente de orquestra. Por vezes ainda trepava à ribalta, na unha adestrada o instrumento de seus desvelos, o violão patrício, deliciando o auditório com uma virtuosidade acentuadamente nacionalista, que se recomendava por um repertório composto só de modinhas brasileiras.[37]

É claro que o violão do padre Ventura era uma viola.

Outro importante personagem atuante no Rio de Janeiro colonial cujos dados biográficos são ainda muito escassos foi Joaquim Manuel da Câmara. As poucas informações a seu respeito vêm dos depoimentos de Adriano Balbi e Freycinet, que destacaram o grande talento e a habilidade de músico e compositor popular. Suas modinhas foram harmonizadas (transcritas para piano) e publicadas em Paris (1824) por Sigismund Neukomm. Em setembro de 1817, Louis de Freycinet, a bordo da corveta *Uranie*, partiu da França rumo ao Rio de Janeiro, primeira parada da expedição científica que pretendia realizar, descrita no livro *Voyage autour du monde*, publicado em Paris alguns anos após o retorno da expedição (1820). Ao tratar da música no Rio de Janeiro, relatou suas impressões sobre Joaquim Manuel:

> Quanto à execução, nada me pareceu mais extraordinário do que o raro talento na guitarra, de um outro mulato do Rio de Janeiro, denominado Joaquim Manuel. Sob seus dedos, o instrumento tem um encanto inexprimível, que jamais encontrei nos mais distintos guitarristas europeus. O mesmo músico é também autor de diversas modinhas, espécie de romances extremamente agradáveis, das quais Neukomm publicou uma coletânea em Paris.[38]

Mário de Andrade absorveu a informação e com toda a sem-cerimônia atestou: "De Freycinet cita Joaquim Manuel, cabra tão cuera no violão que deixava longe qualquer europeu."[39] Baptista Siqueira, por sua vez, comungando da velha tradição do "quem conta um conto aumenta um ponto", achou por bem colocar umas alfacinhas no texto de Freycinet. No livro *Modinhas do passado*, dedicou um capítulo ao violão no qual afirma: "Para Freycinet, Joaquim Manoel era superior ao célebre Sors que encantou Paris."[40]

Os talentos de Joaquim Manuel foram também descritos por Adriano Balbi no livro *Essai statisque sur le royame du Portugal et d'Algarve*, editado em Paris em 1822. Segundo o italiano, Joaquim Manuel executava uma pequena viola francesa de sua invenção, denominada cavaquinho. Essa afirmação imprecisa se difundiu na literatura brasileira. Balbi nunca esteve no Brasil. Sua obra foi escrita a partir de informações de segunda mão. Desde então Joaquim Manuel passou a ser mencionado como executante de cavaquinho, instrumento (segundo o autor) por ele mesmo inventado, informação destituída de qualquer comprovação.[41]

Nota-se, por conseguinte, que desde o início da colonização a viola esteve estreitamente vinculada à sociedade que se formou no Brasil. Estava presente nas orquestras da catequese jesuítica, quando ainda tinha quatro ou cinco ordens de cordas. Nóbrega, Anchieta, Fernão Cardim e os epistológrafos da catequese; os viajantes estrangeiros — Carlos Julião (1740-1811), Joaquim Cândido Guillobel (1787-1859), Martius (1794-1868), Henry Chamberlain (1796-1844), Rugendas (1802-58) — mencionam a viola que encontraram nos mais remotos recantos do território nacional, nas tabas, nas choupanas, nas casas-grandes e até mesmo nos palácios governamentais.

A partir da segunda metade do século XIX, quando a novidade do violão estava perfeitamente assimilada pela sociedade carioca, a viola assumiu identidade regional, interiorana. Ao violão coube o papel de veículo acompanhador das manifestações musicais urbanas, exercício alavancado pela verdadeira explosão de conjuntos musicais — os grupos de choro que surgiram e se difundiram pelos diversos bairros cariocas desde meados daquele século.

Notas

1. Juan Ruiz, *Libro de buen amor*, Madri, Editorial Espasa Calpe, 1994, p. 270.
2. *Trisca* — baile popular; *se aprisca* — se junta.

3. Gaspar Sanz, na página 7 da obra *Instrucción de musica sobre la guitarra española* (1674), explica detalhadamente a característica técnica definidora do ponteado.
4. Tradução nossa, grifo nosso. "*Inépuisable en talents, il est aussi capable de reprendre sur-le-champ une maille échapée à un bas de soie que d'executer sur le violon, ou la clarinette, des walses ou des contredanses françaises, qui'l arrange, il est vrai, à sa manière*".
5. Tinhorão, *Música popular: um tema em debate*, 3ª ed., São Paulo, Ed. 34, 1998, p. 131. Grifo nosso.
6. *Ibidem*, p. 129.
7. *Petit Robert, Dictionnaire de la langue Française*, Paris, Le Robert, 1977, p. 2098. "*(Violon, 1500; it. Violone <grosse viole, contrebasse>, le mot pour violon étant violino). Instrument de musique à quatre cordes accordées en quintes, que l'on frotte avec un archet et qui se tient entre l'epaule et le menton.*"
8. Manuel Antonio de Almeida, *Memórias de um sargento de milícias*, 6ª ed., São Paulo, Ática, 1976, p. 44.
9. Mariza Lira, "Música das três raças", *Revista da Música Popular*, nº 11, 1955, p. 6.
10. Jean-Baptiste Debret, *Viagem pitoresca e histórica ao Brasil*, tradução de Sergio Milliet, São Paulo, Círculo do Livro, tradução cedida pela Livraria Martins Ed., vol. I, p. 178.
11. Debret, *Voyage Pittoresque et Historique au Brésil*, Paris, Firmin Didot Frères, 1835, tomo II, p. 184. "*L'on appelle à Rio Janeiro 'la Folie de L'empereur du Saint-Esprit' une troupe de jeunes garçons, jouers de guitare, de tambour de basque, de triangle, précé dés d'un tambour.*"
12. Debret, *op. cit.*, vol. II, p. 577.
13. Mello Moraes Filho, *Festas e tradições populares do Brasil*, Belo Horizonte/São Paulo, Itatiaia/Edusp, 1979, p. 44.
14. Carl Friedrich Philipp von Martius e Johann Baptist von Spix, *Reise in Brasilien in den Jahren 1817 bis 1820*, Munique, M. Lindauer, 1823, vol. I. p. 105. "*Der Brasilianer hat mit dem Portugiesen einem feinen Sinn für augenehme Modulation und regelmässige fortscheitungen ge-*

mein, und wird darin durch die einfache Begleitung des Gesanges mit der Guitarre begestigt. Die Guitarre (viola) ist auch hier, wie im südlichen Europa, das Lieblingsinstrument, dagegen gehört ein Fortepiano zu den seltensten Meubles und wird nur in reichen Häusern angetroffen. Die volkslieder, welche von der guitarre begleitet, gesungen werden, stamen theils aus Portugal, theils sins sie im Lande gedichtet."

15. A tradução do trecho feita por Gerhard Doderer consta da coleção Portugaliae Musica XLIV, *Modinhas Luso-Brasileiras*, Lisboa, Fundação Calouste Gulbenkian, 1984.
16. Spix e Martius, *Viagem pelo Brasil, 1817-1820,* livro II, cap. I, tradução de Lucia Furquim Lahmeyer, revista por D. F. Ramiz Galvão e Basílio de Magalhães, que a anotou, 2ª ed., São Paulo, Melhoramentos, s.d., p. 57.
17. *Ibidem*, p. 54-55.
18. Mauro Gama, *José Maurício, o padre-compositor*, Rio de Janeiro, Funarte, 1983, p. 22.
19. João de Freitas Branco, *História da música portuguesa*, Lisboa, Publicações Europa-América, s.d., p. 21.
20. Gil Vicente, *Obras Completas*, com prefácio e notas do prof. Marques Braga, 5ª ed., Lisboa, Sá da Costa Editora, 1974, vol. V, p. 237.
21. *Apud* João de Freitas Branco, *A música na obra de Camões*, Venda Nova, Instituto de Cultura Portuguesa, p. 22.
22. Manoel da Paixão Ribeiro, *Nova arte de viola, que ensina a tocalla com fundamento sem mestre*, Coimbra, Real Oficina da Universidade, 1789, p. 2.
23. *Ibidem*, p. 3.
24. Fernão Cardim, *Tratado da terra e gente do Brasil*, São Paulo, Edusp, 1980, p. 145.
25. Fernão Cardim, *op. cit.*, p. 155.
26. Wilson Martins, *História da inteligência brasileira*, São Paulo, Cultrix, 1977, vol. I, p. 106.
27. *Primeira visitação do Santo Ofício às partes do Brasil — Denunciações e confissões de Pernambuco*, 1539-159?, Universidade Federal de Pernambuco, Recife, Fundarpe, 1984, p. 42-43.

28. *Ibidem.*
29. Câmara Cascudo, *Dicionário do folclore brasileiro*, 2ª ed., Rio de Janeiro, Instituto Nacional do Livro, Ministério da Educação e Cultura, 1926, v. II.
30. "Informações e fragmentos históricos do Padre Joseph de Anchieta", *apud* José Ramos Tinhorão, *História social da música popular brasileira*, Lisboa, Editorial Caminho S.A. 1990, p. 42.
31. Mozart de Araújo, *A modinha e o lundu no século XVIII*, São Paulo, Ricordi, 1963, p. 11.
32. Os trabalhos em questão são: *Modinhas, lunduns e cançonetas com acompanhamento de guitarra inglesa*, Lisboa, Imprensa Nacional/Casa da Moeda, 2000, e *Domingos Caldas Barbosa — Muzica escolhida da Viola de Lereno* (1799), Portugal, Estar Editora, 2003.
33. Manuel Morais, *Modinhas, lunduns e cançonetas com acompanhamento de guitarra inglesa*, Lisboa, Imprensa Nacional/Casa da Moeda, 2000, p. 71.
34. Mozart de Araújo, *op. cit.*, p. 29.
35. José Pedro Machado, no *Dicionário etimológico da língua portuguesa*, menciona a utilização do termo por Bocage em um outro soneto: "Digno rival do mocho, e da coruja quando a voz desenfrêa, a banza afina."
36. Mário de Andrade, *Pequena história da música*, 9ª ed., Belo Horizonte, Itatiaia, 1987, p. 158.
37. Luiz Edmundo, *O Rio de Janeiro no tempo dos Vice-Reis,* São Paulo, Typ. Cupolo, s.d., p. 375.
38. Tradução nossa M. Louis de Freycinet, *Voyage autour du monde*, Tome Premier, Paris, Chez Pillet Aîné, 1827, p. 216. "*Pour l'exécution, rien ne m'a paru plus étonnant que le rare talent, sur la guitare, d'un autre mulâtre de Rio de Janeiro, nommé Joachim Manuel. Sous se doigts, cet instrument avoit un charme inexprimible, que je n'ai jamais retrouvé chez nos guitarists européens les plus distingués. Le même musicien est aussi auteur de plusiers modinhas, espèces de romances fort agréables, don't M. Neucum a publié un recueil à Paris.*"
39. Mário de Andrade, *Pequena história da música*, p. 178.

40. Baptista Siqueira, *Modinhas do passado*, 2ª ed., Edição do autor, 1979, p. 55.
41. Em sua pesquisa de pós-doutoramento, Marcelo Fagerlande apresenta documento coevo que comprova ser Joaquim Manuel um violeiro. Na dedicatória do Soneto L, escreve o poeta Manuel Maria Barbosa du Bocage: "A um célebre mulato Joaquim Manuel, grande tocador de viola e improvisador de modinhas."

CAPÍTULO 2

O violão nos salões

A TRADIÇÃO EUROPEIA

A passagem do século XVIII para o XIX adquiriu significativa importância na trajetória do violão. Foi um período de transformações marcado pelo declínio de quase dois séculos de apogeu da guitarra de cinco ordens — a guitarra espanhola e de inovações que encaminhariam o instrumento a uma nova configuração. Nesse período de transição convivem tanto guitarras de cinco cordas simples como guitarras de seis cordas duplas, instrumento bastante difundido na Espanha.

O século que se iniciava consagraria maioridade física ao instrumento na medida em que nesse período o violão padronizou as dimensões conservadas até hoje, assim como maioridade estilística, por assim dizer, pois além das características corporais ganhou identidade de caráter, com o estabelecimento de novas técnicas de execução ainda hoje vigentes. Os métodos para tocar violão proliferaram e vulgarizaram entre os executantes não só a correta posição com que se deveria sustentar o instrumento, mas também a postura dos braços, das mãos e as várias maneiras de dedilhar as cordas com os dedos da mão direita. Em 1799 foram lançados três métodos de ensino que retratam o fervilhar da arte instrumental do período.

Em Madri, Fernando Ferandiere publicou a *Arte de tocar la guitarra española por música*, esclarecendo, já no prólogo: "Não desejo que haja apenas acompanhantes, mas executantes que façam cantar o instrumento." Para fazer "cantar o instrumento", o autor sugere ao instrumentista dominar a técnica do ponteado, em detrimento do *rasgueado*, pois este último destinava-se principalmente ao acompanhamento de canções. A guitarra espanhola descrita pelo autor possuía 17 trastes, constando de seis ordens de cordas.

Em Salamanca, o português D. Antonio Abreu publicou a *Escuela de tocar con perfección la Guitarra de cinco y seis ordenes*. Na Introdução, despido de modéstia, justificou a publicação:

> Um inesperado acaso e minha dedicação me possibilitaram realizar esta pequena obra tão instrutiva para a guitarra (...) em que se aclaram os mais sólidos fundamentos, com as mais exatas e constantes regras; obra, volto a dizer, que ainda resumida, é sem dúvida em sua categoria única e completa (...).

O exame dessas duas obras revela que partilham concepções, comungam preocupações, tratam dos mesmos instrumentos e estão mais voltadas para as técnicas desenvolvidas nos anos anteriores. Dessa forma, apontam para o século XVIII.

O século XIX, ou seja, uma nova forma de pensar e organizar o estudo do violão, está por vir na obra do compositor italiano Federico Moretti. Trata-se de *Principios para tocar la guitarra de seis ordenes*, obra que se destaca de todas as outras pelo pioneirismo com que abordou o ensino do instrumento. Além de apresentar rudimentos gerais de teoria musical, Moretti tratou da postura e colocação das mãos, passando à exposição em 24 quadros de escalas cromáticas, escalas nos modos maior e menor e diversos arpejos.

O autor relaciona os motivos que o levaram a criar o método. Declarando-se um apaixonado pelo instrumento, procurou, sem muito sucesso, informações em outros métodos: "Me dediquei à guitarra e não medi esforços buscando encontrar algum tratado para conhecer a fundo aquele instrumento; mas tendo sido infrutífera minha busca, me determinei a tocá-la por mim mesmo, valendo-me dos conhecimentos musicais que possuía."

Moretti conta que, em fins de 1787, reuniu alguns "principios bastante incompletos", frutos de anotações feitas em meses anteriores. Cópias do trabalho multiplicaram-se rapidamente. Em algumas cidades italianas chegou a encontrar exemplares com nomes de diferentes autores. "Este foi o motivo pelo qual regressando a Nápoles me dediquei a organizar meus *Principios de Guitarra*, aumentando-os consideravelmente e aperfeiçoando-os o quanto pude." Data de 1792 a primeira impressão da obra na Itália. O sucesso da publicação fez com que exemplares chegassem à Espanha, onde "tiveram igualmente a sorte de serem aceitos pelos melhores professores e executantes do instrumento". Transferiu-se para Madri, onde lhe propuseram a publicação dos *Principios*: "Me foi possível publicá-los adaptados para a guitarra de seis cordas duplas." A explicação que vem a seguir é extremamente valiosa, pois comprova a diversidade de formas de apresentação do violão nas cidades europeias:

> Embora eu use uma guitarra de sete cordas simples, me pareceu oportuno acomodar estes Principios para a de seis cordas duplas, por ser a que geralmente se toca na Espanha: esta mesma razão me obrigou a imprimi-los em italiano em 1792 adaptados à guitarra de cinco cordas duplas, pois naquele tempo ainda não se conhecia na Itália a de seis cordas.

Ficamos sabendo, assim, que Moretti foi precursor no uso do instrumento com cordas simples, daí o extraordinário desenvolvimento técnico por ele proposto. Informação de grande importância é a de que na Espanha a guitarra de cinco cordas duplas foi inicialmente substituída pela de seis cordas duplas, e que este instrumento, por sua vez, não teve acolhida imediata na Itália.

Esse fato pode explicar o motivo de o instrumento ter-se espalhado pela Europa, e de lá para as Américas, com o nome de "viola francesa". Embora não seja possível conferir certidão de nascimento ao violão atual, acredita-se que este tenha surgido em algum lugar fora da Espanha. É importante observar que embora na Espanha a divulgação do instrumento de seis cordas simples tenha sido posterior, o país por certo lhe conferiu certidão de batismo, ao desenvolver com extremo apuro técnicas de luteria que viriam a estabelecer padrões de construção aceitos por todos e ainda hoje vigentes.

Dentre os grandes mestres espanhóis na arte de construir instrumentos destacaram-se Antonio de Torres Jurado (1817-1892), responsável pelo estabelecimento e a padronização das dimensões do violão moderno, Vicente Arias (1845-1912), Manuel Ramirez (1869-1920) e Francisco Simplício (1874-1932).

Até a metade do século XIX, o violão experimentará grande desenvolvimento, sendo apresentado nas principais salas de concerto europeias. Surgem os primeiros recitalistas, que por serem também compositores impulsionaram a criação do repertório, difundiram e consolidaram as técnicas necessárias à execução do novíssimo instrumento.

Nos salões europeus abertos à viola francesa brilharam os espanhóis Aguado e Sor e os italianos Carcassi, Carulli e Giuliani. Tratava-se de avassaladora moda denominada pelos franceses *guitaromanie*, título dado por Charles de Marescot a litografias, onde documentou a verdadeira febre pelo instrumento, que não arrefeceu até meados do século XIX. Veem-se grupos de executantes ao ar livre, ouvidos com atenção em belíssimas salas, o violonista embalando a amada ao pé da cama, e uma verdadeira batalha de rivais, executantes armados de violão, partidários de dois grandes expoentes da composição do momento.

Diz-se que os principais bens de Franz Schubert não passavam de uns poucos livros, um cachimbo e um violão. O instrumento era também apreciado por Paganini, que lhe dedicou várias obras.

Grandes artistas da época foram Ferdinando Carulli (1770-1841), Fernando Sor (1778-1839), Dionisio Aguado (1784-1849), Mauro Giuliani (1781-1829) e Mateo Carcassi (1792-1853), violonistas que abandonaram os países de origem e estabeleceram-se em Paris, Londres e Viena.

Em 1833, o violão passou a ser divulgado na Inglaterra com o surgimento da revista *Giulianiad*, publicação mensal que apresentava artigos especializados, informações sobre concertistas, concertos e repertório. A publicação marca simbolicamente a mudança do papel do violão naquela sociedade:

> A bem-sucedida introdução da guitarra na Inglaterra é relativamente recente. Até 1815, podemos assumir que poucas pessoas neste país fossem familiarizadas com toda a sua força e variedade de recursos. No entanto, a partir daquele período e até os dias de hoje nenhum outro instrumento cativou tamanha estimação do público.

Confirma-se, assim, que foram necessários alguns anos para que a presença do violão se fizesse sentir fora de Paris, devendo-se a divulgação do instrumento aos recitais realizados pelos músicos mencionados.

Além da atividade como concertista, Fernando Sor e Mauro Giuliani destacaram-se sobretudo pelo trabalho de composição. Os *Estudos* de Sor adquiriram grande importância para o desenvolvimento técnico do instrumento. Carulli, Carcassi e Aguado tiveram influência na estruturação das técnicas de execução. Publicaram métodos que, amplamente difundidos (ainda hoje se imprimem), levaram aos diversos cantos do planeta a base técnica necessária à execução do violão, veiculando ainda o repertório onde ela seria aplicada. No Brasil, os métodos de Carulli e de Mateo Carcassi foram os primeiros rudimentos da técnica de violão divulgados e amplamente aceitos.

A INTRODUÇÃO DO VIOLÃO NO RIO DE JANEIRO

Ainda não foi possível precisar data ou qualquer fato marcante relacionado à chegada do violão ao Rio de Janeiro no século XIX. Sabe-se, entretanto, que acompanhando a rainha e o príncipe regente, futuro D. João VI, ao Rio de Janeiro em 1808, chegou ao país grande número de portugueses. A cidade tinha na época 50 mil habitantes, os recém-chegados representavam grande expansão populacional.

Carlos Lessa observa que "com este impacto demográfico e de gastos, a cidade bruscamente eleva seu patamar de renda, de atividade, de emprego, de exposição, de riqueza, de inovação de costumes e procedimentos". Acrescenta ainda que, entre 1808 e 1822, foi registrada a fixação de 4.234 estrangeiros, a maioria dos quais proveniente da Espanha (1.500) e da França (mil). Podemos imaginar, portanto, que com o numeroso desembarque de pessoas tivesse aqui chegado a novidade da viola francesa, que, como vimos, percorria com sucesso as principais capitais europeias.[1]

Curiosamente, vem de Portugal, mais precisamente do poeta Teófilo Braga, preciosa informação sobre a viola francesa em mãos brasileiras. Ao comentar a presença de Caldas Barbosa e da modinha na corte portuguesa, diz:

> Entre os costumes da corte portuguesa de Dona Maria I, tanto em Portugal como no Brasil, um dos mais curiosos era o das Açafatas; as meninas de famílias nobres, mas caídas em pobreza, eram recebidas no paço, onde se lhes dava sustento, ocupando uma posição intermedia às criadas e às damas de honor. (...) Para entreter as açafatas estudava-se

> música, tocando o saltério, a viola franceza, o bandolim, e cantava-se nos terraços... esta necessidade de dar expansão a desejos mal abafados ou vagamente satisfeitos fez desenvolver um genero de música nacional chamado a Modinha.[2]

O mesmo hábito foi descrito por Ernesto Vieira: "As senhoras portuguesas e brasileiras, no princípio do século actual [XIX], tinham-no como acompanhador constante das suas famosas modinhas; foi por essa época que se lhe deu o nome (...) da *viola franceza*."[3]

As primeiras referências à presença do instrumento no Rio de Janeiro vêm de periódicos como *O Spectador brasileiro: diario politico, litterario e commercial*, que em 1826 publicou anúncio de Bartolomeo Bortolazzi, informando: "Professor de música, morador na Rua dos Inválidos nº 80, faz ciente ao responsável público que, quem quiser aprender música, cantar, tocar viola, viola francesa ou mandolino, que ele ensina." Trata-se, até o momento, da mais antiga referência à viola francesa documentada no Rio de Janeiro.

Nascido em 1773 na Itália, Bortolazzi foi um virtuose do bandolim a quem o pianista e compositor Richard Hummel dedicou um concerto para o instrumento. Durante a última década do século XVIII, transitou pela Europa alternando visitas a Viena e a Londres. Em 1805 publicou em Viena modesto método de guitarra, a primeira obra de uma série intitulada *Periodical Amusements*, num total de 24 publicações, em que constavam, principalmente, canções com acompanhamento de viola francesa. Seu método alcançou grande popularidade, comprovada pelas oito edições que teve naquela cidade. Como última notícia de suas atividades, registram-se trabalhos publicados em Londres durante os anos de 1806-07. Embora não tenha alcançado lugar de destaque no reino dos grandes compositores e executantes, Bortolazzi adquiriu importância ao deixar uma obra, ainda que pequena, de difusão e divulgação do instrumento num momento em que este era quase que totalmente desconhecido.

Em 10 de janeiro de 1827, o *Diário do Rio de Janeiro* dá outra notícia da atividade de Bortolazzi: "Na Rua do Rosário nº 207, acha-se para vender um Tema, com seis variações para flauta, com acompanhamento de Libitum de piano forte, ou viola francesa, composto pelo professor de música Bartolomeo Bortolazzi, empregado no Imperial Teatro." A partir de então notícias relacionadas ao instrumento começam a aparecer. Deve-se destacar a importância da impressão musical na difusão do violão e de seu repertório.

O músico francês Pierre Laforge, que por volta de 1834 estabeleceu negócio no Rio de Janeiro dedicando-se à impressão regular de peças musicais, foi o responsável pela introdução na sociedade carioca do primeiro método de ensino de viola francesa, já por essa época denominada violão. Na seção de música do *Jornal do Commercio* de 1º de março de 1837 publicou o anúncio: "Na imprensa de música de Pierre Laforge na Rua da Cadeia nº 89, acabam-se de imprimir as seguintes peças: método de violão, segundo o sistema de Carulli e Nava, traduzido do italiano por J. Crocco."

Baptista Siqueira, no livro *Ficção e música*, informou sobre a chegada do método de Laforge: "Foi porém em 1840 que Pierre Laforge divulgou um método da *viola francesa*, traduzido em português, e anunciou a novidade substituindo o antigo nome (viola) pelo recente de violão." Siqueira complementa a informação observando que, "até 1840, no Brasil não se conhecia esse último instrumento com esse apelativo. Tanto isso é verdade que temos, como lembrança, a Rua das Violas".[4] Como foi possível comprovar, o pesquisador escorregou na data, pois anúncios divulgando o método de Carulli foram publicados desde 1837. Por essa época, a denominação viola francesa cai em desuso e o instrumento passa a ser designado pela palavra violão.

NO *ALMANAK LAEMMERT*

Em meados do século XIX, o violão já estava disseminado no Rio de Janeiro. O *Almanak Administrativo, Mercantil e Industrial do Rio de Janeiro*, conhecido por *Almanak Laemmert*, verdadeira radiografia da organização social, econômica e política do Rio de Janeiro, fornece um mapeamento geral das atividades desenvolvidas na cidade, relacionando entre tantos profissionais os professores de música, os afinadores, assim como os estabelecimentos comerciais, instituições e teatros.

No ano inicial de publicação (1844), modesto número de anúncios prefigura o grande impulso que o veículo tomará nos anos seguintes. Na seção de professores, incluem-se apenas sete anunciantes da área musical: Isidoro Bevilacqua (piano e canto), Carlos Corty (piano), Carlos Netys (piano), Joaquim B. Rodrigues Lima (música), José Alberto Klier (piano), José Navarro (piano e canto) e Majoranini (piano e canto).

Entre esses músicos, que se manteriam por anos como anunciantes, alguns destacaram-se no cenário musical da sociedade carioca, como o pianista Corty, Alberto Klier e sobretudo o italiano Isidoro Bevilacqua, que aqui chegando em 1835, abriria em 1846 o Armazém de Pianos e Música. Em 1857 fundou a sociedade Bevilacqua & Narciso, que, embora desfeita em 1865, foi o passo inicial da Bevilacqua & Cia., grande editora de músicas nacionais e importadas, vendida em 1941 para os Irmãos Vitale.

No primeiro ano do *Almanak*, os poucos anúncios de professores de música, de línguas, de pintura e de dança eram agrupados numa mesma seção. O sucesso da publicação pode ser avaliado pelas dimensões que alcançaria já em 1848, ano em que apresentou em seções separadas 29 anúncios de professores de música, 25 de línguas, 12 de desenho/pintura e nove de dança. Com o aumento do número de anunciantes, o *Almanak* caminharia para a subdivisão da seção de música em professores de canto/piano, professores de instrumentos e de afinadores.

O comércio de música teve grande impulso, chegando ao ano de 1855 com anúncios de página inteira, amplamente ilustrados. Confirmando a vocação de *pianópolis* observada no Rio de Janeiro, chamam atenção os anúncios de importação do instrumento publicados por casas como Grande Armazém de Pianos Ingleses, dirigido por Schmidt, Grande Armazém de Pianos e Música Collard e Collard, o comércio de João Bartholomeu Klier, entre tantos outros.

O violão é mencionado pela primeira vez no *Almanak* em 1847. Entre os 18 professores anunciados estão:

- Demétrio Rivero — piano, violão e rabeca. Rua do Espírito Santo, 2;
- Marzianno Bruni — harpa e violão. Rua de São José, 60;
- Pedro Nolasco Baptista — ophicleide, flauta e violão. Rua Senhor dos Passos, 136.

Em 1849, surgiria mais um anunciante:

- Luiz Vento — canto, violão francez, violoncelo.

Com poucas variações, os anos seguintes não trariam mudança significativa a esse quadro. Apenas em 1855 novo nome surgiria: D. Fernando Martinez Hidalgo, professor de violão e canto. Fernando Hidalgo e Demétrio Rivero divulgaram suas atividades no *Almanak* até o ano de 1865, quando José Joaquim dos Reis anunciou: "Primeiro violino da Capela Imperial ensina música, piano, violino, violoncelo, violão e regras de harmonia."

Aspecto curioso que se depreende dos anúncios, e que se identificará igualmente com a prática dos músicos de choro, é a variedade de instrumentos executados pelo mesmo músico. São capazes de ensinar violão, oficleide, flauta, harpa ou violoncelo, característica reveladora da versatilidade do instrumentista, mas sobretudo dos artifícios que têm de lançar mão para sobreviver de música. Demonstra também que, à época, não havia no Brasil a categoria do artista virtuose, capaz de realizar façanhas e de se especializar num único instrumento. O violão terá de esperar muitos anos para alcançar esse patamar, ao contrário de instrumentos como violino e piano, que em poucos anos seriam apresentados por intérpretes que visitaram a cidade.

Mais uma vez, no momento de crucial importância para a difusão do violão no Rio de Janeiro, temos notícia da presença de um professor com trajetória internacional (radicou-se em

Londres) e profunda preocupação quanto ao desenvolvimento técnico do instrumento. O músico Marzianno Bruni, que em 1847 divulgou pela primeira vez sua atividade didática no Rio de Janeiro, manteve-se como anunciante no *Almanak* até o ano de 1851. Em 1834, publicou a obra *Treatise on the Guitar*, na qual demonstra seu empenho em difundir recursos que permitissem a execução de obras de maior apuro técnico:

> Tendo adquirido, tanto aqui como fora, alguma reputação como um professor de guitarra, o autor acredita que o conhecimento das potencialidades deste interessante e moderno instrumento o qualifica particularmente para facilitar seu conhecimento, não meramente à limitada utilização para o acompanhamento da voz, mas em a escala mais ampla de um desempenho eficaz na execução de grandes e brilhantes concertos, fantasias etc. Há muitas passagens brilhantes para guitarra que têm sido geralmente consideradas de tamanha dificuldade a ponto de impedir os alunos de tentar sua execução. Tais passagens, quando os professores têm sucesso em dominá-las, conquistam imenso aplauso e são como o ovo de Colombo, difícil somente aos que não são familiarizados com seu mecanismo, mas extremamente fáceis e simples quando este é dominado. No trabalho atual, o autor aplicou-se particularmente a explicar estes efeitos aparentemente miraculosos, deu exemplos de cada possível combinação, que acreditou capazes de serem executadas por todo o aprendiz de capacidade moderada.[5]

Embora se possa imaginar que a presença de Bortolazzi e Bruni no Rio de Janeiro oitocentista tivesse adquirido importância pela difusão de um conhecimento especializado, o que favoreceria em muito a maneira pela qual a iniciação ao instrumento se teria dado no ambiente carioca, não nos foi possível aquilatar quanto teriam influenciado seus contemporâneos e que seguidores teriam deixado. Além dos anúncios não foram encontradas outras menções aos dois músicos nos documentos investigados.

Daí por diante, a presença do violão será atestada. Pierre Laforge publicou repetidamente no *Jornal do Commercio* anúncio divulgando suas novas edições:

> Longe ou perto dela, nova e linda modinha com 12 quadras compostas por L.V. de S. postas em música para piano, por J.V. [o primeiro em 12/1/1844]. Acaba-se também de imprimir o hino nacional arranjado para violão. Preço 240 rs. Vende-se também na imprensa musical de P. Laforge.

No mesmo periódico, em 12 de julho de 1847, temos notícia da atividade musical de Pedro Nolasco: "Clotilde, na qual o Sr. João Caetano dos Santos e a Sra. D. Estella desempenharão as principais partes. No fim da peça, o Sr. Pedro Nolasco Baptista, professor de música há pouco chegado a esta corte, executará umas brilhantes variações de guitarra francesa — violão."

Por essa época, Isidoro Bevilacqua, estabelecido no Rio de Janeiro em setembro de 1846 divulgou no *Catálogo Geral das publicações musicais editadas pelo estabelecimento de piano Bevilacqua & C*, a edição do método Carcassi (nº 1.166), traduzido por Rafael Coelho Machado. Esse método alcançou enorme sucesso, que se pode avaliar pelas inúmeras edições que teve.

Importante divulgador do instrumento foi Dom José Amat, professsor de piano e canto que emigrou da Espanha para o Rio de Janeiro em 1848, e que alcançou grande reconhecimento pela atuação na Imperial Academia e Ópera Nacional.

Na pequena biografia que fez de Amat, Mello Moraes Filho leva a crer que o músico fazia-se sempre acompanhar de um violão:

> Pianista ágil, tangendo o violão com o langor que só se tange na nobre Espanha, foi às dedilhações daquele e aos arpejos deste, nas belas "seguidillas" por ele entoadas em nossos fidalgos salões, que a modinha readquiriu o fulgor perdido, e que ritmos espanhóis, dilatando o gosto, serviram de abertura a novos cometimentos cênicos.[6]

Em outro trecho, Mello Moraes conta das "inesquecíveis noites de suavíssimas cantilenas ao violão" que contrastavam com as ruidosas noites de ópera sonorizadas pela multidão de "aplaudidores".

Em 8 de agosto de 1858, publica-se novo anúncio no *Jornal do Commercio*: "Músicas novas de flauta e violão — 'Quando seu bem vai-se embora', modinha para canto e violão, arranjada, muito fácil, para principiante; 600 rs. Estabelecimento musical de J. S. Arvellos."

Os anúncios revelam aspecto que estaria irremediavelmente vinculado à literatura do violão: por um lado, seu repertório se formaria da transcrição de obras compostas originalmente para outros instrumentos; por outro, seria mantida a vocação para o acompanhamento de canções, o que se pode avaliar pelo grande número de modinhas e lundus publicados. Só em princípios do século XX irão surgir composições brasileiras escritas originalmente para violão.

OS PRIMEIROS CONCERTISTAS

Curt Lange, no artigo "La muerte de Gottschalk, su repercusión en Rio de Janeiro", documentou a novidade do violão em sala de concerto: "Em 31 de agosto aconteceu uma reunião musical no Clube Mozart, da qual participaram José e Ada Heine, Pedro Ferranti, André Gravenstein, o barítono Orlandini e os irmãos Arthur e Annibal Napoleão. Houve também guitarras, flauta e saxofone e um público tão numeroso que mal se podia transitar." O semanário *Vida Fluminense*, numa crítica ao concerto inaugural realizado no Club Mozart, informou que a sociedade foi palco de uma rara apresentação violonística:

> Lisboa, um dos amadores mais notáveis do Rio de Janeiro, começou a desferir do seu violão sons tão repassados de melodia, que deixavam em dúvida o instrumento de que eram arrancados. Todos sabem que o violão não se presta facilmente aos cantos ligados nem à pureza dos sons se o trecho que cai executar-se requer velocidade de digitação pois bem: ouçam a fantasia da "Traviata" e a "Faceira' e digam-se depois se continuam a pensar assim.[7]

Trata-se de Clementino Lisboa, engenheiro formado e violonista amador. Em artigo publicado na revista *O Violão* (1929), redigido a partir de informações dadas pelo pianista Arthur Napoleão, Lisboa é lembrado como o "primeiro herói" a apresentar o instrumento em versão solista:

> O Dr. Clementino Lisboa era um moço de grande inteligência e de uma sensibilidade elevada à quintessência. Daí, talvez, sua afeição e devotamento à arte que abraçou relegando a engenharia para inferior plano. Naquele tempo não havia, como até hoje na perfeição não existe, professores de violão, mas o jovem engenheiro conseguiu beber os ensinamentos de velhos métodos, tais os que existiam naquela época, alicerçando com eles seus formidáveis conhecimentos musicais, adaptados ao mavioso e querido instrumento de sua predileção. Não conhecemos nenhuma de suas composições, ao que dizem, delicadas como as de Mozart, nem as inúmeras transcrições do piano para o nosso mavioso violão, mas pelas informações o grande artista numas e noutras se revelou genial. É de se presumir isso porque ao lado dos arranjos de velhas óperas, porém, naquele tempo em voga, ele adaptou várias peças de Gottschalk, dentre as quais o grande tremolo. Ora, essa peça foi também transcrita para violão pelo grande Francisco Tárrega, mas em 1901, quer dizer, muito tempo depois disso.[8]

Lisboa parece ter empreendido trabalho pioneiro não apenas como concertista, mas como transcritor e compositor. Apesar de seus esforços, a entrada do violão nas salas de concerto do Rio de Janeiro se dará muito lentamente. Nos últimos trinta anos do século XIX, praticamente não se terá notícia do violão em recitais públicos.

Não terá sido casualmente que nesse mesmo período o instrumento tenha ocupado o espaço das ruas. A década de 1870 marca simbolicamente o surgimento dos conjuntos de choro no Rio de Janeiro, fato relacionado à constituição do Choro Carioca, grupo liderado pelo flautista Joaquim Antonio Callado.

O abraço do carioca ao violão, a amizade fiel de seresteiros que pelas madrugadas entoavam modinhas, lundus, cançonetas, o afago de malandros, capoeiras, boêmios arrastaram o instrumento às esquinas, aos becos, às estalagens, enfim, aos redutos de pobreza. Esta associação foi determinante para a construção do discurso que simbolicamente relacionou o violão como o veículo próprio para a manifestação musical dos setores marginais da sociedade. O que se vê desde então é uma verdadeira batalha para lhe conferir a dignidade de frequentar os salões da boa sociedade.

Nessa trajetória teve importância o trabalho de Ernani de Figueiredo. Vindo de Campos dos Goitacazes, chegou ao Rio de Janeiro em princípios do século XX. Sobre seu primeiro contato com o instrumento, declarou:

> Estudante da divina arte, nunca ouvira de meus professores, companheiros e colegas senão referências de menoscabo a tal instrumento que reputavam de qualidade e de técnica insignificantes (...). Estavam as coisas nesse pé, quando, um dia, Pedro Silva, camarada meu de infância, se me apresenta um velho método de Carcassi. (...) Assim dei início à campanha sem tréguas em pról do violão, sobrevindo-me, por isso, grandes dissabores em consequência de minha teimosia em querer elevá-lo. Em toda parte molestavam-me as pilhérias e ironias dos ad-

> versos enquanto mais inabalável se tornava a minha convicção.[9]

As dificuldades técnicas para o domínio do violão eram tantas, que o violonista chegou mesmo a acreditar que o método estivesse "errado". Resolveu então procurar um professor, Bernardino José Pereira, o Bernardino Colchoeiro: "Prestou-se o bom velho a desvendar-me os mistérios da grande técnica instrumental do violão. O meu aperfeiçoamento em breve se fazia e era então com o mestre que eu divagava pelas caladas da noite."[10]

Só mesmo com o violão acontecem essas histórias. Ernani de Figueiredo era músico, trombonista da Lira de Apollo, dominava teoria, harmonia e o violino, mas para aprender violão foi colher ensinamentos junto a Bernardino, humilde colchoeiro. Desde então, empreendeu grande atividade artística, "cujo epílogo foi a apresentação do violão ao público campista como instrumento de concerto. Muito concorrera já para a elevação em minha terra natal, quando resolvi transportar-me para a Capital da República".[11]

No Rio de Janeiro, Ernani conheceu músicos e violonistas, apresentou-se em audições públicas e particulares, a primeira delas na antiga Maison Moderne. A esta seguiram-se audições no salão do ex-Casino Comercial, no Conservatório Livre do Rio de Janeiro, no Teatro São Pedro, no Club Ginástico Português, recitais em que o violão solista aparecia em meio aos mais variados grupos de câmera.

Em 30 de maio de 1916, os violonistas Brant Horta e Ernani de Figueiredo ofereceram à imprensa uma audição especial, realizada no salão da Associação Brasileira de Imprensa, com a finalidade de divulgar o concerto que aconteceria alguns dias depois no salão nobre do edifício do *Jornal do Commercio*, que no dia 4 de maio publicou:

> Perante numerosa assistência, principalmente de jornalistas, foi exibido ontem na Associação de Imprensa todo o programa de concerto que os Srs. Brant Horta e Ernani de Figueiredo vão realizar no próximo sábado no salão de festas do Jornal do Commercio. Nesse concerto em que só figuram instrumentos de corda, destacam-se o violão dos dois concertistas, exímios, insignes tocadores, que, na sua execução, tiraram efeitos extraordinários e novos, conforme se verificou no ensaio de ontem. Do programa, que é longo, constam peças de que os dois concertistas são autores, além de outras, de compositores notáveis estrangeiros.

Os dois violonistas foram os organizadores do concerto, no qual também tomaram parte os violonistas Joaquim dos Santos, Manuel Barravento, Raul Palmieri e a srta. Ceo da Câmara Paradeda Kemp, que executou ao violão composições de Brant Horta e cantou uma *romanza* com acompanhamento de violões, bandolins e bandolas. O programa constava de nada menos do que sete partes, nas quais se apresentavam desde um batuque intitulado "Bumba meu boi" à "Marcha fúnebre" de Chopin, passando por "Tannhäuser", de Wagner.

A crítica publicada no *Jornal do Commercio* em 7 de maio reitera a incompatibilidade entre o violão e o ambiente da "alta cultura":

> Os reclamos na pompa de sua fértil adjetivação elevaram às culminâncias de concerto artístico uma audição de violão.

> Debalde os cultivadores desse instrumento procuram fazê-lo ascender aos círculos onde a arte paira. Tem sido um esforço vão o que se desenvolve neste sentido. O violão não tem ido além de simples acompanhador de modinhas. E quando algum virtuose quer dele tirar efeitos mais elevados na arte dos sons, jamais consegue o objetivo desejado, ou mesmo resultado seriamente apreciado. A arte, no violão, não passou por isso, até agora, do seu aspecto puramente pitoresco. Não quer isso dizer que o popular instrumento não tenha seus apreciadores e mesmo apaixonados. E que os tem em elevado número provou-o a concorrência de ontem no salão nobre do edifício do *Jornal do Commercio.*

O crítico do *Jornal do Commercio* constrói seu discurso a partir do contraponto entre os universos da cultura "debalde os cultivadores do instrumento procuram fazê-lo ascender aos círculos onde a arte paira", marcando a tensão entre a grande e pequena tradição, como conceituado pelo historiador Peter Burke. Para compreender o longo processo que levaria à constituição do repertório de concerto escrito para o violão é preciso dar-se conta de quão arraigados no pensamento da época estavam os limites entre os universos da cultura popular e o mundo musical da chamada grande tradição.

OS CONCERTISTAS ESTRANGEIROS

Primeiro passo para reverter esse quadro foi dado em julho de 1916, quando o Rio de Janeiro recebeu a visita do violonista paraguaio Agustín Barrios Mangoré (1885-1944), grande músico e destacado compositor. Sua introdução ao meio musical carioca se fez na residência do casal Sampaio Araújo, onde tradicionalmente eram acolhidos grandes intérpretes em visita à cidade. Na seção "A música nos salões" do *Jornal do Commercio* de 1° de agosto, a notícia do evento:

> Sucedem-se novas figuras no salão musical do Sr. e da Sra. Sampaio Araújo. (...). Outra surpresa foi o Sr. Barrios, o artista paraguaio que veio revelar a muita gente, no Rio de Janeiro, um belo instrumento que poucos cultivam exatamente porque ele é de uma técnica difícil. O violão passou entre nós, durante muitos anos, por um instrumento pobre e medíocre, tanto que servia apenas para acompanhar modinhas. O Sr. Barrios veio demonstrar a riqueza dos efeitos que se podem obter desse instrumento, justamente quando alguns amadores de valor se tem esforçado com inteligência e vantagens incontestáveis, em idêntica demonstração. Que todo esse trabalho frutifique, reabilitando entre nós o violão e conquistando-lhe a simpatia e a preferência de quantos lhe compreendem o valor e a riqueza de efeitos.

Como se pode observar, o *Jornal do Commercio* contava com pelo menos dois críticos musicais e estes se posicionavam de forma bem diversa quanto ao exercício do violonista. No comentário anterior, a despeito do grande talento de Barrios, nota-se a raríssima compreensão para a época, das possibilidades de realização artística no violão.

Foi de fato marcante a passagem de Barrios pelo Rio de Janeiro, artista que circulou pelo meio musical carioca, ocasião em que fez muitos amigos. Como concertista apresentou-se na Argentina, no Uruguai, no Chile, na Venezuela, incorporando nesta trajetória a riqueza de ritmos da América Latina, somando-os à tradição do violão espanhol. Sua obra, notadamente a grandiosa "La catedral", enriqueceu a literatura do instrumento, utilizando recursos técnicos de escalas, arpejos, tremolos, a serviço de sua privilegiada musicalidade. O jornalista Luis Nassif em artigo intitulado "Barrios, o mestre maior", publicado na *Folha de S. Paulo* em 12 de agosto de 2001, chama atenção para as qualidades do artista:

> Quase todo sábado reúno músico em casa. É porta aberta. (...) Em alguns momentos, o violão baixa no terreiro da sala. (...) Aí se mergulha nos acordes do tempo e se chega ao uruguaio Isaías Sávio, a João Pernambuco, Américo Jacomino, a Levino da Conceição, é claro a Villa-Lobos. E, depois de se chegar a todos, chega-se ao pai de todos, dos violonistas clássicos e dos amadores que transformaram o Brasil na pátria do violão: o paraguaio Agustín Barrios Mangoré. A confraria dos violonistas brasileiros o conhece desde os primeiros acordes de violão. O resto do mundo passou a conhecê-lo de alguns anos para cá, depois que o inglês John Williams, considerado o mais talentoso violonista da atualidade, o classificou de "o melhor de todos" para violão, mais importante que Sor e Giuliani e mais importante compositor para guitarra que Villa-Lobos. Não é pouco. Até pouco tempo atrás o espanhol Segóvia era considerado o maior nome do violão do século 20. Barrios antecipou o trabalho que Segóvia realizaria, de criação de um repertório para violão, inclusive adaptando os clássicos para o violão, Bach (cuja influência ele estenderia a Villa-Lobos), Schumann e Chopin. Mas foi mais que isso. Foi um compositor iluminado. Se Segóvia ajudou a consolidar a escola de vio-

> lão espanhola, vindo de uma tradição já existente, de Sor e Tárrega, Barrios fundou aquela que se tornaria a maior escola de violão contemporâneo: a brasileira e latino-americana.

O artigo reitera a importância do compositor paraguaio sobretudo na divulgação dos ritmos latinos. Dentre os méritos que lhe foram atribuídos, acrescentaríamos ainda o de ter sintetizado na sua expressão musical uma maneira de execução que encontra semelhança no violão brasileiro do período: lírica e exageradamente derramada.

O primeiro concerto público ocorreu em 9 de agosto de 1916 no salão nobre do edifício do *Jornal do Commercio*. Dividido em duas partes, o programa constava das seguintes obras:

1ª Parte
Marcha heroica — Giuliani
Chanson de printemps — Mendelssohn
Recuerdos del Pacifico — Barrios
Rondó brilhante — Aguado
Sarabanda — Bach
Meditação — Tolsa
Concerto em Lam — Arcas
2ª Parte
Nocturno Op. 9, nº 2 — Chopin
Fantasia sobre motivos da Traviata — Verdi
Chant du Paysan — Grieg
Bicho feio! — Barrios
Rapsódia americana — Barrios
Jota aragonesa — variações — Barrios

A crítica publicada no *Jornal do Commercio* no dia seguinte ao concerto, além de destacar-lhe o talento, demonstra reconhecer a dificuldade de incorporar o violão à grande tradição musical:

> Conhecida a nossa exigência em matéria de arte a muita gente tem causado certo espanto o modo como nos temos pronunciado em relação ao concertista paraguaio Sr. Barrios, o virtuose do violão. Não há razão, entretanto, para que se estranhem os nossos elogios, muito sinceros ao distinto artista, porque o fato se explica. O violão é um instrumento de grande dificuldade técnica, que poucos ousam afrontar; é por isso mesmo que ele foi, por assim dizer, condenado ao mister de mero acompanhador de modinhas, sendo raros os que conseguem fazer dele um instrumento de arte, qual o sagrará o nosso velho compatriota Clementino, artista ignorado que vive ainda gloriosos na memória de poucos sobreviventes. Atualmente, ainda temos solistas do violão de merecimento incontestável como os Srs. Brant Horta, Ernani de Figueiredo e raros mais que não tivemos ainda ensejo de ouvir. O Sr. Barrios, porém, emerge de entre os seus colegas com um relevo frisante, porque consegue do violão o máximo de efeitos da mais variada espécie; ele levantou o violão a uma hierarquia superior. O concerto de ontem foi uma surpresa para todos os espectadores.

Na primeira temporada carioca, Agustín Barrios realizaria ainda dois outros concertos, o primeiro deles em 19 de agosto no salão nobre da Associação dos Empregados do Comércio, onde executou o seguinte programa:

Andante — Haydn
Tanda de valses — Tolsa

Danza macabra — Regondi
Fantasia mourisca — Espinosa
A minha mãe — Barrios
Capricho espanhol — Barrios
Mazurka — Chopin
Capricho árabe — Tárrega
Lucia de Lammermoor — Donizetti
Estudo para mão esquerda — Barrios
Tango nº 2 — Barrios
Gavotte romântica — Czibulka
Souvenir napolitain — Albano

No último recital, realizado em 9 de novembro, também na Associação dos Empregados do Comércio, apresentou obras de Arcas, Aguado, Barrios, Coste e Giuliani. Esses anos foram fundamentais para o estabelecimento e a divulgação do repertório e das técnicas de concerto.

O incentivo para o desenvolvimento do violão foi ainda maior com a visita da violonista espanhola Josefina Robledo, que possuía a credencial de ter sido aluna de Francisco Tárrega (1852-1909), grande nome da música espanhola, que viria a estabelecer os fundamentos da escola moderna.

Tárrega destacou-se como compositor de obras de caráter romântico que foram incorporadas ao repertório do violão mundial, como "Recuerdos de la Alhambra", "Capricho árabe" e "Danza mora", entre tantas outras. Realizou trabalhos de transcrição e perpetuou seus ensinamentos através da produção didática de alunos como Miguel Llobet, Emílio Pujol, Maria Rita Brondi e Josefina Robledo.

Josefina chegou ao Rio em 1917, encerrando série de apresentações que fez pela América do Sul. Seu encanto pela cidade a fez retornar e permanecer por aproximadamente dois anos, divididos entre São Paulo e Rio de Janeiro, lecionando para um círculo restrito de violonistas.

Realizou o primeiro concerto em 30 de agosto de 1917, no salão nobre do *Jornal do Commercio*. Dividido em três partes, a violonista reservou a parte central para a música de câmara, apresentando-se em duo com o violoncelista Fernando Molina. No programa, obras de Tárrega, Albéniz, Paganini, Bach, entre outros.

A crítica não lhe poupou elogios. Robledo marcou presença na cidade, sobretudo por reafirmar as possibilidades do violão como instrumento de concerto. O crítico do *Jornal do Commercio* reconheceu-lhe o mérito:

> O violão, nas mãos de quem sabe dedilhar as suas cordas com alma, sentimento e maestria, deixa de ser um instrumento subalterno, perde a qualidade de simples acompanhador de modinhas e apresenta-se transfigurado, falando à nossa sensibilidade e às nossas emoções. A Sra. Robledo concorreu fortemente para elevar o violão no conceito social. Ela pode gabar-se de ser uma violonista de valor incontestável, possuidora de uma execução rica de recursos, preciosa de sonoridade. À primeira impressão duvida-se de que todos aqueles efeitos com que a Sra. Robledo encanta os ouvidos do seu auditório sejam tirados do ingrato instrumento por ela dedilhado e que mantém sempre em posições distintas e elegantes. Mas tudo isso é um fato, a convicção estabelece-se, o violão eleva-se no conceito de quem ouve e a Sra. Robledo que já conquistara o auditório com várias composições, arrebata-o no Noturno de Chopin e no Carnaval de Veneza de Paganini.

Josefina Robledo apresentou-se ainda em dois outros recitais. O segundo em 24 de setembro, em que, além da participação de Molina ao violoncelo, contou com a presença do poeta Catullo da Paixão Cearense, que recitou poema de sua autoria, "Sonho das flores", acompanhado ao violão pela música de Tárrega. A violonista foi ovacionada e mais uma vez a crítica ressaltou-lhe o mérito de conseguir interpretações magistrais em um instrumento "tão rudimentar e de limitados recursos".

Robledo despediu-se do Rio de Janeiro com um concerto realizado em 10 de outubro na Associação dos Empregados do Comércio. No programa, obras de Haydn, Tárrega, Schumann, Gottschalk, Albéniz, Malats, entre outros.

Além de impressionar pela técnica, habilidade de execução, utilização dos recursos expressivos do violão, a artista marcou a estada no Rio de Janeiro também pelo trabalho didático. Foi responsável pela divulgação e o estabelecimento dos fundamentos da chamada moderna escola de violão, mais especificamente da escola de Tárrega, fato que pode ser encarado como um divisor de águas na trajetória do ensino do instrumento no Brasil. Havia músicos há muito interessados em conhecer os diversos métodos de ensino, em dominar a técnica, e neste aspecto certamente o convívio com Robledo foi valioso. Anos mais tarde, em 1929, o editorial do número 4 da revista *O Violão* refere-se à importância do trabalho da violonista:

> Infelizmente ainda não temos quem se assemelhe a Robledo, como não temos conhecimento de alguém que tenha feito, aqui, a escola completa de seu formidável mestre e

> incomparável criador. Não temos porque até aqui muito pouca gente conhecia essa escola. Embora Josefina Robledo tivesse lecionado no Rio, não tendo Tárrega nenhum método publicado, ela foi transmitindo sua escola, aos poucos, aos seus alunos. Seu discípulo, Eustachio Alves, foi que concatenou com ela, todas as escalas, harpejos e exercícios e graças a ele, quando Robledo partiu, tiveram alguns dos nossos violonistas a ventura de possuí-los, como José Rebello e outros amadores. (...) depois da sua estadia aqui foi que o estudo do violão se elevou e passou a ser seriamente cultivado.

A distinção e a nobreza que envolviam a violonista Robledo ficaram definitivamente consagradas na homenagem a ela prestada pela casa de música A Guitarra de Prata, com o lançamento do violão modelo Josefina Robledo, "instrumento de elite para elite — modelado em proporções técnicas e de lavor sóbrio, é um tipo muito próprio para o belo sexo e satisfaz sempre tanto os mestres como os discípulos", dizeres que constavam no anúncio de divulgação do instrumento.

OS MESTRES DE VIOLÃO NO RIO DE JANEIRO

O grande mestre do violão no Rio de Janeiro nesse período foi certamente Joaquim Francisco dos Santos, conhecido por Quincas Laranjeira. Nascido em Pernambuco, veio para o Rio com seis meses de idade. Empregou-se na Fábrica de Tecidos Aliança, em Laranjeiras, e iniciou a formação musical como a grande maioria dos músicos, atuando na banda de música da fábrica, na qual tocava flauta.

Dedicou-se ao estudo do violão sem auxílio de professor, buscando nos antigos métodos — Carcassi, Carulli, Aguado, Antonio Cano — a informação técnica. Frequentador da Rabeca de Ouro, situada na rua da Carioca, era conhecido e querido no meio musical.

Como bom chorão, integrou a orquestra do rancho Ameno Resedá, tradicional agremiação carnavalesca, da qual faziam parte excelentes músicos. O perfil do artista foi traçado por Alexandre Gonçalves Pinto: "Quincas Laranjeira, era bom amigo, eximio violonista, grande artista, modesto e atencioso, de maneiras esplendorosas, por isso tinha em cada colega do choro um verdadeiro admirador de suas excelentes qualidades."[12] A simplicidade e a modéstia do mestre foram aspectos sempre destacados.

Formou músicos, entre os quais Levino da Conceição, José Augusto de Freitas e Antonio Rebello, mas parece não ter havido violonista na cidade que não mantivesse contato e aproveitasse seus conhecimentos musicais. Foi precursor do ensino de violão para senhoras, movimento que tomou corpo em fins dos anos 1920, contribuindo com a transcrição de canções para as quais provia o acompanhamento, material que passou a publicar no suplemento dominical do *Correio da Manhã* a partir de 1927.

Como fruto de sua atividade didática, sobrevive o que alguns caracterizam como uma "escola do violão" no Rio de Janeiro: Antonio Rebello, músico português que chegou à cidade em 1920 e estudou com Quincas de 1927 a 1930, se tornaria um dos mais reconhecidos mestres do ensino técnico de violão. Foi responsável pela formação de grandes músicos como Jodacil Damaceno e Turíbio Santos, além de seus próprios netos, destacados virtuoses do instrumento: os violonistas Sérgio e Eduardo Rebello Abreu. Se encararmos essa tradição como uma linha evolutiva do ensino, não podemos deixar de mencionar um segundo ramo estabelecido também a partir de Quincas Laranjeira: seu aluno Levino da Conceição foi mestre maior de Dilermando Reis, violonista e compositor que exerceu grande influência no meio violonístico carioca.

Outro músico dedicado ao ensino da técnica do violão foi José Rebello da Silva, conhecido por José Cavaquinho, apelido adquirido por ter sido este o instrumento de sua iniciação musical. Nascido em Guaratinguetá, veio para o Rio de Janeiro, onde foi um dos fundadores e diretor de harmonia do Ameno Resedá. Escreveu um método de ensino de violão e dedicou-se com afinco à formação musical de sua filha, Ivonne Rebello, a quem instruiu na execução de obras do repertório clássico e romântico.

O Rio de Janeiro, efervescente, carnavalesco, vivenciando a experiência do rádio surgido em 1922, o amadurecimento da indústria fonográfica, a cidade que atravessava, enfim, momento especial para o desenvolvimento da música popular, vê arrefecer os ânimos no que diz respeito à continuidade do amadurecimento técnico e do repertório violonístico. Por toda uma década o carioca não contará com a visita de intérpretes estrangeiros e o violão de concerto sai de cena.

Em fevereiro de 1926, o marasmo foi rompido com grande acontecimento promovido pelo jornal *Correio da Manhã*, o concurso "O que é nosso", "um espetáculo inédito que o *Correio da Manhã* vai oferecer à população do Rio de Janeiro a 19 e 20 do corrente". Foram abertas inscrições para provas de violão, canto, músicas publicadas ou já divulgadas, desafios e improvisos, emboladas e cocos, e disputava-se ainda o grande prêmio "O que é nosso", ao qual podiam concorrer autores de sambas, maxixes, marchas carnavalescas, lundus, ou qualquer outro gênero de música caracteristicamente brasileira. Para as categorias de violão e canto foram oferecidos prêmios aos três primeiros colocados, nos valores de 500$000, 300$000 e 100$000, respectivamente. Para as demais categorias, os valores eram mais baixos: de 300$000, 200$000 e 100$000. O ganhador do grande prêmio levaria 1000$000, pagos pelo *Correio da Manhã*, mais um lindo equipamento musical oferecido pela Casa Edison. As provas de violão e canto realizaram-se no Teatro Lyrico e as demais em coreto armado no largo da Carioca.

O concurso pretendia ser uma grande vitrine da música típica brasileira, o que de fato se conseguiu. O público foi numeroso e o propósito de colocar "as coisas nossas" na ordem do dia foi alcançado.

As provas de violão e canto, realizadas no Teatro Lyrico, tiveram por júri o crítico musical do *Correio da Manhã* João Itiberê da Cunha, o barítono Patrício Corbiniano Villaça e Homero Alvarez. João Pernambuco foi indicado patrono das provas de violão, tendo sido também homenageados os violonistas Quincas Laranjeira e Levino da Conceição, que dariam nome ao segundo e ao terceiro prêmios, respectivamente. Inscreveram-se apenas três concorrentes: Américo Jacomino, Ivonne Rebello e o deficiente visual Manuel de Lima, que deveriam executar, além de uma peça do repertório clássico, uma obra de estilo típico brasileiro e ainda uma peça de livre escolha.

Temos, assim, um claro panorama do nível técnico-musical do violão carioca. A menina Ivonne Rebello, de aproximadamente 10 anos de idade, foi a única a apresentar alguma obra do repertório clássico. Tocava em um violão de pequenas dimensões, feito especialmente para ela, daí a alcunha "a menina do violãozinho". Recebeu o Prêmio Quincas Laranjeira, o velho mestre Quincas, que seria reconhecido por sua tradicional atividade didática. O cego Manuelito chamou grande atenção por tocar com o violão repousado sobre ambas as pernas. A sonoridade que produzia era comparada à de um harpista, e sua participação atraiu a audiência principalmente pela qualidade "circense" da performance, o que faz lembrar a tradição dos trovadores medievais, que, além de entoar canções do tempo, se valiam de ursos, macacos e todo tipo de malabarismos que facilitassem a aproximação com o público. Manuel de Lima, terceiro colocado, recebeu o Prêmio Levino da Conceição. Finalmente, coube ao paulista Américo Jacomino o Prêmio João Pernambuco.

Canhoto — como Jacomino era conhecido (1889-1928) — já havia constituído uma carreira musical, com várias apresentações em São Paulo, onde era muito querido. Entre os anos de 1912 e 1926, realizou gravações para a Casa Edison do Rio de Janeiro, algumas como solista e outras como líder de conjunto. Foi, sem dúvida, o primeiro ídolo do instrumento, profissional pioneiro no campo dos recitais e gravações e compositor de obras que "trazem o selo de autêntico brasileirismo".

Apesar de proclamado vencedor do concurso, a revista *O Violão,* ao comentar a iniciativa, compreendeu que não havia ainda violonista que dominasse a técnica de execução do instrumento:

> Para um jornal bastava o sucesso daquela tarde memorável se seu fito fosse apenas o sucesso jornalístico, mas a plêiade

> de rapazes empenhados na campanha não visava somente a isso. Havia, de sua parte, o desejo de criar, estimular e incentivar o estudo de Violão entre nós. Bem sabiam os organizadores desta festa que ainda não tínhamos virtuoses capazes de se aproximarem de Josefina Robledo, Segovia ou Llobet, porém, tinham a certeza de que não lançavam semente em terreno sáfaro.[13]

O que o concurso revelou de fato foi que ainda não havia no Rio de Janeiro artista que dominasse a técnica do violão.

Em fins de 1928, foi lançada a revista *O Violão*, publicação mensal que se manteve em atividade por um ano, marcando novo momento na trajetória dos violonistas, que alcançariam pela primeira vez espaço próprio de divulgação, de veiculação de trabalhos, músicas, técnicas etc. Muito rica em informações, a revista publicava artigos sobre a história do instrumento, perfis de artistas, acompanhamento de canções tradicionais, obras para violão solo, fotos de violonistas, anúncios de professores, venda de instrumentos, notícias do movimento de violão na cidade e em outros estados brasileiros, enfim, colocava o violão na pauta do dia, ensejando verdadeira discussão sobre as possibilidades de realização do instrumento e defendendo sobretudo a bandeira de "nobilitar o violão". Do ponto de vista da técnica a publicação destacava os ensinamentos de Francisco Tárrega, tornando-se porta-voz da "moderna escola do violão". Ao pretender difundir o estudo do instrumento, propunha três frentes de atuação: 1ª) violão por pauta, para aqueles que não sabem música e querem estudá-lo de ouvido; 2ª) violão sério, ou seja, o violão para melodias simples, as quais, na sua maioria, dependem do acompanhamento; 3ª) violão tal qual deve ser estudado e como ensinou o imortal reformador de sua difícil técnica — o maestro Francisco Tárrega.[14] Veiculavam democraticamente possibilidades de ensino que pudessem contemplar todos os interessados, alcançando, desta forma, um maior número de adeptos.

Quincas Laranjeira teve relevante atuação junto à revista. Enviava, mensalmente, acompanhamentos e arranjos de canções brasileiras e divulgava sua atividade de professor; lecionava, na época, em sua residência, na rua Nascimento Silva, 47, e na casa Cavaquinho de Ouro, onde também ensinavam os músicos João Pernambuco, Gustavo Ribeiro e Josué de Barros, artistas com destacada atuação no âmbito da produção fonográfica e do entretenimento.

Ao Cavaquinho de Ouro, fábrica de instrumentos fundada em 1889 por Francisco Garcia de Andrade, situada na rua Uruguaiana, tornou-se importante ponto de encontro de músicos cariocas. A loja manteve parceria com a revista *O Violão*, publicando anúncios de seus professores, incentivando concursos, divulgando seus produtos.

Em 1929, o Rio de Janeiro recebeu a visita de dois ilustres concertistas: Regino Sainz de la Maza e Juan Rodriguez, artistas cuja passagem pela cidade foi amplamente documentada pela revista *O Violão*. O editorial publicado no número 6, de maio-junho de 1929, ressalta a iniciativa de Juan Rodriguez de visitar o Brasil, junto à queixa de que nenhum dos grandes violonistas conhecidos na Europa se atreveu a fazer escala por aqui. À exceção de Robledo, artistas como Llobet, Segóvia, Pujol e mesmo Sainz de la Maza passavam pelo porto brasileiro e encaminhavam-se diretamente para Buenos Aires.

O espanhol Sainz de la Maza estreou em 6 de junho no Theatro Municipal do Rio de Janeiro. No programa, entre outras obras, "Evocação" e "Sonho", de Tárrega; "Serenata", de Malats; "Capricho espanhol", de Albéniz; Bach; Haendel; Torroba; e o "Choros nº 1", de Villa-Lobos, provavelmente a primeira audição da obra. Apresentou-se em outros dois recitais, realizados em 9 e 12 de junho, também no Theatro Municipal.

No comentário publicado na revista *O Violão* destacou-se o desconhecimento do repertório por parte do público carioca; foram ainda feitos elogios às qualidades técnicas e à agilidade do violonista, observando-se, entretanto, que essas qualidades eram usadas em detrimento da expressão musical. Importante notar que muitas das obras por ele apresentadas permaneceram no repertório violonístico, o que faz ressaltar a importância da presença do músico no Rio de Janeiro.

Anos mais tarde, em 1939, Sainz de la Maza receberia do compositor Joaquín Rodrigo honrosa homenagem, a dedicatória do "Concerto de Aranjuez", que provavelmente nos quatro cantos do mundo tornou-se a mais conhecida obra escrita para o violão.

O violonista Juan Rodriguez realizou três recitais nos meses de junho, julho e agosto, no Instituto Nacional de Música, executando obras de Tárrega, Haendel, Chopin, Sávio, Sor, além de composições suas, que agradaram bastante ao público carioca. Seu último concerto na cidade coincidiu com uma partida de futebol, atividade que ganhou a preferência do público carioca, como observou Gastão Penalva, crítico do *Diário Carioca*:

> O público trocou o delicado labor das mãos pelo desprezível trabalho dos pés. Mas o artista, se der outro concerto, terá, com certeza, ensejo de avistar na plateia uma porção de gente culta, que tanto sabe torcer por grandes lances de um gol, como aplaudir nas expressivas modulações de uma

> sonata. Para depois não ir contar na sua terra que o brasileiro é um povo que mete os pés pelas mãos.

Como de praxe, ao comentar a apresentação dos violonistas, a crítica voltou ao antigo hábito de depreciar o violão. Oscar Guanabarino, chamado pela revista *O Violão* de o "maioral da crítica indígena", resolveu não apenas opinar sobre as realizações técnicas e a sonoridade dos músicos, como também caiu em desgraça ao tentar discorrer sobre a evolução histórica do violão. Mereceu não apenas resposta da revista, como cartas indignadas dos leitores. Ao longo de sua carreira, Oscar Guanabarino tomou parte em outras polêmicas, marcando o exercício da crítica com a tomada de posições que historicamente se revelaram pouco brilhantes, como na querela em torno do valor artístico-musical de Villa-Lobos.

O ano de 1929 foi memorável para o violão. Em 29 de julho, José Augusto de Freitas fez sua estreia no salão nobre do Instituto Nacional de Música. Nascido em 1909 na cidade de Pomba, Minas Gerais, Freitas veio para o Rio de Janeiro ainda na infância. Como muitos violonistas, iniciou os estudos sozinho, até encontrar Quincas Laranjeira, com quem aprendeu a técnica e o repertório dos clássicos. Teve aulas com Agustín Barrios, passando posteriormente ele mesmo a lecionar violão. Para diminuir a tensão do concerto de estreia, contou com a participação de uma cantora e de um outro violonista, e como solista, executou "Recuerdos de la Alhambra", de Tárrega, "Canção Catalã", de Miguel Llobet, e o "Prelúdio nº 20" de Chopin. Freitas foi também compositor, deixando alguns registros de suas obras na gravadora Odeon.

O ano musical se encerrou com a presença de Agustín Barrios, então cognominado "O rei do violão", que retornou à cidade para duas apresentações. Em 28 de novembro, no Theatro Municipal, executou obras de Bach, Chopin, Albéniz, dedicando-se sobretudo ao repertório próprio, com destaque para "A catedral". O segundo recital, realizado em 10 de dezembro no Instituto Nacional de Música, manteve a estrutura do programa apresentado anteriormente.

Nos anos subsequentes, o violão mais uma vez submerge, contando com iniciativas isoladas, que não chegaram a denotar efetivo desenvolvimento e amadurecimento artístico-profissional dos violonistas cariocas.

Em 1931, surge a *Voz do Violão*. Embora influenciada pela revista *O Violão* no que tange à impressão de músicas e aos artigos dedicados à evolução histórica do instrumento, apresenta-se como uma publicação "menos comprometida" com a meta de nobilitar o violão, privilegiando notícias relacionadas aos ambientes radiofônico e discográfico.

Dentre os violonistas que chegaram a alcançar desenvoltura no instrumento, alguns tiveram atuação marcante nas gravações e no rádio, como Rogério Guimarães, instrumentista que por muitos anos foi líder de conjunto, autor de inúmeras obras para violão solo. Apesar da notícia de carreiras violonísticas bem-sucedidas como a de Guimarães, a avaliação dos programas de recitais, somada à audição de registros fonográficos, faz crer que os violonistas do período não alcançaram maturidade musical, conhecimento e domínio técnico do instrumento.

A IMPORTÂNCIA DE VILLA-LOBOS

À exceção de João Pernambuco, que marcou nome na história do violão pelas composições, e de Quincas Laranjeira, que nos legou a tradição de ensino, acreditamos que o grande conhecedor de violão no Rio de Janeiro nesse período foi de fato (e surpreendentemente) Heitor Villa-Lobos.

Na introdução à segunda edição do catálogo de obras do compositor, diz C. Paula Barros:

> Villa-Lobos teve as suas criancices. Em menino e depois de homem feito adorava circo de cavalinhos. Num desses circos, (...) conheceu Eduardo das Neves que realmente era interessantíssimo. Eduardo das Neves, preto retinto, cantor de circo, o famoso Anacleto de Medeiros, mestre da banda do Corpo de Bombeiros, como mais tarde Catullo da Paixão Cearense e Ernesto Nazareth foram os seus maiores companheiros. Com esses foi que Villa-Lobos teve contato, quando ainda rapazola, e acabou tocando violão e com tal virtuosidade que passou a lecioná-lo, a cinco mil-réis por aula... naqueles bons tempos, um regular negócio.[15]

Embora Raul Villa-Lobos tivesse se esmerado na educação do filho, incentivando-o a dominar vários instrumentos (do violoncelo à clarineta), foi acompanhado de um violão que Heitor se embrenhou nos recantos culturais cariocas, frequentando não apenas as grandes rodas de choro, onde conviveu com Quincas Laranjeira, João Pernambuco, Satiro Bilhar, Pixinguinha, Donga, Catullo, Anacleto de Medeiros, como ainda o Buraco Quente, famoso reduto da Mangueira, onde travou relações com Zé Espinguela, Cartola e Aluísio Dias. Eclético em tudo, Villa-Lobos não se limitava a conviver com os chorões das rodas boêmias. Frequentava a roda de famosos intelectuais, como Rocha Pombo, Coelho Neto, Olavo Bilac, Luiz Edmundo, Irineu Marinho, onde era conhecido como "o menino do violão".[16]

O conhecimento do violão, no entanto, não foi adquirido apenas nas rodas de choro. Villa-Lobos estudou também segundo os modernos ensinamentos dos guitarristas espanhóis, influenciados por Tárrega e seus discípulos: Miguel Llobet, Domingo Prat, Josefina Robledo e Emilio Pujol. Sobre o lendário encontro em Paris com Andrés Segóvia, ao tomar-lhe o violão para executar algumas de suas obras, disse Villa: "Eu sentei, toquei e acabei com a festa. Segóvia veio depois me perguntar onde eu tinha aprendido. Eu lhe disse que não era violonista mas sabia toda a técnica de Carulli, Sor, Aguado, Carcassi etc."[17]

O compositor tinha perfeita consciência de seu valor como violonista, gostando sempre de repetir: "No Brasil ninguém tem a minha técnica."[18] Heitor chegou a gravar o "Prelúdio nº 1" e o "Choros nº 1" e dedicou-se a enriquecer o repertório do instrumento com transcrições de peças como as "Valsas" em lá menor e dó sustenido menor de Chopin.[19]

Alexandre Gonçalves Pinto, profundo conhecedor do choro e dos chorões, assim se referiu a ele: "Conheci Villa-Lobos quando ele era um exímio chorão. Tocando em seu violão tudo que é muito nosso, com perfeição e gosto de um exímio artista, em companhia do grande cantor e poeta Catullo, de quem ele é dedicado amigo."[20] Donga, autor do famoso "Pelo telefone", identifica tais habilidades:

> Ele era mais velho que eu. O choro imperava então. Eu tocava cavaquinho, ele tocava violão. E sempre tocou bem.

> Acompanhava e solava. Se não acompanhasse bem, naquela roda não entrava não... E foi sempre um improvisador. Foi um grande solista de violão, grande, grande. O Villa-Lobos sempre tocou os clássicos difíceis, coisas com técnica. Sempre foi técnico, sempre procurou o negócio direito.[21]

O grande Pixinguinha, perguntado sobre como conheceu Villa-Lobos, informou: "Ele era garoto. Ia sempre na minha casa da rua Itapiru, nº 97. Tocava violão muito bem, como sempre tocou. Às vezes até fazia um acompanhamento no violão. Mas o negócio era meio antigo e ele tinha uma formação moderna. Mas ele gostava. Eu o considero um gênio."[22]

A despeito da reconhecida habilidade de executante, Villa-Lobos demonstrou todo o conhecimento que possuía ao escrever obras para o instrumento, enriquecendo a literatura violonística com obras definitivas.

Em 1899, realizou as primeiras experiências de composição com as obras "Mazurka em ré" e "Panqueca", ambas para violão, infelizmente extraviadas. Escreveu para o instrumento até 1950, quando compôs a "cadência", que deu finalmente as características de "concerto" à "Fantasia para violão e orquestra". Entre os anos de 1908-12, escreveu a "Suíte popular brasileira", constituída de cinco peças — Mazurca-choro, *Schottisch*-choro, Valsa-choro, Gavota-choro e Chorinho, cujos títulos nos remetem à tradição do choro carioca.

Em 1920, mais uma homenagem aos amigos de roda, notadamente a Ernesto Nazareth, com a composição do "Choros nº 1", na qual utilizou recursos expressivos, procurando evidenciar o caráter de improvisação típico da execução dos chorões. Diz Villa-Lobos:

> O "Choros nº 1" que foi escrito propositalmente como se fosse uma produção instintiva da ingênua imaginação desses tipos populares para servir de simples ponto de partida. O tema principal, as harmonias e modulações, apesar de pura criação, são moldados em frequências rítmicas e fragmentos celulares dos cantores e tocadores populares de violão e piano, como Satiro Bilhar, Ernesto Nazareth e outros.[23]

A obra inaugura uma série de 17 peças do ciclo denominado "Choros", escrito nos anos 1920, em que Villa-Lobos, numa explosão de criatividade, junta as pontas da tradição popular às novas técnicas e estruturas de organização do material musical. Segundo explicação do compositor, os "Choros" são construídos "segundo uma forma técnica especial, baseada nas manifestações sonoras dos hábitos e costumes dos nativos brasileiros, assim como nas impressões psicológicas que trazem certos tipos populares, extremamente marcantes e originais".[24]

O violão na concepção de Villa-Lobos extrapolará a tradição musical com a composição dos "Estudos", série de 12 peças escritas entre 1924 e 1929, dedicadas a Andrés Segóvia. No prefácio à edição da obra, publicada em 1953 pela companhia francesa Max Eschig, o genial violonista escreve:

> Eis aqui 12 Estudos, escritos com amor pelo violão, pelo genial compositor brasileiro Heitor Villa-Lobos. Eles comportam, ao mesmo tempo, fórmulas de surpreendente eficiência para o desenvolvimento da técnica de ambas as

> mãos e belezas musicais "desinteressadas", sem finalidade pedagógica, valores estéticos permanentes de obras de concerto. Poucos são, na história dos instrumentos, os Mestres que conseguiram reunir em seus Estudos ambas as virtudes. Aparecem em seguida à memória os nomes de Scarlatti e Chopin. Ambos realizam seus propósitos didáticos sem sombra de aridez ou monotonia, e se o pianista aplicado observa com gratidão, a flexibilidade, o vigor e a independência que essas obras imprimem a seus dedos, o artista que as lê ou escuta admira a nobreza, o gênio, a graça e a emoção poética que emanam generosamente delas. Villa-Lobos presenteou a história do violão, frutos do seu talento tão vigorosos e deliciosos como os de Scarlatti e Chopin.
>
> Não quis alterar nenhuma das digitações que o próprio Villa-Lobos indicou para a execução de suas obras. Ele conhece perfeitamente o violão e se escolheu tal corda ou tal digitação para ressaltar determinadas frases, devemos estrita obediência ao seu desejo, mesmo ao preço de nos obrigar a maiores esforços de ordem técnica. Não quero concluir esta breve nota sem agradecer, publicamente, ao ilustre Maestro a honra que me conferiu dedicando-se estes estudos.[25]

Depois dos estudos, em 1940 vieram os cinco "Prelúdios" dedicados a Mindinha, esposa do compositor. O violão aparece ainda na música de câmara, em obras como o "Sexteto místico", e na "Introdução aos choros", obra composta em 1929 e que teve primeira audição no Rio de Janeiro, executada pela Orquestra da Rádio Nacional, com José Menezes ao violão.

À exceção do "Choros nº 1", interpretado em 1929 por Sainz de la Maza, o violão de Villa-Lobos não foi reconhecido e ouvido em seu tempo. Não há notícia da primeira audição da "Suíte popular brasileira". Da série "Estudos", Andrés Segóvia interpretou apenas três, os de números 1, 7 e 8. Os prelúdios tiveram primeira audição em 1942 pelo violonista Abel Carlevaro, em Montevidéu.

A trajetória do violão no Rio de Janeiro segue marcada por episódios, ressentindo-se da falta de continuidade. Em 1942, Andrés Segóvia, maior nome do violão no século XX, realizou seu primeiro concerto na cidade. O mestre retornaria ao Rio alguns anos depois. Em 1952, foi criada a Associação Brasileira de Violão (ABV), órgão incentivador da atividade violonística, promotor da visita de inúmeros concertistas como Isaías Sávio, Maria Luiza Anido, Oscar Cáceres, Narciso Yepes, entre outros. A associação teve também importante atuação junto a intérpretes que estavam ainda em formação, promovendo a realização de cursos de técnica e interpretação para jovens como Jodacil Damaceno, Turíbio Santos e Antonio Carlos Barbosa Lima, todos artistas que desenvolveriam atividade profissional de grande relevância para o desenvolvimento do violão carioca.

Em 1962, Arminda Villa-Lobos, esposa do compositor, mulher visionária, apaixonada e comprometida com a difusão do acervo musical de seu marido, convidou o violonista Turíbio Santos a gravar a série integral dos "Doze estudos para violão". Feito memorável. Dado o passo inicial, a brilhante carreira do concertista toma corpo, consagrando-se com o primeiro prêmio no VII Concurso Internacional de Violão da Organization de la Radiodifusion Française (ORTF), realizado em 1965. O violão brasileiro se faz presente no ambiente internacional. A atividade profissional do músico será definitivamente marcada por grandes feitos. Para Turíbio, compositores dedicaram obras que inauguraram a tradição do repertório de concerto brasileiro. Dentre esses, Edino Krieger, Cláudio Santoro, Radamés Gnattali, Almeida Prado, Marlos Nobre, Ricardo Tacuchian, Ronaldo Miranda. Em princípios dos anos 1980, o violonista passou a integrar o corpo docente da Universidade Federal do Rio de Janeiro, como responsável pela criação da cadeira de violão no curso de bacharelado da Escola de Música e logo em seguida na Universidade do Rio de Janeiro. Em 1981, o reconhecimento de "Notório saber" lhe possibilitou estender as atividades docentes à pós-graduação. Por sua mão passaram inúmeros alunos, muitos dos quais profissionais destacados na vida cultural carioca.

Passados cem anos da iniciativa pioneira de Clementino Lisboa, do empenho de Quincas Laranjeira, do comprometimento da revista *O Violão*, da produção fundamental de Villa-Lobos, simbolicamente pelas mãos de Turíbio Santos, o violão terá constituído repertório de concerto e lugar próprio para difusão, ao chegar, enfim, às tradicionais salas de música.

Notas

1. Carlos Lessa, *O Rio de todos os Brasis: uma reflexão em busca da autoestima*, Rio de Janeiro, Record, 2000, p. 77.

2. *Apud* Mozart de Araújo, *A modinha e o lundu no século XVIII*, São Paulo, Ricordi, 1963, p. 28-29.
3. Ernesto Vieira, *Diccionario biographico de músicos portuguezes*, Lisboa, Typographia Mattos Moreira de Pinheiro, 1900, p. 528.
4. Baptista Siqueira, *Ficção e música*, Rio de Janeiro, Folha Carioca, 1980, p. 174.
5. *Apud* Harvey Turnbull, *The guitar from the Renaissance to the present day*, Londres, B.T. Batsford Ltd., 1976, p. 99.
6. Mello Moraes Filho, *Artistas do meu tempo*, Rio de Janeiro, Garnier, 1905, p. 73.
7. *Vida Fluminense*, nº 17, Rio de Janeiro, junho de 1868.
8. B. Dantas de Souza Pombo, *O Violão*, Rio de Janeiro, ano I, nº 1, dez. 1928, s.p.
9. *Ibidem*, ano I, nº 3, fev., 1929, s.p.
10. *Ibidem.*
11. *Ibidem.*
12. Alexandre Gonçalves Pinto, *O choro*, Rio de Janeiro, 1936, p. 58.
13. B. Dantas de Souza Pombo, *O Violão*, Rio de Janeiro, ano I, nº 5, abril 1929, s.p.
14. *Ibidem*, ano I, nº 1, dez. 1928, s.p.
15. *Villa-Lobos, sua obra*, 2ª ed., Rio de Janeiro, MEC/DAC/Museu Villa-Lobos, 1972, p. 9.
16. C. Paula Barros, *O romance de Villa-Lobos*, Rio de Janeiro, Ática, 1951, p. 31.
17. *Apud* Marco Pereira, *Villa-Lobos, sua obra para violão*, Brasília, Musimed, 1984, p. 25.
18. Hermínio Bello de Carvalho, "Villa-Lobos e o violão", *in Presença de Villa-Lobos*, Rio de Janeiro, vol. 3, p. 126.
19. Turíbio Santos, *Heitor Villa-Lobos e o violão*, MEC/DAC/Museu Villa-Lobos, 1975, p. 7-8.
20. Alexandre Gonçalves Pinto, *op. cit.*, p. 145.
21. *Apud* Hermínio Bello de Carvalho, *op. cit.*, p. 140.
22. *As vozes desassombradas do Museu*, depoimento de Pixinguinha ao MIS, Rio de Janeiro, Secretaria de Educação e Cultura/MIS, 1979, p. 60.

23. José Maria Neves, *Villa-Lobos, o choro e os choros*, 2ª ed., Rio de Janeiro, Ricordi, 1977, p. 37.
24. Adhemar Nóbrega, *Os choros de Villa-Lobos*, 2ª ed., MEC, Fundação Nacional Pró-Memória, Museu Villa Lobos, p. 10.
25. *Apud* Turíbio Santos, *op. cit.*, p. 13.

CAPÍTULO 3 O violão nas ruas

A identificação da sonoridade do violão com as manifestações musicais das classes populares assumiu na cultura brasileira, e mais especificamente na produção musical carioca, grandeza inigualável.

Ao timbre do instrumento, ao repertório e a seus executantes estão associados um determinado tempo, espaço e um tipo de sociabilidade que se confundiram com a paisagem urbana. Transitando por esses lugares, sejam privados — saraus, salas de visita, varandas, quintais — ou públicos — ruas, bares, circos, coretos, teatros, festas populares, relacionamos uma fantástica galeria de tipos: chorões, seresteiros, serenateiros, boêmios, cantadores.

A geografia urbana é redimensionada ao ser também mapeada pela paisagem musical. Os bairros do Rio de Janeiro tornam-se pontos de referência de grupos de músicos solicitados para animar a comemoração de datas tradicionais, encontros nos quais a flor dos chorões convivia harmoniosamente com as boas famílias que os recebiam com farta comida e melhor bebida. Esse processo vivo de reorganização da cidade foi descrito com grande propriedade pelo memorialista Alexandre Gonçalves Pinto: "Nos aniversários, nos batizados, nos casamentos, os grandes chorões eram procurados em pontos certos, no Catete, no Estácio de Sá, na Confeitaria Bandeira, no Andaraí, no Gato Preto e no Botequim Braço de Ouro, no Engenho Velho, no Botequim do Major Ávila, no Portão Vermelho, no centro da cidade, numa vendinha que existia no Largo de São Francisco (...).”[1]

Gonçalves Pinto é o autor do livro *O choro: reminiscências dos chorões antigos*, um dos mais importantes e singulares relatos sobre a sociabilidade musical no Rio de Janeiro de fins do século XIX e das primeiras décadas do século XX. Trata-se de um documento muito rico em informações, que nos apresenta com intimidade personagens, lugares e ambientes que acolheram os encontros que se tornaram tão característicos na prática musical urbana.

O livro tem sido mal compreendido por estudiosos, que o mencionam sempre, mas desmerecendo o trabalho pelos erros gramaticais que contém. Acreditamos que, analisados no contexto adequado, esses erros não têm o menor significado; ou melhor, têm enorme significado: além das preciosas informações sobre os instrumentistas e sua prática musical e social, a narrativa de Alexandre torna-se indispensável por nos aproximar da visão de mundo desses personagens.

Para prefaciar a obra e corrigir o texto, Gonçalves Pinto convidou o poeta Catullo da Paixão Cearense. Como o livro já estava pronto, Catullo enviou o prefácio deixando a correção para uma possível segunda edição. Com sensibilidade, o poeta escreveu: “O leitor, porém, se deliciará com a sua leitura, fechando os olhos aos desmantelos gramaticais, revivendo contigo as histórias desses chorões, que te ficarão devendo eternamente no serviço que lhes prestas, arrancando-os do esquecimento.”

"Animal", como era conhecido Alexandre no meio dos chorões, produziu raro documento de época, no qual relacionou cerca de 120 violonistas atuantes na cidade. Essas informações evidenciam as três principais funções nas quais o emprego do violão se generalizou:

- acompanhador solista: o violão harmonizou modinhas e lundus que garantiram a viabilidade das primeiras gravações fonográficas;
- acompanhador no âmbito dos conjuntos de choro: o instrumento assumiu, ao lado do cavaquinho, o suporte harmônico para a realização dos gêneros instrumentais;
- o violão popular, solista de obras escritas diretamente para ele ou transcritas de outros instrumentos.

VIOLÃO, ACOMPANHADOR: NA LÍRICA DA MODINHA, NO REBOLADO DO LUNDU

Surgida na segunda metade do século XVIII, definida como canto urbano de salão de caráter lírico, sentimental, a modinha (palavra que nasceu do jeito luso-brasileiro de acarinhar com diminutivos, partindo da denominação *moda*, que em Portugal designa canção em geral) passou a ser um dos gêneros mais cultivados da nossa música, atravessando os séculos XIX e XX. Foi praticada nos salões da elite e absolutamente divinizada pelos cantores que durante a noite tomavam as ruas desejosos de serem ouvidos por suas amadas.

Ainda no tempo em que inexistiam os meios de reprodução sonora, a prática da modinha se difundiu com grande força no ambiente musical carioca. Com o início da impressão de música no Rio de Janeiro, por volta de 1830, anúncios em periódicos dão conta dessa produção, voltada inicialmente para a prática dos salões: modinhas escritas com acompanhamento de piano, instrumento que esteve em grande voga na época.

João Bartholomeu Klier, clarinetista alemão que se transferiu para o Rio de Janeiro em 1828, abriu três anos depois aquela que seria das mais antigas lojas de música da cidade. Em 1834, publicou uma série de modinhas do cantor e violista Gabriel Fernandes da Trindade. Da mesma forma, o flautista Pierre Laforge teve grande responsabilidade na difusão desse repertório, como se pode ver nos anúncios que cotidianamente se imprimiam no *Jornal do Commercio*: "A hora em que te não vejo", modinha nova com acompanhamento de piano; poesia do Sr. Magalhães e música de Cândido Inácio da Silva" (30/5/1838), ou "'Longe ou perto dela', nova e linda modinha com 12 quadras compostas por L.V. de S. postas em música para piano, por J. V. Vende-se na imprensa musical de Pierre Laforge" (12/1/1844).

Não foram poucas as oficinas de música que cuidaram de imprimir modinhas. A composição "Astuciosos os homens são", de autor desconhecido, foi mencionada no *Correio das Modas* de 1838, editada por *Laemmert*, com uma nova edição de 1840 de Pierre Laforge; o pianista e compositor de modinhas João José de Freitas, em 1842, passou a editar o periódico *Phil'Harmônico*, constando de obras exclusivamente para voz e piano, selecionadas para publicação por Francisco Manuel da Silva; "Lá no Largo da Sé", com música de Cândido Inácio da Silva e versos de Araújo Porto Alegre, foi editada em 1858 por Filippone Tornaghi; "Os beijos-de-frade", música de Henrique

Alves de Mesquita sobre letra de Villas Boas, foi editada em 1856, também por Laforge.

No precioso panorama sobre a impressão musical no Rio de Janeiro que consta da *Enciclopédia da música brasileira*, Mercedes Reis Pequeno refere-se a inúmeras publicações do gênero, dentre as quais destacamos: coleções para piano e voz, como o *Ramalhete das damas*, pela oficina de Heaton & Rensburg, organizadas segundo orientação de Rafael Coelho Machado, volumes que se mantiveram em circulação pelo período de oito anos; da mesma oficina saíram as edições de *Harpa do trovador* (1846), romances de Rafael Coelho Machado dedicados à imperatriz, e *Mauricinas* (1849), peças para canto compostas pelo Dr. José Maurício Nunes Garcia, em homenagem a seu pai. A lista seria de fato interminável.

A popularidade da modinha de salão foi tamanha que chegou a invadir a cena lírica, passando a ser cantada nos entreatos das óperas. Essa inovação deveu-se a Augusta Candiani, grande dama da ópera no Rio de Janeiro de meados do século XIX.

Segundo Ayres de Andrade, foi em 1845 que a Candiani pela primeira vez interpretou uma modinha brasileira, "A sepultura de Carolina", de M. Rafael, com letra de M. Lemos de Magalhães. A atitude precursora da artista repercutiu na cidade fazendo escola. Em pouco tempo outras cantoras seguiram-lhe o exemplo. Em 1853 foi lançado álbum de modinhas e lundus que haviam sido cantados pela diva, constando de aproximadamente dez peças.

À arte de Augusta Candiani referiram-se muitos de nossos escritores. João do Rio destacou sua sensibilidade para a música brasileira: "A primeira cantora de sucesso em nossa modinha popular foi a célebre Candiani, com seus lundus e modinhas que eram de um romantismo admirável."[2] Machado de Assis, por sua vez, derramou-se: "A Candiani não cantava, punha o céu na boca e a boca no mundo. Quando ela suspirava a *Norma* era de pôr a gente fora de si."[3] De fato, o lirismo operístico, especialmente as melodias melancólicas e suaves da produção de Bellini, serviu de inspiração à composição de modinhas.

Fora do ambiente dos salões e teatros, o culto à modinha foi sem igual. Como os músicos populares — notadamente aqueles que dominavam instrumentos de cordas, em sua grande maioria desconheciam a leitura musical, o mercado editorial supriu a necessidade de divulgação dessa produção com a edição de coletâneas onde constavam só os textos das canções.

Em 1878, Joaquim Norberto de Souza organizou para a Livraria Garnier a publicação *A cantora brasileira*, nada menos que três volumes com letras de modinhas, o que nos possibilita aquilatar a enorme quantidade de escritores e músicos que praticavam o gênero. No ano seguinte, José Maria P. Coelho preparou para a Typografia Carioca o *Cancioneiro popular brasileiro*.

Não terá sido casualmente que o grande impulso para a divulgação desta produção tenha sido dado por Pedro Quaresma, dono da Livraria Popular. Descrito como um homem de iniciativa e audácia, teve a determinação de abrasileirar o comércio de livros, produzindo com grande sucesso de vendas toda uma bibliografia voltada para a literatura infantil.

Um apaixonado pela modinha, Quaresma marcou grande momento na linha editorial com a *Biblioteca dos trovadores*, constando dos volumes: "Cancioneiro popular", "Cantor de modinhas", "Choros de violão", "Lira de Apolo", "Lira brasileira", "Lira popular", "Trovador de esquina", "Trovador marítimo", "Trovador moderno" e "Serenatas". Sobre a repercussão dessas publicações, Luiz Edmundo observou:

> No começo do século não há seresteiro cantador de violão que não procure a bibliografia do Quaresma para refrescar o repertório. Graças a essas brochuras, que se vendem até pelas portas dos engraxates, a cavalo, num barbante, a canção popular, estimulada, cresce, palpita, e os poetas do gênero começam a aparecer.[4]

Edmundo descreve ainda o entra e sai da freguesia, que se movimenta aos empurrões, aos gritos, violão debaixo do braço, perguntando pelas canções de sua predileção. Entre os clientes, Chico Chaleira, do morro do Pinto, o Trinca Espinhas, da travessa da Saudade; no Mangue, o Chora na Macumba, o Janjão da Polaca, o Espanta-Coió:

> Toda uma legião de cantores, de seresteiros, de serenateiros, a flor da vagabundagem carioca, essência, sumo, nata da ralé, roçando, não raro, a sobrecasaca do Conselheiro Rui, a importância do sr. José Veríssimo, a sisudez do sr. Cândido de Oliveira, a jurisprudência do sr. dr. Coelho Rodrigues.[5]

Naturalmente, eram esses os mesmos personagens que de violão em punho circulavam pela noite carioca, vagando pelas ruas do centro, dos subúrbios ou dos bairros da zona sul, especialmente Gávea e Botafogo, e que lá pelas tantas encontravam abrigo no primeiro botequim ainda aberto. Mello Moraes Filho, que deu farta contribuição para o cancioneiro carioca com a organização dos volumes *Cantares brasileiros* (Liv. Cruz Coutinho, 1900) e *Serenatas e saraus* (Garnier, 1901), foi um observador atento da música urbana: "Quando aqui chegamos de nossa terra natal, então província da Bahia, em 1853, esta capital regorgitava [sic] de famosos cantores de modinhas, de celebridades das ruas e das salas, de executantes de instrumentos de serenatas."[6]

Dentro desse universo social havia matizes. Na galeria dos trovadores de rua, alguns mantinham-se em estreita relação com o círculo dos chorões. Como de praxe, um bom choro terminava sempre com os cantores de modinha, gente que na grande maioria arranhava uns acordes ao violão. Os detalhes são dados por Gonçalves Pinto:

> Juca Flauta foi também meu amigo inseparável no choro, tocamos sempre juntos, eu como seu acompanhador, e também o célebre violão e cavaquinho Mario do Estácio, Juca Mãozinha, Juca Mulatinho, todos estes tocavam violão e cavaquinho, e eram excelentes cantores de modinhas, pois naquele tempo a graça do baile era quando terminava com belas modinhas.[7]

No rol dos modinheiros, havia toda uma legião de anônimos, desempregados crônicos, envolvidos com a capoeiragem, gente que adoçava a dureza do cotidiano com as mensagens de amor propagadas pelas letras das canções. Tinham seu abrigo nos botecos da cidade, como o armazém-botequim do Carrazães, figura de prestígio no morro de Santo Antônio, em cujo estabelecimento faziam ponto os seresteiros da zona que, pé sobre o caixote de banha, dedilhavam o pinho. Também no aconchego do lar, na intimidade do cortiço, havia figuras como a de Virgulino, "Cospe-Longe", que se deleitava aos acordes do violão, unindo modinha e uns pitos no cigarro à atividade que lhe consagraria o nome.

A produção musical de modinhas foi se tornando tão mais numerosa, que novos espaços foram se abrindo, não só para o cantor violonista popular, mas também para o público que não podia arcar com as despesas nos locais onde se apresentavam as cançonetistas francesas. Luiz Edmundo informa que no começo do século XX o Rio de Janeiro possuía inúmeras casas de música, cafés-concerto, entre os quais o Moulin Rouge, o Guarda-Velha, o Alcazar Parque, o Cassino, o Parque Fluminense e a Maison Moderne. Nesses estabelecimentos apresentaram-se grandes artistas populares como o famoso cançonetista Geraldo Magalhães e o não menos famoso Eduardo das Neves, astros que tiveram marcada atuação nos primeiros passos da indústria fonográfica brasileira, a partir de 1902.

Não incluídas na lista estão as barulhentas casas de chope também chamadas chopes berrantes, situadas nos arredores da Lapa e na rua do Lavradio, modestos estabelecimentos onde ingresso não era cobrado. Edmundo acrescenta que o sucesso da programação residia no "repertório patrício", para o qual eram recrutados *experts* no morro de Santo Antônio, nas vielas da Gamboa e da Saúde. A mulata, dançarina regional e o mulato seresteiro completavam o tripé para a mais franca diversão: dança, música e álcool. O cronista João do Rio retrata a paisagem social:

> Oh! o chope! Quanta observação da alma sempre cambiante desta estranha cidade! Eram espanholas assepanhando os farrapos da beleza em olés roufenhos, eram cantores em decadência, agarrados ao velho repertório, ganindo a celeste Aída, e principalmente os modinheiros

> nacionais, cantando maxixes e a poesia dos trovadores cariocas — essa poesia feita de rebolados excitantes e de imensas tristezas, enquanto as plateias aplaudiam rufiões valentes, biraias medrosas de pancada, marinheiros a gastar em bebida todo o cobre, fascinados por esse vestígio de bambolina grátis.[8]

Outro concorrido espaço de entretenimento que adquiriu grande importância na difusão da cultura e da canção popular foi o circo. O palhaço de circo, além de desempenhar as funções típicas, acumulava os atributos de cantor violonista, constituindo uma atração à parte para os frequentadores. Sob a lona, dois grandes nomes marcaram a cultura popular carioca: Benjamin de Oliveira e Eduardo das Neves.

Os circos contavam com organização e divulgação próprias, distribuindo nas manhãs de estreia a programação da noite de espetáculo; nessas reproduções exibiam-se retratos da trupe acompanhados de grandiosa exaltação: "Estreia hoje o arquicélebre palhaço Eduardo das Neves. A superfamosa *ecuyère* Manola Dias, discípula da fenomenal Rosita de la Plata. O estupendo Mangandu, engolidor de espadas e outros instrumentos cortantes e perfurantes. João Krupp, o mais famoso homem-canhão do mundo inteiro."[9]

O surgimento da figura do palhaço instrumentista-cantor e do palhaço-ator foi, segundo José Ramos Tinhorão, a grande contribuição sul-americana à criação internacional do circo. Benjamin de Oliveira destacou-se sobretudo pela introdução do teatro no circo, tendo sido autor de obras para serem encenadas no picadeiro. Para sua atuação, criou ainda uma maquiagem especialíssima que lhe mascarava de alva brancura a pele negra. O depoimento que segue atesta a importância e o ineditismo da iniciativa: "No Spinelli é que eu lancei essa forma de teatro combinado com circo, que mais tarde tomaria o nome de pavilhão. Spinelli era contra. (...) Foi ali no Boliche da Praça 11. E a primeira peça intitulava-se *O diabo e o Chico*. Pouco a pouco, fomos saindo para o teatro mais forte, de melhor qualidade. E terminamos por fazer *Othelo*. E assim nasceu a comédia e o drama no circo, coisa que nunca se vira antes."[10]

Eduardo Sebastião das Neves, o Crioulo Dudu, teve carreira de cantor violonista, compositor e palhaço de circo, espalhando, ao longo de suas inúmeras andanças pelo Brasil, a música de modinhas e lundus, gênero no qual era especialista. Jota Efegê informa que, já em fins de 1897, o Circo-Pavilhão Internacional, armado na rua Voluntários da Pátria, anunciava a atração: "O primeiro palhaço brasileiro fará as delícias da noite com suas magníficas canções e lundus acompanhando com seu choroso violão."[11]

O trovador, cujo incorrigível espírito boêmio acarretou-lhe prisão e posterior exclusão das fileiras do Corpo de Bombeiros, publicou em o *Trovador da malandragem* lundu autobiográfico do qual seguem alguns versos:

> Sou o crioulo Dudu das Neves,
> quando eu era molecote,
> que jogava meu pião,
> já tinha certo jeitinho,
> para tocar violão...
> Fui crescendo, fui aprendendo,
> Fui-me metendo na malandragem
> Hoje sou cabra escovado,
> Deixo os mestres na bagagem

Dudu fez sucesso como intérprete de canções que primavam pelas letras satíricas, aspecto explorado por outros autores como Laurindo Rabelo, o poeta Lagartixa, que, acompanhando-se ao violão, improvisava lundus com letras tão "especiais", que a audição era franqueada apenas a ouvidos masculinos.

O lundu-canção foi gênero de grande sucesso no início do século XX, cantado em circos de todo o Brasil e em casas de chope no Rio de Janeiro. As gravações do gênero realizadas por Eduardo das Neves para a Casa Edison, como "Bolim bolacho", de autor desconhecido, e "Isto é bom", obra-prima de Xisto Bahia, são referências dentre os primeiros registros da indústria fonográfica.

Eduardo brilhou sobretudo como cronista de seu tempo. Em *O 5 de novembro*, por exemplo, contou o assassinato do ministro da Guerra, Marechal Bittencourt, ocorrido em 1897. Compôs "A Europa curvou-se ante o Brasil", grande sucesso em que narra a memorável conquista de Santos-Dumont. Em suas gravações, fazia-se sempre acompanhar de um violão, executado por ele mesmo.

Com igual sucesso Eduardo das Neves deu sangue novo às publicações da Livraria Popular. Em 1900, Quaresma editou a coletânea de versos *O cantor de modinhas*, seguida do *Trovador da malandragem* (1902) e de uma última publicação intitulada *Mistérios do violão* (1905). Nesta, em nota ao leitor, Pedro Quaresma esclarece:

> O nome de Eduardo das Neves não mais carece de apresentação, de padrinhos de reclames. É um nome conhecidíssimo, popular; como é popular esse eminente e notável trovador pelas suas inúmeras viagens por todo o interior do Brasil. As suas canções, cantigas, cançonetas, poesias, modinhas são célebres, decoradas, repetidas em várias casas,

> pelos nossos tocadores de violão e também pelos phonographos e gramophones. (...) Em muitas casas de família, nos aristocráticos salões de Petrópolis, Botafogo, Laranjeiras, Tijuca etc., senhoritas distinctissimas, e virtuoses conhecidos fazem-se ouvir em noites de recepção, nas cançonetas de Eduardo das Neves.

Procurando deixar claro que, apesar de ser um verdadeiro trovador popular, Eduardo e sua obra eram apreciados também nas boas casas do Rio de Janeiro. Não só nas boas casas; o violão de Dudu estava presente também em eventos oficiais. Na inauguração da Vila Operária de Marechal Hermes, em maio de 1913, numa cerimônia que contava com a presença do Presidente da República e demais autoridades do país, Eduardo das Neves foi o responsável pela atração musical. Claro que nessa participação há implicações sociais mais profundas do que nos será possível aqui analisar.

Modinha e lundu, vulgarizados a partir de fins do século XVIII, tornaram-se dos mais privilegiados exercícios da musicalidade brasileira. Praticamente todos os poetas românticos do Brasil tiveram seus versos musicados: Gonçalves Dias, Casimiro de Abreu, Castro Alves, Araújo Porto Alegre e outros. Até os modernos não escaparam da moda da modinha. Chico Buarque, Vinicius de Morais e muitos outros compositores de nossos dias fizeram modinhas. Modinha e lundu atravessaram os séculos XIX e XX, funcionando como matrizes musicais, mãe e pai do samba-canção, da seresta e do maxixe. Mário de Andrade, com a acuidade de sempre, observou:

> (...) à medida que esta (a modinha) desaparece ou vive mais desaparecida dos seresteiros, vai sendo porém substituída

> pelo samba-canção, que é realmente uma modinha nova, de caráter novo, mas canção lírica solista, apenas com uma rítmica fixa de samba, em que porém a agógica não é mais realmente coreográfica, mas de canção lírica. Ora, isso é uma evolução lógica, por assim dizer, fatal. A modinha-de-salão passada pra boca do povo popular adotou mesmo ritmos coreográficos, o da valsa e o da chótis principalmente. Ora, estes eram sempre ritmos importados, não de criação imediata nacional. O samba-canção é a nacionalização definitiva da modinha.

O VIOLÃO NO CHORO

Admite-se, simbolicamente, que o choro tenha nascido na década de 1870, quando Joaquim Antonio da Silva Callado, professor de flauta da Academia Imperial de Belas Artes formou o Choro Carioca, grupo em que o solista era acompanhado por violão e cavaquinho. O maestro Baptista Siqueira historia o fato:

> Callado Júnior exercia intensa atividade como músico profissional nas orquestras da cidade. Atuava principalmente nos pequenos conjuntos organizados para atender pedidos relacionados com os bailes familiares e festas de diversas categorias. E tão ativos e eloquentes eram seus programas que, em razão da importância da personalidade invulgar, fez surgir no Rio de Janeiro o conjunto denominado Choro Carioca. (...) O conjunto regional a que nos referimos, vivia precariamente das atividades amadoras, principalmente executantes de cordas dedilhadas como os violões e os ca-

> vaquinhos. (...) Ficou então instituído o mais original agrupamento reduzido de nosso país — O Choro do Callado.[12]

O Choro do Callado, portanto, era um conjunto musical, significado inicial da palavra choro no âmbito da música. Alexandre Gonçalves Pinto, no livro *O choro: reminiscências dos chorões antigos*, abona esta acepção do termo: "O seu pai era um distinto advogado que dava em sua casa choros agradabilíssimos, indo daqui da capital o competente choro, que eram: Henriquinho, de flautim; Lica, de bombardão; Galdino, de cavaquinho; Felisberto, de flauta; Espíndola e muitos outros."

Além dos significados de pequena orquestra e de sarau, também explícito na citação acima, choro ainda podia designar os gêneros abordados pelos conjuntos, como sugere Alexandre G. Pinto: "Tocava os choros fáceis como fosse: polca, valsa, quadrilha, chotes, mazurka etc." Segundo Alexandre, o repertório dos choros na verdade podia incluir toda e qualquer música instrumental: "toca muitos choros americanos e também nossos com grande facilidade".[13]

O livro do carteiro é quase que a única e certamente a mais completa fonte de informações sobre os conjuntos de choro, entre 1870 e 1936, data em que foi publicado. Nele se verifica que a maioria dos músicos citados não estava profissionalizada. A norma não era o conjunto fixo, com executantes habituados a tocarem juntos. Em consequência, os acompanhamentos eram improvisados, uma vez que os tocadores de instrumentos de cordas na maioria não conheciam música. Mesmo os músicos de instrumentos de sopro que dominavam a leitura musical acompanhavam quase sempre de ouvido, como aquele Henrique Martins, professor de música e subdiretor de harmonia do

Ameno Resedá, "fazendo coisas impossíveis com o seu trombone e bombardino nos contracantos"[14], ou o Barata, que "não só conhecia com proficiência a música, como também acompanhava o choro de ouvido, de fazer êxtase, tal a sua mestria no oficleide".[15] Pixinguinha, que dominava a leitura e escrita musical, quando foi trabalhar no Cine-Teatro Rio Branco, por volta de 1910, fez sucesso porque "gostaram dele, principalmente das bossas que inventava por fora, acostumado que estava a improvisar nas rodas de choro".

Nessas rodas, o que mais se exigia e o que mais se apreciava nos acompanhadores, sobretudo de violão e cavaquinho, era a percepção musical, aptidão consagrada na expressão "tocar de ouvido". Gonçalves Pinto quase que em cada página de sua obra menciona o fato: "Ventura Careca, violão de fama, (...) não admitia que lhe dessem o tom, tal a confiança que ele tinha em seu ouvido." Quando o acompanhador não conseguia atinar com a harmonia do solista, dizia-se que tinha *caído*. Essa expressão foi tão vulgarizada que aparecia frequentemente no título de polcas como "Caiu, não disse", de Viriato, e "Não caio noutra", de Ernesto Nazareth. Baptista Siqueira descreve esses costumes com precisão:

> Era o flautista que costumava incentivar o gosto pelo choro, aguçando as qualidades musicais inatas dos acompanhadores de ouvido, arranjando tropeços através de modulações exaustivas empregadas nas "polcas de serenata". Quase sempre essas obras eram de autoria do próprio flautista e nunca chegaram a ser editadas, porque não tinham sentido dançante; sugeriam apenas pessoas dançando. A finalidade da composição de tais peças era jocosa: fazer cair o acompanhador de cavaquinho (Apanhei-te cavaquinho).

Esse hábito de fazer peças difíceis de acompanhar e consignar tal intenção no título conservou-se, bastando para tanto lembrar o choro "Derrubando violões", composto pelo maestro Carioca em 1950.

Por volta de 1930, já sob a denominação de conjuntos regionais, os conjuntos de choro formaram a base de sustentação das nascentes estações de rádio, por sua versatilidade em acompanhar com desenvoltura, quase sem ensaios, os diversos estilos de música vocal.

Cumpre observar que embora a contribuição de Antonio Callado para a consolidação do choro conjunto tenha sido inestimável, sua difusão é anterior. Mello Moraes Filho, no livro *Festas e tradições populares do Brasil*, no capítulo dedicado à atividade artístico-musical promovida pela barraca "Três cidras do amor", também conhecida como "Barraca do Teles", observa: "O teatro do Teles era iluminado a velas e a azeite; pagava-se 500 réis de entrada, incluindo neste preço o bilhete da rifa; tinha, além da orquestra para a grande divisão do cenário, uma outra de violão, flauta e cavaquinho, que tocava oculta, quando dançavam os bonecos."

Violão e cavaquinho como acompanhadores de solista é instrumental há muito entranhado na cultura brasileira.

A GRAVAÇÃO DE DISCOS

Um conjunto de circunstâncias tornou-se decisivo para a transformação da música popular brasileira em princípios do século XX: a gravação de discos, o surgimento de uma música específica para o carnaval, o nascimento do samba, do rádio e do cinema falado.

O Rio de Janeiro, sob o governo Rodrigues Alves, passou por melhoramentos empreendidos pelo então prefeito Pereira Passos, que pretendia fazer da velha cidade colonial uma capital moderna. Distribuiu suas ações em três grandes linhas: o desenvolvimento do comércio, a reorganização da saúde pública e a remodelação estética da cidade. As metas do prefeito eram tão abrangentes que abarcavam desde a demolição de prédios de ruas inteiras até pequenas ações, como a proibição da venda de vísceras de reses expostas em tabuleiros, ou a ordenha de vacas leiteiras na via pública. Foi realizado o calçamento das ruas, construído o Theatro Municipal, aberta a avenida Central (atual Rio Branco) e a avenida Beira-Mar, facilitando assim o acesso à zona sul. A higienização e o saneamento da cidade, coordenados pelo sanitarista Oswaldo Cruz, obtiveram grande sucesso, refletido sobretudo na erradicação da febre amarela.

A percepção do papel da cidade do Rio de Janeiro, da projeção em nível nacional dos modos de vida e práticas nela desenvolvidas está intrinsecamente relacionada à compreensão do caráter singular que envolve a condição de capitalidade. Carlos Lessa observa: "Na capital está o principal conjunto de órgãos que materializam a ideia de nação (...). É o lugar da vida urbana que funciona como laboratório da civilização nacional, explicitando e reforçando a identidade da nação."[16]

As inovações nacionais são apresentadas na capital. O Rio abrigou a indústria fonográfica e o rádio, veículos que divulgaram o choro, a música de carnaval e o samba, filhos desta cidade. Daí espalharam-se para todo o país. As novas oportunidades oferecidas pela "capital irradiante" (expressão de Nicolau

Sevcenko) atraíram imigrantes de todas as partes do País, dos mais variados padrões sociais. Transferiram-se para o Rio de Janeiro tanto os mais humildes e anônimos profissionais quanto os grandes nomes da elite cultural e artística.

Entre esses imigrantes estava Frederico Figner, comerciante que apresentou aos cariocas a novidade das máquinas falantes. O processo de gravação de discos no Brasil foi iniciado em 1902, quando Figner, então estabelecido na rua do Ouvidor, passou a comercializar fonogramas originais da Casa Edison. Em 5 de agosto de 1902, o *Correio da Manhã* publicou:

> A maior novidade da época chegou para a Casa Edison, Rua do Ouvidor 107. As chapas (records) para gramofones e zonofones, com modinhas nacionais cantadas pelo popularíssimo Baiano e apreciado Cadete, com acompanhamento de violão e as melhores polcas, schottisch, maxixes executados pela Banda do Corpo de Bombeiros do Rio, sob a regência do maestro Anacleto de Medeiros.

Neste período inicial, que corresponde à chamada fase mecânica (1902-1927), foram gravados cerca de sete mil discos, dos quais mais da metade lançados pela Casa Edison. É importante salientar que os primeiros cem registros fonográficos foram realizados pelas vozes dos cantores Baiano e Cadete, acompanhados exclusivamente de um violão. Numa indústria incipiente, os riscos financeiros que envolviam o investimento de transformar música em produto deveriam ser os mais comedidos possíveis. Desta forma, os registros à base de violão serão sempre muito numerosos, rivalizando em quantidade apenas com as bandas de música, que desempenharam papel tanto musical quanto social da maior relevância.

Os primeiros registros fonográficos nos deram a possibilidade de vislumbrar o ambiente musical que vinha se desenvolvendo desde fins do século XIX. Como não poderia deixar de ser, os gêneros executados eram aqueles que compreendiam o repertório dos chorões: valsa, *schottisch*, quadrilha, mazurca, polca, tango, modinha, cançoneta e lundu, veiculados por vozes acompanhadas de violão, pelas bandas e, finalmente, pelos grupos de choro.

As gravações nos deram ainda conhecimento dos conjuntos organizados no Rio de Janeiro, que eram tantos e de variada formação. No entanto, mantinham a estrutura de base original: instrumento solista acompanhado de violão e cavaquinho, com nenhuma percussão.

Nos registros da série 120.000 da Odeon, por exemplo, constam: Grupo do Canhoto (clarinete, violão e cavaquinho); Grupo Lima Vieira e Cia. (saxofone, flauta, violão e cavaquinho); Grupo Terror dos Facões (duas flautas, violão e cavaquinho); Grupo do Louro (clarinete, violão e cavaquinho); Terceto Francisco Lima (saxofone, violão e cavaquinho); Grupo Ulisses (clarinete, violão e cavaquinho); Grupo O Passos no Choro (flauta, violão e cavaquinho); Grupo Odeon (bombardino, trompete, clarinete, violão e cavaquinho).

No reduzido grupo de cantores de sucesso no início do século XX, além de Baiano e Cadete estão Eduardo das Neves, Mário Pinheiro e Geraldo Magalhães.

Apesar da predominância da música instrumental nos primeiros anos do processo de gravação de discos, foram poucos os solistas de fama. Destacaram-se o flautista Patápio Silva, que apesar da morte prematura continuou com uma grande vendagem de discos; o pianista Artur Camilo, em registros dedicados principalmente à obra de Ernesto Nazareth, além do próprio Nazareth, que gravou algumas peças em duo com o flautista Pedro de Alcântara, e poucos registros como solista.

Designados por esse nome — choro — ou pela denominação de grupo, os conjuntos de choro foram bastante aproveitados desde o período inicial das gravações e do advento do rádio, adquirindo maior relevância no processo elétrico de gravação, que coincidiria com a chamada "Época de Ouro". Enquanto formação original, compunha-se de um instrumento solista, violão e cavaquinho, onde apenas um dos componentes (o solista) sabia ler e escrever música; os demais eram improvisadores do acompanhamento harmônico, o que quer dizer que tocavam de ouvido.

Os chorões eram elementos quase que exclusivamente oriundos da baixa classe média: funcionários públicos federais, principalmente da Alfândega, da Central do Brasil, do Tesouro, da Casa da Moeda e dos Correios e Telégrafos; servidores municipais, trabalhando na guarda e funcionários da Light. Segundo June E. Hahner, na virada do século XIX para o XX, "a música e a dança permaneceram como fonte geral de prazer para o trabalhador pobre, não apenas no período do carnaval. Nas estalagens do Rio de Janeiro, os inquilinos tocavam violões e acordeões, cantavam e dançavam animados fandangos".[17]

A importância desses grupos para a história da música popular brasileira é enorme: acompanharam modinhas — que ganharam o nome de seresta e acabaram por incluir os sambas-canção lentos —, lundus, maxixes, marchas, sambas e, quando foi preciso, boleros, *foxes*, tangos argentinos, rumbas e até árias de ópera. Os músicos "de ouvido" em alguns minutos faziam um arranjo para qualquer tipo de peça, sem partitura e quase sem ensaio. Era essa dinâmica que possibilitava o funcionamento das emissoras de rádio, onde chegavam e saíam com frequência cantores diversos. Havia programas de calouros que apresentavam todo tipo de música, e não havia possibilidade econômica de pagar ensaios, partituras, nem tempo para tal.

O processo de gravação de discos e a consequente possibilidade de registrar músicas para venda permitiu a profissionalização de numerosos músicos de choro, até então dedicados a seus instrumentos apenas pelo prazer de tocar, ou quando muito recompensados magramente ao tocarem em bailes ou festas de aniversário em casas de família.

Nas primeiras décadas do século XX, movidos pela onda de exacerbação do "que é nosso", os choros se apresentavam com programa de variedades e temática regional. Nesta linha de atuação, alcançou destaque o Grupo do Caxangá, conjunto de inspiração nordestina — tanto no repertório e na indumentária quanto na adoção de codinomes sertanejos para seus integrantes. Em 1916, João Pernambuco organizou a "Trupe Sertaneja", que realizou apresentações em São Paulo, Rio de Janeiro e Porto Alegre. O Grupo do Caxangá continuou atuando com grande brilho, especialmente nos carnavais dos anos de 1917, 1918 e 1919. Pouco depois, Pixinguinha formou o conjunto Os Oito Batutas, requisitando quase todo o Grupo do Caxangá para compor seus quadros (sem dúvida o mais famoso do período).

O conjunto Os Oito Batutas foi integrado inicialmente por Alfredo da Rocha Viana Júnior (Pixinguinha), flauta; Ernesto dos Santos (Donga), violão; Jacó Palmieri, pandeiro; José Alves de Lima, bandolim; Luiz Pinto da Silva (bandola e reco-reco);

Nelson dos Santos Alves, cavaquinho; Otávio da Rocha Viana (China), violão e voz.

O grupo estreou em abril de 1919, na sala de espera do elegante cinema Palais, situado na avenida Central (atual Rio Branco), tornando-se uma atração à parte, maior até que os próprios filmes. Ernesto Nazareth, Rui Barbosa e Arnaldo Guinle eram seus admiradores e o povo aglomerava-se na calçada só para ouvi-los. Conquistaram rapidamente a fama de melhor conjunto típico da música brasileira, empreendendo excursões por São Paulo, Minas Gerais, Paraná, Bahia e Pernambuco. Em 1922 viajaram para Paris e realizaram nesse mesmo ano uma temporada na Argentina, onde gravaram vários discos. O repertório do grupo fugia do trivial: além de tocar músicas de choro, apresentavam um espetáculo teatral de variedades, composto de "sambas, desafios, canções e sapateados sertanejos". A base, no entanto, era o trio flauta, violão e cavaquinho.

Com o correr do tempo, surgiram mais e mais grupos. Cada bom instrumentista organizava seu próprio conjunto: Pixinguinha, Luís Americano, Waldir Azevedo, Dilermando Reis dirigiram regionais. Em São Paulo: Garoto, Rago, Aimoré, Armandinho Neves; em Recife: Luperce Miranda, seu irmão Nelson e Rossini Ferreira tiveram regionais. A maioria desses conjuntos, entretanto, tinha curta duração. Houve, porém, os de longa duração, como o do violonista Rogério Guimarães, que durante décadas manteve o mesmo regional na Rádio Tupi, e o de Dante Santoro (flautas), que fez o mesmo na Rádio Nacional. Além destes, os mais famosos foram os de Claudionor Cruz e o do flautista Benedito Lacerda, do qual faziam parte Dino e Meira (violões) e Canhoto (cavaquinho), músico que em 1950 passou a liderar o conjunto então denominado Regional do Canhoto.

Enquanto integrantes do conjunto, Dino, Meira e Canhoto realizaram trabalho especial estabelecendo um entrosamento inigualável. Mantiveram a atividade até a década de 1980, quando faleceram Meira e Canhoto.

A respeito do significado simbólico atribuído ao conjunto regional, há uma história emblemática. Quando Aracy de Almeida procurou a gravadora Victor oferecendo a possibilidade de registro de "Aquarela do Brasil", de Ary Barroso, o diretor da Victor no Brasil, *Mister* Evans ("um sujeito tão antipático que falava com os cantores populares com o lenço na boca, certamente com medo de algum contágio"),[18] que considerava o samba "música de negros, feita de negros para negros", argumentou que devia ser gravado com acompanhamento de regional. Curiosamente, Aracy lhe informou: "O Ary não admite que o samba seja gravado por conjunto regional; sem orquestra ele nega o seu consentimento."[19] Dessa forma, coube a Radamés Gnattali a orquestração da obra que, inspirada nas ideias de Ary, teria alcançado tanto sucesso quanto o próprio samba.

Pode-se deduzir que Ary Barroso parecia concordar com *Mister* Evans ao atribuir ao regional a propriedade de caracterizar o samba como música "de negros para negros", opondo o caráter regional (na acepção literal) identificador da sonoridade do conjunto à universalidade representada pelo timbre orquestral.

O VIOLÃO POPULAR SOLISTA

O repertório do violão brasileiro se ressente de documentação. Na tradição popular, poucos foram os violonistas que dominavam a escrita musical; as obras para o instrumento costumavam ser transmitidas informalmente, nos encontros, nas rodas, nas aulas, o que fez com que muito da produção violonística se tivesse perdido pelo caminho.

Para que se tenha uma ideia do fato, pode-se lembrar que quando os músicos Maurício Carrilho e Anna Paes fizeram levantamento de aproximadamente seis mil choros compostos por cerca de 1.300 compositores atuantes em fins do século XIX até princípios do século XX, não encontraram quase nenhuma obra escrita para violão. Isso não significa que não houvesse composições para o instrumento, significa apenas que não havia a prática de anotá-las.

Em 1978, no disco *Valsas e choros*, dedicado exclusivamente ao violão popular, Turíbio Santos organizou para a Ricordi brasileira a edição das obras de João Pernambuco, um primeiro e importante passo para a documentação desse acervo. Pouco mais tarde, Geraldo Ribeiro transcreveu e editou em São Paulo algumas obras de Garoto. Essas publicações permitiram que as obras de Pernambuco e Garoto passassem definitivamente a integrar o repertório de quase todo violonista brasileiro. Uma segunda edição da obra de Garoto foi organizada pelo violonista Paulo Belinatti para a Guitar Solo Publications, editora americana que lançou ainda duas pequenas coletâneas dedicadas a Dilermando Reis.

A despeito dessas iniciativas, o grosso do repertório do violão ainda está por ser documentado. Lembro que é ainda numerosa a quantidade de obras que circulam informalmente em partituras manuscritas, sem qualquer tipo de precisão musical. Além desse repertório, a grande fonte de música para violão a ser documentada são os registros realizados em 78 rpm.[20]

A "Discografia da música brasileira em 78 rpm", relação de gravações realizadas entre 1902 e 1964, fornece dados importantes. Segundo registro nessa publicação, as primeiras gravações de violão solo teriam sido realizadas pelo paulista Américo Jacomino, o famoso Canhoto (1889-1928). Contudo, anotações de Fred Figner registradas no livro de gravações da Casa Edison revelam que João Pernambuco foi o primeiro violonista brasileiro a gravar solos de violão. Em 18 de dezembro de 1912 registrou o tango "Saudoso" e o "Batuque sertanejo", mas esses registros não são mencionados na Discografia, o que nos leva a crer que por motivos desconhecidos não tenham sido lançados.

Com alguma frequência, Figner costumava enviar a outras capitais um técnico que realizava para a Casa Edison gravações com diversos artistas regionais. Entre 16 e 22 de junho de 1913, esse trabalho foi feito em São Paulo, ocasião em que, além de gravar peças com seu conjunto, Canhoto registrou quatro composições de sua autoria: a valsa "Belo Horizonte", a polca "Pisando na mala", o dobrado "Campos Sales" e a mazurca "Devaneio", obras que receberam a numeração de 120.594 a 598, respectivamente.

Autor de inúmeros sucessos, Américo Jacomino ganhou inicialmente fama e prestígio nos bairros paulistas, onde além de serenatas frequentava os cafés-cantantes como o Girondino, o Guarani, a Gruta do Tesouro e outros mais. Pouco depois, gravou as valsas "Beijo e lágrimas", "Acordes do violão" e os tangos "Madrugando" e "Recordações de Cotinha". Na série 122.000, fez mais quatro gravações; a "Marcha triunfal brasileira" e a valsa "Abismo de rosas" (que nada mais era do que a já registrada "Acordes de violão"), obras que constituiriam os maiores sucessos de sua carreira como compositor. Entre 1926 e 1928, Américo Jacomino retornaria ao Rio de Janeiro para realizar mais algumas gravações, num total de 11 peças, incluídas na série de número 123.000.

Certamente, a importância do músico para o violão não estaria em suas habilidades de executante, não obstante a farta menção a seu estilo peculiar de interpretação, extremamente arrebatada. Apesar de proclamado com unanimidade o vencedor do concurso "O que é nosso", realizado em 1927, a revista *O Violão,* ao comentar esta iniciativa, não hesitaria em afirmar:

> para um jornal bastava o sucesso daquela tarde memorável se seu fito fosse apenas o sucesso jornalístico, mas a plêiade de rapazes empenhados na campanha não visava somente a isso. Havia, de sua parte, o desejo de criar, estimular e incentivar o estudo de Violão entre nós. Bem sabiam os organizadores desta festa que ainda não tínhamos virtuoses capazes de se aproximarem de Josefina Robledo, Segóvia ou Llobet, porém, tinham a certeza de que não lançavam semente em terreno sáfaro.[21]

Canhoto foi, sem dúvida, o primeiro ídolo popular do instrumento, profissional pioneiro no campo dos recitais e gravações e compositor de obras de autêntica brasilidade. Esta seria sua maior contribuição para o violão, firmar as bases do "estilo brasileiro", posteriormente cultivado e desenvolvido por Dilermando Reis: choros e valsas ingenuamente concebidos do ponto de vista da construção, apresentando harmonias e encadeamentos básicos que funcionam como suporte a melodias que se destacam pelo estilo *cantabile* (muitas das quais receberiam posteriormente letra) em detrimento de um caráter puramente virtuosístico-instrumental.

Depois de Canhoto, o violonista Levino da Conceição gravou entre os anos de 1922 e 1926 seis composições de sua autoria. O próximo passo foi dado por João Pernambuco (1883-1947).

Nascido em Jatobá, criado no sertão entre violeiros e cantadores, veio para o Rio de Janeiro em 1904, aos 21 anos de idade. Empregou-se como ferreiro e passou a frequentar com assiduidade os bailes carnavalescos e a festa da Penha, tradicional encontro de músicos realizado no Rio de Janeiro durante o mês de outubro. Profundo conhecedor de gêneros do populário nordestino, foi apresentado ao poeta Catullo da Paixão Cearense, estabelecendo uma parceria musical que realizou exibições em residências de personagens ilustres, como as de Afonso Arinos e de Rui Barbosa.

Os raros registros de Pernambuco, os maxixes "Mimoso" e "Lágrimas" e os choros "Magoado" e "Sons de carrilhões" constam da série de número 123.000, situada entre os anos de 1925 e 1927, último lançamento da Casa Edison pelo sistema mecânico de gravações.

A obra de João Pernambuco dá início à formação do repertório de choros escritos para o violão no Brasil, compreendendo-se aqui por choros — valsas, maxixes, tangos e também choros — uma produção até então inexistente e que se destaca no campo instrumental pelo pioneirismo no casamento de soluções extremamente violonísticas a serviço de uma elaboração surpreendentemente musical. Sua obra é lírica sem ser derramada, vibrante, virtuosística e explora com propriedade as peculiaridades do instrumento. Não por acaso, tanto se tem divulgado a frase de Heitor Villa-Lobos: "Bach não se envergonharia de assinar seus estudos." Essa admiração se reflete também na música de Villa-Lobos, na qual se podem destacar quase que citações da obra de Pernambuco, como por exemplo nas progressões cromáticas do "Estudo nº 1" e na linha melódica que abre o "Prelúdio nº 5".

Além dos artistas citados, muitos outros vieram a gravar suas composições.

Rogério Guimarães (1900-1980), também conhecido por Canhoto, foi dos mais atuantes. Em 1926 gravou para a Odeon a valsa "Marta" e o fox "Marinetti", ambos de sua autoria. Dois anos mais tarde, registrou cerca de oito composições acompanhado pelo violonista e famoso cantor Francisco Alves. Em 1929 tornou-se diretor artístico da gravadora Victor, que iniciava as atividades no País. Nesse ano, gravou ao violão o primeiro disco lançado pela Victor no Brasil com a toada "Saudades do sertão" e o romance "Solidão". Foi líder de regional, o Grupo do Canhoto, que realizou inúmeras gravações até os anos 1950. Como intérprete, Guimarães possuía habilidades técnicas que lhe permitiam executar frases rápidas, explorando sobretudo o registro agudo do instrumento. Como solista, deixou cerca de trinta obras gravadas.

O violonista Henrique Brito (1908-1935), dono de peculiar e raríssima personalidade, veio do Rio Grande do Norte e estudou no Colégio Batista, onde recebeu de Braguinha (seu colega) o apelido de Violão. Passou tempo a integrar o conjunto Flor do Tempo, formado por amigos do bairro de Vila Isabel. Pouco depois, o grupo recebeu o nome de Bando de Tangarás, conjunto fundado por Braguinha, Henrique Brito, Almirante, Alvinho e Noel Rosa. A originalidade do nome do conjunto estava em que cada um dos integrantes devia usar como pseudônimo nomes de pássaros.

As primeiras gravações de Henrique Brito foram realizadas em 1930, tendo registrado cerca de dez obras. Depois de uma viagem aos Estados Unidos, o violonista passou a utilizar um violão elétrico, sendo o responsável pela difusão desse instrumento no Brasil. A obra que dedicou ao violão explora menos os recursos instrumentais, focalizando sobretudo a linha melódica, como no *black botton* "Yankite" e na valsa "Soluçante", onde o violão executa apenas a melodia, desenvolvida com fluência e musicalidade.

Ainda nos anos 1930, Benedito Chaves, Mozart Bicalho, Glauco Viana e Josué de Barros gravaram suas obras para violão. Na década seguinte, surgiram Laurindo de Almeida, Luiz Bonfá, José Menezes, Aimoré, Armando Neves, Antonio Rago, Pereira Filho, Garoto e Dilermando Reis. Os dois últimos, cada um com estilo peculiar, deram contribuição fundamental para o enriquecimento e desenvolvimento do repertório brasileiro de violão.

A FABRICAÇÃO DE INSTRUMENTOS E AS LOJAS DE MÚSICA

No *Almanak Laemmert* (1844-1889), sem dúvida a mais abrangente fonte de informações sobre atividades comerciais e de manufatura desenvolvidas no Rio de Janeiro, encontram-se as principais e praticamente únicas referências à atividade de construção de instrumentos de cordas na cidade. Primeiras notícias de violeiros, como anunciava-se na publicação, começam a aparecer em 1845, data em que Antonio Machado Lourenço, José Alves de Carvalho e Manuel José de Lima forneceram os endereços de suas oficinas. Em um dos anexos, apresentamos a relação completa dos violeiros anunciados no *Almanak Laemmert* que mantiveram atividade no Rio de Janeiro entre os anos de 1845 a 1889.

A partir deste quadro, pode-se observar que no século XIX os fabricantes de instrumentos, anteriormente localizados na rua das Violas, deslocaram-se para as ruas de São Pedro e de São Joaquim, ambas no centro da cidade. A rua de São Pedro desapareceu em 1943, em consequência das obras de abertura da avenida Presidente Vargas, e a de São Joaquim não era uma, mas duas ruas: a Estreita e a Larga. Foram unidas no período de Pereira Passos, transformando-se na popularmente conhecida rua Larga, atual avenida Marechal Floriano. O comércio de violas localizava-se na Estreita de São Joaquim, descrita por Vieira Fazenda como das mais sórdidas ruas do Rio oitocentista, onde se localizavam prostíbulos e casas de jogo, com alta frequência de vagabundos e representantes da ralé.

No rol de anunciantes, José Alves de Carvalho terá sido dos que mais apareceram no *Almanak*. Manteve-se na publicação de 1845 a 1886, sempre localizado na rua São Joaquim, 50, endereço que teria provavelmente se tornado uma referência deste ofício na cidade. Pedro José Gomes Braga, também anunciante desde 1845, cuja oficina esteve em atividade até 1889, dirigiu o negócio até 1864, ano de seu falecimento; no ano seguinte, a viúva assumiu a direção, que posteriormente passaria às mãos de José Moreira Dias Braga, familiar que manteve a continuidade do negócio, sempre no mesmo endereço.

Não há documentação que permita conhecer a dimensão e o alcance do trabalho desses artesãos. No entanto, a quantidade de profissionais envolvidos mais uma vez ressalta a popularidade e a ampla difusão dos instrumentos de cordas. Alguns desses fabricantes foram responsáveis pelo estabelecimento das lojas de música que se tornariam em princípios do século XX ponto de encontro dos músicos cariocas.

João dos Santos Couceiro, que em 1877 passou a anunciar no *Almanak*, divulga no ano seguinte a loja A Rabeca de Ouro, situada na rua da Carioca, 44: "João dos Santos Couceiro & Irmão — fábrica de rabecas, violoncelos, contrabaixos e arcos, violões, cavaquinhos, guitarras e violas. Especialidade nos concertos; vende cordas para todos os instrumentos; os produtos desta fábrica têm sido premiados com medalhas nas exposições de Portugal, Brasil e Philadelphia."

De fato, nos anúncios posteriores, constam as medalhas conquistadas nas exposições: no Brasil, receberam em 1869 a medalha de prata e em 1873 a de 2ª classe; em Portugal, concorreram em 1876; e na Filadélfia, em 1878. A Rabeca de Ouro, cuja fundação é anterior ao ano de 1869, seria assim um dos mais antigos estabelecimentos destinados à fabricação e venda de materiais para instrumentos de cordas de que temos notícia.

Francisco Garcia de Andrade (1864-1927), português nascido na Ilha do Fayal, veio para o Brasil com 13 anos. Empregou-se numa fábrica de violas de um conterrâneo de nome Linhares, situada na Estreita de São Joaquim. Pouco depois passou a trabalhar para os irmãos Couceiro, fundadores da Rabeca de Ouro. Em 1889, instalou na rua da Carioca, 92, a fábrica de instrumentos denominada Ao Cavaquinho de Ouro, transferida para a rua da Alfândega, 168-A, e depois para a rua Uruguaiana, 137.

A loja Ao Cavaquinho de Ouro foi grande incentivadora do violão no Rio de Janeiro. Num livreto raro editado pelo estabelecimento em comemoração à participação na I Feira de Amostras, realizada em 30 de junho de 1928, Alvaro Cortez de Andrade, diretor da casa, declarou:

> O Cavaquinho de Ouro tem sido, desde os pródromos de sua fundação, um centro de grandes artistas, que aí tiveram a sua completa formação, muitos dos quais ainda o frequentam assiduamente, tendo sido, portanto, um constante incentivador da arte musical. Foi, com efeito, de seu meio que se originou o movimento social de reabilitação, principalmente, do violão, modalidade ampliada do cavaquinho, da viola, violino, banjo ou violoncelo. Aqui, iniciaram os estudos artísticos do violão Joaquim Francisco dos Santos, que é o grande e querido "Quincas Laranjeira", criador ou estilizador do solo do violão (...), e que diremos, como parte integrante desse grupo de João Teixeira Guimarães, ou "João Pernambuco", o inspirado poeta do violão, instrumento maravilhoso que maneja com a naturalidade com que os pássaros cantam na floresta? (...) Em seu modesto estabelecimento, o Cavaquinho de Ouro teve como grande frequentador Agustín Barrios, o sublime violonista paraguaio, um dos mais autorizados reabilitadores do violão.

Ao dar abrigo aos instrumentistas populares, o Cavaquinho de Ouro consagrou o endereço da rua Uruguaiana como ponto de encontro dos músicos cariocas.

Ainda em fins do século XIX, Porfírio Martins e Cia. abrem a loja A Guitarra de Prata, situada na rua da Carioca, 37. Nas oficinas da casa eram construídos três principais modelos de violões — Carioca, Valenciano e Robledo, este último, como vimos, feito em homenagem a Josefina Robledo. A não ser pelas pequenas diferenças de detalhes externos de confecção, não há possibilidade de avaliar as características e a qualidade destes instrumentos.

Um dos raros remanescentes desse período é o peculiaríssimo violão bolacha que pertenceu a Donga, instrumento que o músico utilizava nas apresentações dos Oito Batutas. Este violão, que se encontra em poder de sua filha, Ligia Santos, não possui, infelizmente, etiqueta de fabricação. Baseado em depoimento do violonista, Jota Efegê escreveu:

> A história do violão-bolacha do Donga tem como marco, mais ou menos provável, o ano de 1906 (ou 1907) quando ele o adquiriu na tradicional casa Ao Cavaquinho de Ouro, situada na rua da Alfândega e de propriedade do seu Andrade. Nesse estabelecimento trabalhava o velho Cunha, perito na fabricação de violões e cavaquinhos e a quem se deve a criação do vulgarmente chamado violão-bolacha.

Conta ainda que o instrumento foi apresentado com grande sucesso na Exposição Nacional de 1908, passando desde então a ser utilizado também por outros violonistas como José Rebello e Quincas Laranjeira.

A primeira peculiaridade do bolacha está nas dimensões: pequena largura na lateral e amplos, amplíssimos quadris. Donga cunhou a expressão de que seu instrumento era "armado na clave de fá enquanto os outros o são na clave de sol". Como tivemos oportunidade de comprovar, o violão bolacha é afinado uma quarta abaixo da afinação tradicional, mantendo no entanto a mesma relação intervalar dos violões comuns. Com a ampliação do registro de graves, naturalmente a notação para o instrumento seria feita na clave de fá, como deveria também ser a notação do violão tradicional, na medida em que este soa uma oitava abaixo do que é escrito na clave de sol. A expressão "armado em fá", que tem gerado inúmeras confusões, refere-se apenas à clave onde deveria ser escrita a música para o instrumento; não reflete, como enganam-se alguns, afinação que resulte no acorde de fá maior.

Diferentemente do violão bolacha, não existem informações sobre o violão de sete cordas utilizado por China nas apresentações de Os Oito Batutas. O músico foi, sem dúvida, o primeiro a divulgar este tipo de instrumento no Rio de Janeiro, como se pode averiguar por meio da audição de registros musicais feitos entre 1910-13 e nas fotos dos Oito Batutas, nas quais pode ser percebido claramente o detalhe da sétima corda.

OS MÉTODOS PRÁTICOS

A ampla difusão dos chamados métodos práticos não se verificou apenas no Brasil, mas constituiu um fenômeno de alcance mundial. Como informa o próprio nome, essas publicações tinham por objetivo tornar mais acessível o contato com a literatura do instrumento, destinada principalmente ao deleite do músico amador. A grande praticidade da publicação encontra-se na forma da notação musical. Deve-se observar que a origem desta tradição de escrita remonta às antigas tablaturas para *vihuela*, publicadas desde o século XVI.

A tablatura, sistema de notação eminentemente prático, partia de um princípio bastante simples: eram desenhadas seis linhas que correspondiam a cada corda do instrumento. Nas tablaturas espanhola e italiana a linha mais acima representava a corda mais grave; na francesa, inversamente, representava a corda com registro mais agudo. Sobre essas linhas eram escritos números ou letras (conforme o sistema), que indicavam aos executantes o lugar onde deveriam pressionar as cordas, ou seja, a casa onde deveriam colocar os dedos. As figurações rítmicas apareciam sobre a linha superior. Esse sistema, que vigorou até fins do século XVIII, abrigou vasta literatura dos mais renomados compositores.

O aparecimento da guitarra de quatro (posteriormente cinco) ordens fez surgir um tipo de notação que se prestasse ainda mais a simplificar o aprendizado; este fato estava relacionado à ampla difusão do instrumento nas classes populares, que o utilizavam preferencialmente para o acompanhamento de canções.

Este novo estilo foi preconizado pelo médico e músico amador Juan Carlos Amat no livro *Guitarra española e vandola*, publicado em 1596. O método consistia em oferecer ao aluno uma série de 24 acordes cifrados que deveriam ser memorizados. Esses acordes, 12 nas tonalidades maiores e 12 nas menores, eram representados graficamente com o desenho do braço do violão, onde estava marcada a configuração de cada acorde. Esta era a característica principal dos chamados métodos práticos.

Na continuidade deste processo, algumas publicações passaram a abolir o desenho dos acordes, utilizando o modelo de cifragem ainda hoje em voga: o texto das canções acompanhados pelas cifras correspondentes aos acordes que recaíam sobre as diversas sílabas. A partir de então, e em contraponto com esta corrente, surgiram novos tratados, em que a ênfase voltava a recair na escrita em tablatura, método de notação que melhor representaria obras de fatura e técnica mais complexas, retratadas no estilo ponteado de execução.

Como mencionamos anteriormente, um dos primeiros métodos em português de que se tem notícia é a *Nova arte de viola*, de Manoel da Paixão Ribeiro (Coimbra, 1789), destinado sobretudo a fornecer rudimentos para o acompanhamento de canções. Nos capítulos dedicados à prática musical, o autor relaciona os acordes, representando-os como apareceram no método de Prat: o desenho do braço com a posição dos dedos.

No Brasil, a primeira publicação do gênero é o *Indicador dos acordes para violão tendo por fim adestrar em mui pouco tempo a qualquer indivíduo ainda sem conhecimento de música, no acompanhamento do canto e instrumentos*, de Miguel José Rodrigues Vieira, editado em 1851 na cidade de Pernambuco.

Poucos anos mais tarde, em 1876, surge no Rio de Janeiro, publicado por H. Laemmert e Cia., o *Methodo de violão — guia material — para qualquer pessoa aprender em muito pouco tempo, independente de mestre, e sem conhecimento algum de música*, por José Antonio Pessoa de Barros, obra que teve ainda uma segunda edição. Com lucidez, Pessoa de Barros, que não era músico, mas um simples amador (como José Amat), declarou:

> O violão é incontestavelmente o instrumento do povo, mas nem por isso deixa de ser um instrumento de grande alcance, e bastante difícil; e na realidade, quer para canto, quer para acompanhamento — o violão para nós — é quiçá o primeiro instrumento popular; (...). Muito difícil porém tem-se tornado o ensino do violão. Exclusivamente por música não é tarefa para todos. Os métodos que têm aparecido, é mister ainda um mestre. Ainda não houve um guia que estivesse ao alcance de todos independentemente de mestre. Nós porém, compenetrando-nos dessa necessidade, ousamos dar à luz da publicidade um método tão material, como fácil — que exprimindo o nosso fraco pen-

> samento pudesse estar na altura da compreensão de todos; mesmo para aqueles que não souberem ler — poderão em pouco tempo acompanhar qualquer modinha ou peça, uma vez que tenha quem leia com a atenção devida todas as explicações.

O autor concretizou as bases que moveriam as publicações subsequentes: tocar violão sem auxílio de professor e sem conhecimento de música. Com essas premissas, foi e ainda é lançada uma quantidade de métodos. Quase todo violonista que possuiu algum prestígio na cena musical carioca (e, claro, no restante do país) lançou seu método prático. Desde o princípio do século damos conta do lançamento de inúmeras publicações, quase todas, infelizmente, não datadas:

- *ABC do violão* — sem mestre sem música. Não tem indicação de autor, data, nem preço.
- *Methodo prático para aprender a tocar o violão sem mestre* — por João dos Santos Couceiro, à Rabeca de Ouro, com preço de 1$000.
- *Methodo para violão Andrade* — por A. C. de Andrade com o concurso dos professores Quincas Laranjeira e Euclides Cícero; publicação lançada pela casa Ao Cavaquinho de Ouro, em 1930, constando de 30 páginas, com preço de 6$000.
- *J. F. Santos* — Novo methodo de violão. Propriedade da casa Ao Cavaquinho de Ouro — 2$000.
- *O carioca* — Organizado pelo professor Abdon Lyra. Casa Oliveira, 28 páginas.
- *Methodo pratico para aprender a tocar o violão sem mestre* — Edição correcta e aumentada por Abdon Lyra, propriedade exclusiva da Casa Bevilacqua. Preço 1$000.

Musée de la musique / Jean-Marc Anglès

Vihuela de mão, anônimo,
Península Ibérica, fim do século XVI(?)

Coleção Marcia Taborda

Vihuela, luthier Joaquim Pinheiro

Musée de la musique / Jean-Marc Anglès

Guitarra de 5 ordens, anônimo,
Itália, 1620

Musée de la musique / Jean-Marc Anglès

Guitarra de 5 ordens,
Alexandre Voboam,
Paris, 1676

Musée de la musique / Jean-Marc Anglès

Guitarra de 5 ordens, atribuída a
Antonio Stradivari,
Cremona, 1711(?)

Musée de la musique / Jean-Marc Anglès

Guitarra de 4 ordens, Claude Boivin,
Paris, 1749

Guitarra de 6 ordens, Juan Pages,
Cadiz, fim do século XVIII

Musée de la musique / Jean-Marc Anglès

Musée de la musique / Jean-Marc Anglès

Violão, Vinaccia,
Nápoles, 1761

Musée de la musique / Jean-Marc Anglès

Violão, Grobert,
Paris, 1830

Musée de la musique / Jean-Marc Anglès

Violão, Lacote,
Paris, 1833

Musée de la musique / Jean-Marc Anglès

Violão, Lacote,
Paris, 1852

Musée de la musique / Jean-Marc Anglès

Violão, Lafleur,
Paris, início do século XIX

Violão, Torres,
Almeria, 1883

Musée de la musique / Jean-Marc Anglès

Andréa Carneiro

Viola, Minervino Guimarães,
São Francisco, MG

GRAMÁTICA DA LÍNGUA PORTUGUESA COM OS MANDAMENTOS DA SANTA MADRE IGREJA, JOÃO DE BARROS, LISBOA, 1539

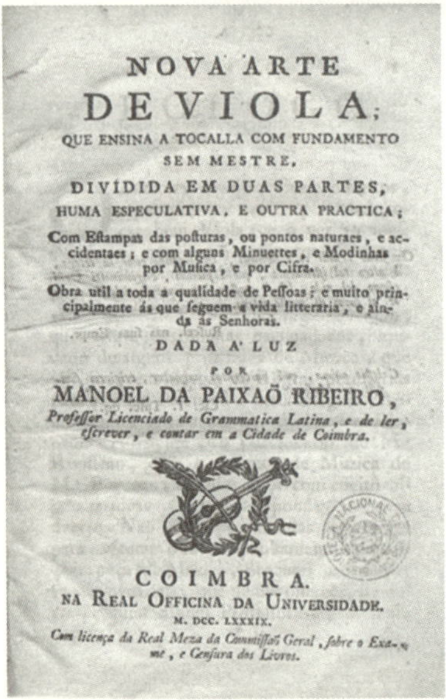
NOVA ARTE
DE VIOLA;
QUE ENSINA A TOCALLA COM FUNDAMENTO
SEM MESTRE,
DIVIDIDA EM DUAS PARTES,
HUMA ESPECULATIVA, E OUTRA PRACTICA;
Com Estampas das posturas, ou pontos naturaes, e accidentaes; e com alguns Minuettes, e Modinhas por Musica, e por Cifra.
Obra util a toda a qualidade de Pessoas; e muito principalmente ás que seguem a vida litteraria, e ainda ás Senhoras.
DADA A' LUZ
POR
MANOEL DA PAIXAÕ RIBEIRO,
Professor Licenciado de Grammatica Latina, e de ler, escrever, e contar em a Cidade de Coimbra.
COIMBRA.
NA REAL OFFICINA DA UNIVERSIDADE.
M. DCC. LXXXIX.
Com licença da Real Meza da Commissaõ Geral, sobre o Exame, e Censura dos Livros.

NOVA ARTE DE VIOLA (CAPA),
MANUEL DA PAIXÃO RIBEIRO

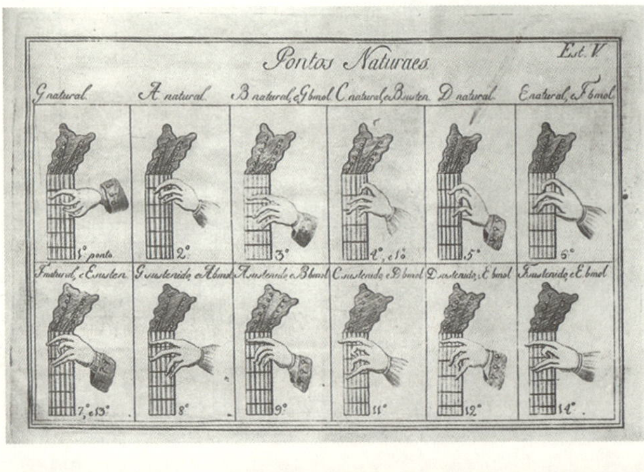

NOVA ARTE DE VIOLA
(DETALHE)

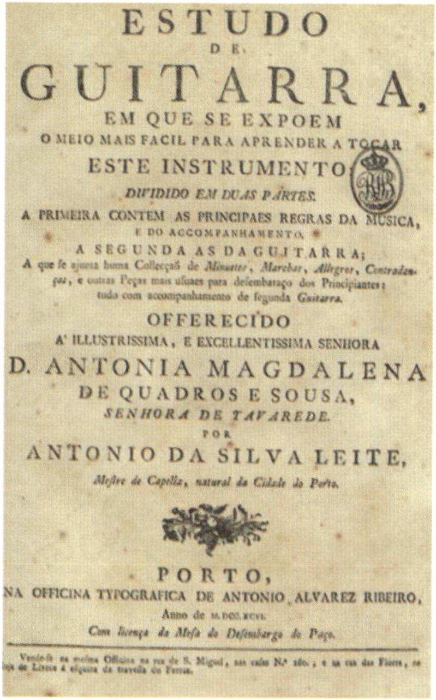

ESTUDO
DE
GUITARRA,
EM QUE SE EXPOEM
O MEIO MAIS FACIL PARA APRENDER A TOCAR
ESTE INSTRUMENTO:
DIVIDIDO EM DUAS PARTES.
A PRIMEIRA CONTEM AS PRINCIPAES REGRAS DA MUSICA,
E DO ACCOMPANHAMENTO.
A SEGUNDA AS DA GUITARRA;
A que se ajunta huma Collecçaõ de *Minuetes*, *Marchas*, *Allegros*, *Contradanças*, e outras Peças mais usuaes para desembaraço dos Principiantes:
tudo com accompanhamento de segunda *Guitarra*.
OFFERECIDO
A' ILLUSTRISSIMA, E EXCELLENTISSIMA SENHORA
D. ANTONIA MAGDALENA
DE QUADROS E SOUSA,
SENHORA DE TAVAREDE.
POR
ANTONIO DA SILVA LEITE,
Mestre de Capella, natural da Cidade do Porto.

PORTO,
NA OFFICINA TYPOGRAFICA DE ANTONIO ALVAREZ RIBEIRO,
Anno de M.DCC.XCVI.
Com licença da Mesa do Desembargo do Paço.

Vende-se na mesma Officina na rua de S. Miguel, nas casas N.º [illegible]; e na rua das Flores, na loja de Livros á esquina da travessa do Ferraz.

Estudo de guitarra (capa),
Antonio da Silva Leite

A negra, anônimo

Coroação de um rei nos festejos de Reis, Carlos Julião

Coleta de óbulos para a festa do Espírito Santo nos primeiros dias de julho. Festa do Divino, Debret

Espírito Santo, Chamberlain

Rua das Violas, planta da cidade de São Sebastião do Rio de Janeiro

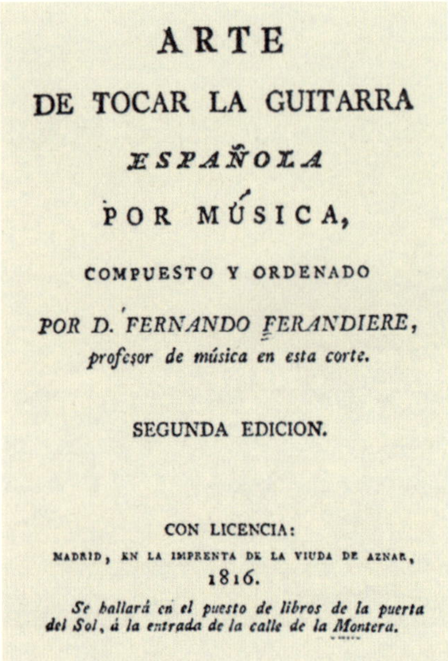

ARTE
DE TOCAR LA GUITARRA
ESPAÑOLA
POR MÚSICA,
COMPUESTO Y ORDENADO
POR D. FERNANDO FERANDIERE,
profesor de música en esta corte.

SEGUNDA EDICION.

CON LICENCIA:
MADRID, EN LA IMPRENTA DE LA VIUDA DE AZNAR,
1816.
Se hallará en el puesto de libros de la puerta del Sol, á la entrada de la calle de la Montera.

Método de guitarra (capa),
D. Fernando Ferandiere

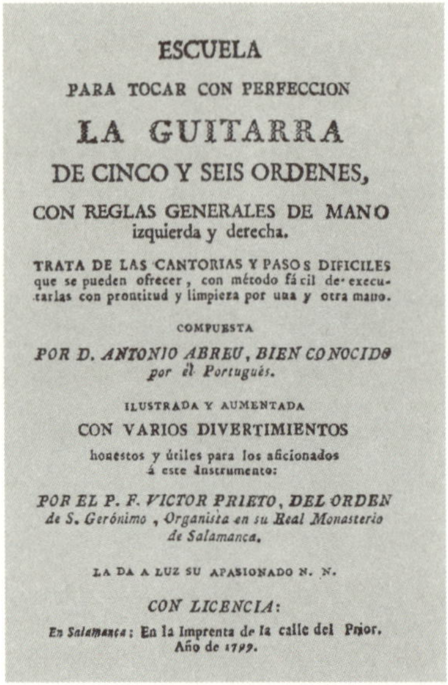

ESCUELA
PARA TOCAR CON PERFECCION
LA GUITARRA
DE CINCO Y SEIS ORDENES,
CON REGLAS GENERALES DE MANO
izquierda y derecha.

TRATA DE LAS CANTORIAS Y PASOS DIFICILES que se pueden ofrecer, con método fácil de executarlas con prontitud y limpieza por una y otra mano.

COMPUESTA
POR D. ANTONIO ABREU, BIEN CONOCIDO por el Portugués.

ILUSTRADA Y AUMENTADA
CON VARIOS DIVERTIMIENTOS
honestos y útiles para los aficionados á este Instrumento:

POR EL P. F. VICTOR PRIETO, DEL ORDEN de S. Gerónimo, Organista en su Real Monasterio de Salamanca.

LA DA A LUZ SU APASIONADO N. N.

CON LICENCIA:
En Salamanca: En la Imprenta de la calle del Prior.
Año de 1799.

Método de guitarra (capa),
D. Antonio Abreu

PRINCIPIOS
PARA TOCAR LA GUITARRA DE SEIS ORDENES.
Precedidos
de los Elementos Generales de la Musica
DEDICADOS
A LA REYNA NUESTRA SEÑORA.
POR EL CAPITAN D. FEDERICO MORETTI
Alferez de Reales Guardias Walonas.
Grabados por Josef Rico.
Se hallaran en Madrid en la libreria de Sancha Calle del Lobo.

Método de guitarra (capa), D. Federico Moretti

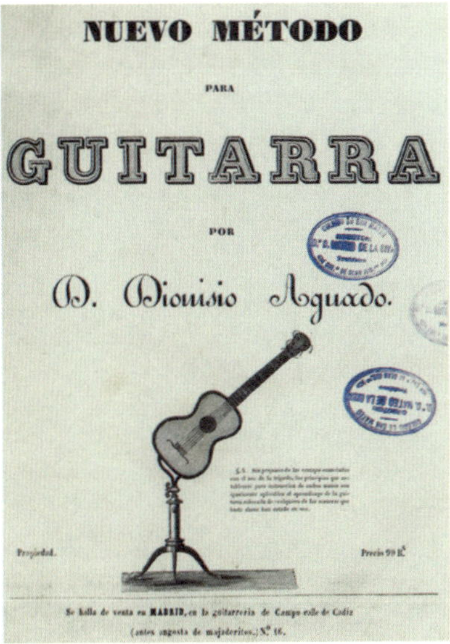

NUEVO MÉTODO

PARA

GUITARRA

POR

D. Dionisio Aguado.

Propiedad. Precio 90 R.

Se halla de venta en MADRID, en la guitarrería de Campo calle de Cadiz (antes angosta de majaderitos.) N.º 16.

Nuevo método para guitarra (capa), D. Dionisio Aguado

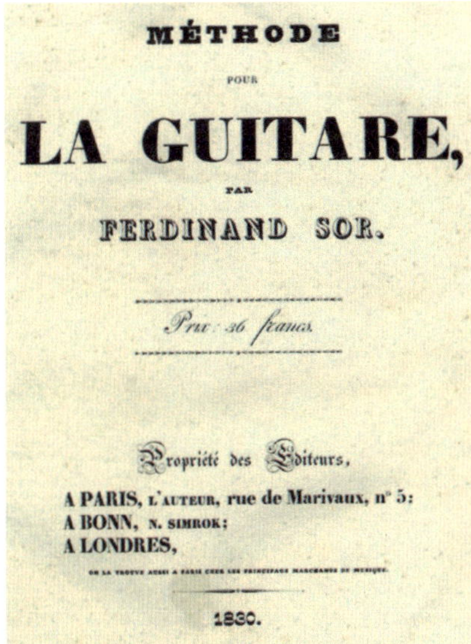

MÉTHODE

POUR

LA GUITARE,

PAR

FERDINAND SOR.

Prix: 36 francs.

Propriété des Editeurs,

A PARIS, L'AUTEUR, rue de Marivaux, nº 5:

A BONN, N. SIMROK;

A LONDRES,

1830.

Méthode pour la Guitare (capa), Fernando Sor

THE

GIULIANIAD,

OR,

GUITARIST'S MONTHLY MAGAZINE.

No. III.

LONDON:

PUBLISHED FOR THE PROPRIETOR, BY

SHERWOOD AND CO. 23, PATERNOSTER ROW;

CHAPPELL, Music Seller to the King, 50, New Bond Street;

AND DUFF, 65, OXFORD STREET.

Price 2s 6d

Revista *Giulianiad* (capa)

BARTOLOMEO BORTOLAZZI

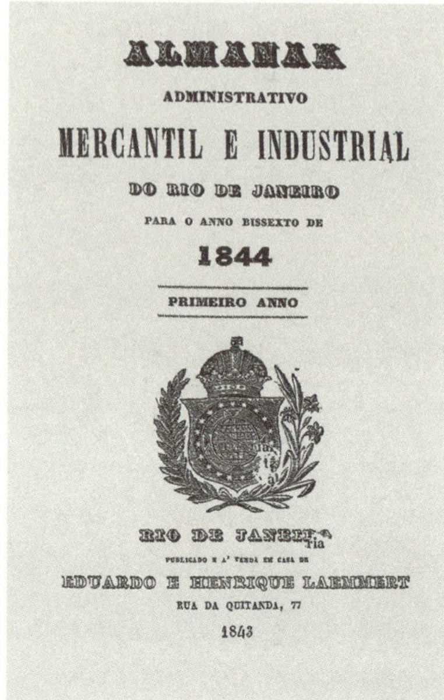

ALMANAK
ADMINISTRATIVO
MERCANTIL E INDUSTRIAL
DO RIO DE JANEIRO
PARA O ANNO BISSEXTO DE
1844

PRIMEIRO ANNO

RIO DE JANEIRO
PUBLICADO E A' VENDA EM CASA DE
EDUARDO E HENRIQUE LAEMMERT
RUA DA QUITANDA, 77
1843

ALMANAK LAEMMERT (CAPA)

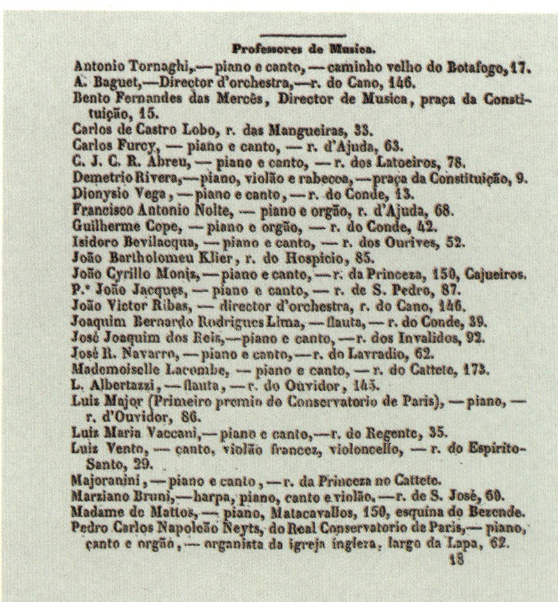

Professores de Musica.

Antonio Tornaghi,—piano e canto,—caminho velho do Botafogo, 17.
A. Baguet,—Director d'orchestra,—r. do Cano, 146.
Bento Fernandes das Mercês, Director de Musica, praça da Constituição, 15.
Carlos de Castro Lobo, r. das Mangueiras, 33.
Carlos Furcy, — piano e canto, — r. d'Ajuda, 63.
C. J. C. R. Abreu, — piano e canto, — r. dos Latoeiros, 78.
Demetrio Rivera,—piano, violão e rabecoa,—praça da Constituição, 9.
Dionysio Vega, — piano e canto, — r. do Conde, 13.
Francisco Antonio Nolte, — piano e orgão, r. d'Ajuda, 68.
Guilherme Cope, — piano e orgão, — r. do Conde, 42.
Isidoro Bevilacqua, — piano e canto, — r. dos Ourives, 52.
João Bartholomeu Klier, r. do Hospicio, 85.
João Cyrillo Moniz, — piano e canto, — r. da Princeza, 150, Cajueiros.
P.ᵉ João Jacques, — piano e canto, — r. de S. Pedro, 87.
João Victor Ribas, — director d'orchestra, r. do Cano, 146.
Joaquim Bernardo Rodrigues Lima, — flauta, — r. do Conde, 39.
José Joaquim dos Reis,—piano e canto, —r. dos Invalidos, 92.
José R. Navarro, — piano e canto, — r. do Lavradio, 62.
Mademoiselle Lacombe, — piano e canto, — r. do Cattete, 173.
L. Albertazzi, — flauta, — r. do Ouvidor, 145.
Luiz Major (Primeiro premio do Conservatorio de Paris), — piano, — r. d'Ouvidor, 86.
Luiz Maria Vaccani,—piano e canto,—r. do Regente, 35.
Luiz Vento, — canto, violão francez, violoncello, — r. do Espirito-Santo, 29.
Majoranini, — piano e canto, — r. da Princeza no Cattete.
Marziano Bruni,—harpa, piano, canto e violão, —r. de S. José, 60.
Madame de Mattos, — piano, Matacavallos, 150, esquina do Bezende.
Pedro Carlos Napoleão Neyts, do Real Conservatorio de Paris, — piano, canto e orgão, — organista da igreja ingleza, largo da Lapa, 62.

18

ALMANAK LAEMMERT, PROFESSORES DE MÚSICA

ARTES, OFFICIOS, ETC. 1077

Torres & C., becco do João Baptista, 2, e r. do Senador Eusebio, 25.
Vieira de Carvalho & Azevedo, vidros de vergar para armações, r. de Theophilo Ottoni, 88, e r. do Pão-Ferro, 36.

Violeiros. [736

Antonio de Souza Franco, r. do General Camara, 175.
Balthazar Alves, r. do S. Joaquim, 42.
Francisco Fernandes, r. dos Andradas, 93.
João dos Santos Couceiro, r. da Carioca, 44. (Vide *Notabilidades*, pag. 79.)
José Raphael da Costa, r. de S. Joaquim, 26.
Manoel Alves de Paula Costa, r. de S. Joaquim, 37, e r. do Jockey-Club, 21.
Manoel Machado Linhares, r. de S. Joaquim, 20.

ALMANAK LAEMMERT, VIOLEIROS

ANÚNCIO DA LOJA A RABECA DE OURO

Anúncio da loja
Ao Cavaquinho de Ouro

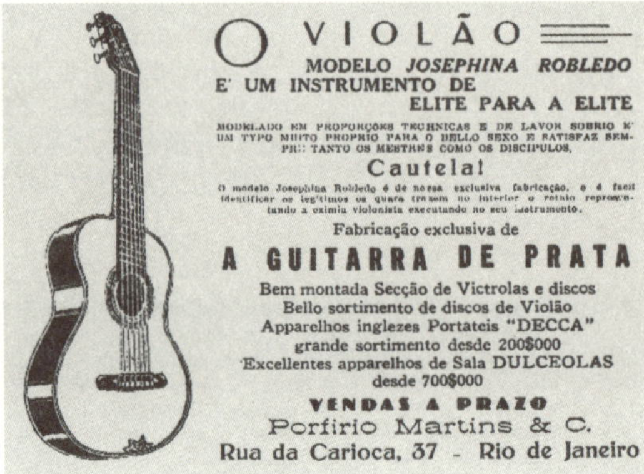

Anúncio da loja A Guitarra de Prata

Capa da revista *O Violão*

Biblioteca Nacional

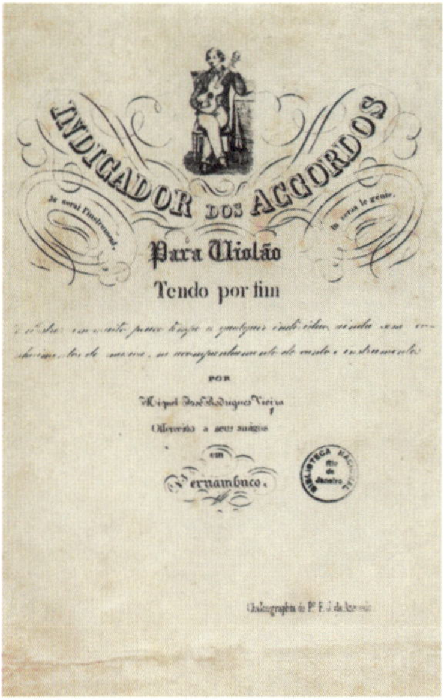

Método prático Miguel Rodrigues Vieira

Biblioteca Nacional

Método prático Quincas Laranjeira

Biblioteca Nacional

Método prático Américo Jacomino

Método prático Patrício Teixeira

Olga Praguer Coelho, capa da revista *Sintonia*, de Buenos Aires

- *Methodo* pratico de violão — Dedicado aos meus discípulos por Américo Jacomino (Canhoto). Editado em São Paulo por Facchini & Cia.
- *Metodo Patricio Teixeira* — Metodo único de autoria do conhecido professor de violão Patrício Teixeira. Irmãos Vitale, 2$000.
- *Método para violão Paraguassu* — 6$000.
- Methodo pratico para violão — José Rebello da Silva — 3$000.
- *Cacique* — Método prático para violão — por Annibal Augusto Sardinha (Garoto). Irmãos Vitale ed.

Pode-se observar que as grandes lojas de música promoveram a impressão de seus métodos práticos, solicitando para tanto a parceria de violonistas renomados que atuavam também como professores no Rio de Janeiro. Os métodos de Canhoto e Garoto, que eram paulistas, foram editados em São Paulo. Curiosa é a presença de Abdon Lyra na organização de um método de violão, uma vez que atuava como trombonista de diversas orquestras.

A quantidade de métodos práticos impressos no Rio de Janeiro revela em mais um aspecto o contraponto entre o grande desempenho e a difusão do violão popular se comparado à difusão dos preceitos técnicos do violão de concerto. Há nesse período apenas um método brasileiro voltado para este último universo. Trata-se do *Novo methodo para violão (violão por música) pelo prof. João C. Pereira*, editado pela Casa Bevilacqua, dedicado ao violonista Quincas Laranjeira. O autor, que não alcançou renome, seria lembrado por seu filho, o violonista popular Pereira Filho, a quem se deve a divulgação do violão elétrico no Rio de Janeiro.

AS JOVENS SENHORITAS

Em fins dos anos 1920, surgiu uma novidade no ambiente violonístico carioca que ecoou nas principais capitais brasileiras: jovens senhoritas da sociedade dedicaram-se ao instrumento, levando para o público um repertório de canções típicas brasileiras. Consagrado ainda pela fundação de clubes e sociedades para a prática do violão, o movimento viria englobar a união de duas tendências que marcaram fortemente o modernismo brasileiro; por um lado, representava a retomada da linha regionalista e nacionalista refletida na criteriosa seleção do repertório; por outro, consagrava a manifestação de cosmopolitismo simbolizada pela presença de mulheres jovens, bonitas e independentes.

A difusão do repertório regional brasileiro, tomada da consciência nacionalista em tudo afinada aos propósitos que motivaram o surgimento da *Revista do Brasil* em 1916, foi encampada pelo jornal *Correio da Manhã* cerca de dez anos depois, com a criação da coluna "O que é nosso", espaço dedicado à natureza musical e humana de um Brasil brasileiro, como consta no editorial de 19 de setembro de 1926:

> Cantemos! Pois. Revivamos a modinha nacional; o que é nosso, muito nosso, o que podemos ter orgulho da nossa alma — a fala dos nossos corações.

Pouco a pouco, o nacionalismo que ensejou o surgimento da coluna foi cedendo lugar ao regionalismo, transformando aquele espaço num verdadeiro "fórum sertanejo". A imagem do Brasil na canção nacional passou a ser representada pelo "caboclismo", que teve no poeta Catullo da Paixão Cearense seu maior expoente. Poemas que refletiam os lagos, os rios e as matas brasileiras eram seguidamente publicados, além da partitura de canções como "A casinha da colina" e "Tristezas do Jeca", obras de autores que promoveriam a imagem interiorana do Brasil mais brasileiro.

Quanto ao aspecto internacionalizante, Nair de Teffé preconizou o movimento, na medida em que foi uma mulher de formação cultural, atitude e realizações muito afinadas com o modernismo, não apenas no que se refere a uma escola literária, mas a toda uma época da vida brasileira. A esse respeito, comenta Antonio Edmilson Rodrigues, biógrafo da primeira-dama: "Essa movimentação social de Nair e suas amigas, entre as quais Laurinda Santos Lobo, anunciou um novo tempo. Defensoras da liberdade de as mulheres terem presença e autonomia, essas moças transformaram-se nas locomotivas da sociedade, despertando a atenção de todos."[22]

Esse movimento, que se refletiu na música, estava já acontecendo de forma muito mais abrangente na sociedade da época, visando garantir à mulher maior participação no espaço público. Não pretendemos aqui aprofundar a questão do feminismo, mas abordá-lo na medida em que se envolve com o tema da pesquisa.

A historiadora Rachel Soihet investigou a trajetória de Bertha Lutz, brasileira que se radicou na França, onde realizou estudos de biologia na Sorbonne. Em 1918, quando de seu regresso ao Rio de Janeiro, tornou-se líder do movimento que conseguiu significativos sucessos na conquista dos direitos da mulher. Dentre as inúmeras questões discutidas pelas feministas, o contraste entre a educação de homens, preparados para o ensino secundário visando ao acesso aos cursos superiores, enquanto as moças na maioria encaminhavam-se para as escolas normais, destinadas ao professorado e sobretudo às atividades do lar.

Neste contexto, aprender violão significava mais que estudar música, era uma tomada de atitude. Apresentá-lo em audições públicas, lançar-se além dos domínios domésticos e até, possivelmente, abraçar uma profissão significava mais ainda: uma afronta, um desafio.

Tal foi o caso da cantora e violonista Olga Praguer Coelho, grande talento da música brasileira, que com maestria reuniu a interpretação vocal ao acompanhamento do violão. Nascida em Manaus em 1909, passou a infância na Bahia, transferindo-se para o Rio de Janeiro em 1923. Quatro anos mais tarde começou a ter aulas de violão com Patrício Teixeira, responsável pelo início de sua carreira artística e fonográfica. Paralelamente, estudou canto diplomando-se pelo Instituto Nacional de Música. Num curto espaço de tempo, realizou inúmeras apresentações e gravações, tornando-se professora de grande número de senhoritas.

Nos anos 1940 seguiu para uma série de apresentações na Europa e nos Estados Unidos, onde encontrou o violonista Andrés Segóvia, com quem se casaria, e que teria papel fundamental no aprimoramento de sua técnica. Passou a residir nos Estados Unidos, onde desenvolveu carreira marcada por grande sucesso. Para ela foram escritas obras e arranjos feitos pelos mais importantes compositores do período. Heitor Villa-Lobos dedicou-lhe a transcrição da "Bachianas brasileiras nº 5". A obra estreou com enorme sucesso em concerto no Town Hall em Nova York, contando com a presença de Segóvia e Villa-Lobos na plateia. O musicólogo americano Olin Downes escreveu para o jornal *The New York Times*: "Cantando Villa-Lobos, o legendário pássaro uirapuru brasileiro, Olga também toca seus acompanhamentos de guitarra com a maestria que aprendeu de Segóvia. Um alcance extraordinário de voz e de repertório. A maior folclorista que este crítico já encontrou."[23] É exatamente o que faz particular a arte de Olga Praguer: a inusitada reunião dos talentos de canto e violão levados ao mais alto apuro técnico.

As inúmeras outras artistas que se dedicaram a este repertório mantiveram-se mais na linha do canto acompanhado ao violão em arranjos simplificados. Grande parte deste material foi elaborado por Quincas Laranjeira, que fez um trabalho contínuo de transcrição e arranjos para grande número de canções típicas, repertório que publicou no suplemento dominical "O que é nosso" e, posteriormente, na revista *O Violão*.

Além de Olga, atuaram no Rio de Janeiro, realizando recitais e gravações, as senhoritas Stefana de Macedo, Jesy Barbosa, Helena de Magalhães Castro, Heloísa Helena, Yvonne Daumerie, Olga Bergamini de Sá e muitas outras. Paralelamente, consagraram-se os eventos de música regional, organizados em clubes e sociedades onde o violão era o principal veículo acompanhador. Dentre eles citamos: Icarahy Violão Club, Noite Brasileira no Tijuca Tênis Club, Grêmio Regional Carioca.

Acreditamos, assim, que além de despertar o gosto pelas canções genuinamente brasileiras, o envolvimento dessas mulheres refletia a legítima aspiração à cidadania, e sobretudo os sentimentos e inovações abrigados pela "vida moderna".

CHEGANDO AOS ANOS 1930

A música popular das décadas de 1930 e 1940 foi marcada pelo casamento do rádio com a indústria fonográfica. A produção musical alcançou tamanha grandeza, dimensionada pela expressão que a traduziu: Época de Ouro.

A primeira transmissão radiofônica aconteceu em 7 de setembro de 1922, na inauguração da Exposição do Centenário da Independência do Brasil, onde se pôde ouvir o discurso do presidente Epitácio Pessoa e óperas transmitidas do Theatro Municipal e do Teatro Lírico. A primeira emissora de rádio, no entanto, seria a Rádio Sociedade, fundada por Roquette-Pinto e Henrique Morize em abril de 1923. No ano seguinte foi fundada a Rádio Clube do Brasil, e até 1926 foram estas as únicas estações postas no ar. Neste primeiro momento, os programas eram apresentados durante poucas horas, em dias alternados e com uma proposta didática de programação, composta de conferências literárias e música "clássica", concretizando a ideia de "radiotelefonia educadora" concebida por Roquette-Pinto e Morize. Na época, proibia-se a veiculação de anúncios. A arrecadação de dinheiro vinha de sócios que pagavam mensalidade em troca de terem seus nomes citados durante a transmissão dos programas. Ainda em 1926 foi fundada a Rádio Mayrink Veiga, e no ano seguinte, a Rádio Educadora.

A proliferação de emissoras representou também a renovação da programação, que além da música clássica passou a oferecer espetáculos de música popular variada, brasileira, portuguesa, italiana, francesa, latino-americana. Abrindo um vasto campo de trabalho para cantores e músicos, o rádio estava a caminho de se tornar o grande veículo de comunicação de massa.

Os jornais da época publicavam diariamente a programação das emissoras, além de notícias sobre os teatros e cinemas. O *Correio da Manhã* de 7 de janeiro de 1931 informava: "Voz do Violão no Cassino... Estreou ontem, no Cassino, a Companhia

Regional Brasileira, composta de elementos do Centro Artístico Regional, com a peça de costumes regionais 'Voz do Violão'."

Depois de notícias sobre espetáculos teatrais, seguia-se a referência às emissoras de rádio. Rádio Clube:

> Rádio Jornal, discos selecionados, palestra científica, pelo Dr. Leonel Gonzaga. Das 9.15 em diante: concerto instrumental de música de câmara dos estúdios da Rádio Clube pelos professores: pianista Tomaz Teran e violinista Oscar Borgeth com peças de Haendel, Bach e Beethoven. Poesia com Ilka Labaeth. Música de Joaquim Nein, E. Grieg. Ao meio-dia, transmitirá os discursos proferidos em homenagem a Getúlio Vargas na Fortaleza de São João.

Rádio Sociedade: "Música regional no estúdio da Rádio Sociedade com o concurso da senhorita Jesy Barbosa, senhor Francisco Alves, Patrício Teixeira e Glauco Viana." Como se pode observar, a programação de começos dos anos 1930 está ainda bastante influenciada pela corrente regionalista.

O violão de acompanhamento terá presença marcante na chamada Época de Ouro, período da música popular caracterizada sobretudo pelo culto às grandes vozes, dando surgimento aos primeiros ídolos populares. O primeiro destaque foi o cantor Mário Reis, que, valendo-se das vantagens oferecidas pelo sistema de gravação elétrica, lançou um estilo próprio de interpretação, mais espontâneo e coloquial, representando uma alternativa à influência do *bel canto* que reinava até então. Mas o primeiro grande ídolo de massa foi sem dúvida o cantor Orlando Silva, que com uma voz privilegiada interpretou os mais variados gêneros da música popular. A seu lado, brilharam Francisco Alves, Sílvio Caldas e Carlos Galhardo, cantores chamados pela imprensa de "Os quatro grandes". A mais importante figura feminina da época foi a cantora Carmen Miranda, que com sua personalidade e seu carisma desenvolveu carreira brilhante, transformando-se em ídolo nacional e estrela internacional. Destacam-se ainda sua irmã Aurora Miranda, Marília Batista, Aracy de Almeida, Linda e Dircinha Batista.

No reino dos solistas, surge Dilermando Reis, que, retomando a linha "brasileira" de Canhoto, desenvolve um enorme repertório do violão, conferindo grande popularidade ao instrumento. Destacaram-se ainda Garoto, com sua interpretação virtuosística, Laurindo de Almeida e José Menezes.

No período de 1931-1940, o samba será o gênero mais cultivado, sendo também expressivo o número de marchas gravadas. Para seu desenvolvimento, além da contribuição pioneira dos compositores do Estácio, como Ismael Silva e Alcebíades Barcelos, desempenharam papel fundamental Noel Rosa, Ary Barroso, Assis Valente, Orestes Barbosa, Custódio Mesquita, Lamartine Babo e João de Barro.

Na consequente ampliação do mercado de trabalho, o violão se fez presente em nossa discografia, seja enquanto instrumento solista, seja no âmbito dos conjuntos de choro, tomando parte em inúmeras e incontáveis gravações. Este amplo leque de atuações permitiu ao instrumento estar na base das mais variadas manifestações de gêneros musicais. Veja-se, como exemplo, o percurso do samba — do terreiro às rádios.

Segundo descrição de Mestre Cartola:

> Samba duro e batucada é a mesma coisa. A gente fazia isso a qualquer hora, em qualquer dia. Juntavam umas vinte pessoas — homens e mulheres — e a gente começava a

> cantar. Apenas uma linha ou duas do coro e os versos improvisados. Isso é que é partido-alto. Os instrumentos eram o prato e a faca, e no coro as mulheres batiam palma. Aí, um — o que versava — ficava no meio da roda e tirava um outro qualquer. Aí, dançando e gingando, mandava a perna. O outro que se virasse para não cair.[24]

Este caráter de improvisação e o próprio instrumental de percussão característicos deste samba certamente não seriam assimilados pela indústria de discos. Para que os meios de comunicação se abrissem ao novo gênero, fez-se necessária uma adaptação tanto na forma quanto no acompanhamento, tarefa que foi levada a cabo pelos conjuntos de choro. Nasceria assim o samba urbano carioca, que se consagraria em diversas formas de realização, sejam o samba-canção, o samba-choro, o samba de breque, o samba enredo, e, posteriormente, em uma nova forma denominada *bossa-nova*, já na década de 1950, que não constitui propriamente um gênero musical, mas uma maneira de tocar. Esta "maneira de tocar", que ficou mundialmente conhecida como "a batida bossa-nova", encontra suas raízes na tentativa de transpor para as cordas do violão elementos percussivos característicos do samba tradicional. Note-se que procedimento semelhante já havia sido feito pelos violões do regional, visando contudo a um resultado sonoro explicitamente distinto.

Desta forma, acreditamos que se a identificação do violão com os chorões e conjuntos populares deu origem a um imaginário em que o instrumento relacionava-se depreciativamente a setores marginais da sociedade, o timbre do violão e o ambiente sonoro por ele criado tornaram-se, igualmente, símbolos emblemáticos da nacionalidade, aspectos que analisaremos a seguir.

Notas

1. Alexandre Gonçalves Pinto, *O choro: reminiscências dos chorões antigos*, Rio de Janeiro, edição do autor, 1936, p. 125.
2. *Apud* Brício de Abreu, *Esses populares tão desconhecidos*, Rio de Janeiro, Ed. Raposo Carneiro, 1963, p. 33.
3. *Apud* Ayres de Andrade, *Francisco Manuel da Silva e seu tempo*, vol. I, p. 201.
4. Luiz Edmundo, *O Rio de Janeiro do meu tempo*, 4º vol., 2ª ed., Rio de Janeiro, Conquista, 1957, p. 733.
5. *Ibidem*, p. 734.
6. Mello Moraes Filho, *Cantares brasileiros*, 2ª ed., Rio de Janeiro, SEEC-RJ/Dep. de Cultura/Inelivro, 1981, p. 24.
7. Alexandre Gonçalves Pinto, *op. cit.*, p. 37.
8. João do Rio, *apud* José Ramos Tinhorão, *Os sons que vêm da rua*, São Paulo: Ed. 34, 2005, p. 121.
9. Luiz Edmundo, *O Rio de Janeiro do meu tempo*, 3º vol., 2ª ed., Rio de Janeiro, Conquista, 1957, p. 493.
10. *Apud* José Ramos Tinhorão, *Cultura popular: temas e questões*, São Paulo, Ed. 34, 2001, p. 70.
11. Jota Efegê, *Figuras e coisas da música popular brasileira*, vol. I, Rio de Janeiro, MEC/Funarte, 1978, p. 178.
12. Baptista Siqueira, *Três vultos históricos da música brasileira: Mesquita, Callado, Anacleto*, Rio de Janeiro, editora do autor, 1969, p. 97-98.
13. Alexandre Gonçalves Pinto, *op. cit.*, p. 257.
14. *Ibidem*, p. 97.
15. *Ibidem*, p. 101.
16. Carlos Lessa, *O Rio de todos os Brasis*, Rio de Janeiro, Record, 2000, p. 66.
17. June E. Hahner, *Pobreza e política: os pobres urbanos no Brasil — 1870-1970*, tradução de Cecy Ramires Maduro, Brasília, Ed. Universidade de Brasília, 1993, p. 233.
18. A história está contada por Sérgio Cabral no livro *No tempo de Ary Barroso*, Rio de Janeiro, Lumiar, 1993, p. 180.

19. *Ibidem.*
20. Parte significativa desse repertório foi transcrita de gravações em 78 RPM, como consequência do Prêmio Bolsas RioArte que recebi em 2004, material que aguarda publicação.
21. B. Dantas de Souza Pombo, *O Violão,* Rio de Janeiro, ano I, nº 5, abr. 1929, s.p.
22. Antonio Edmilson M. Rodrigues, *Nair de Teffé: vidas cruzadas*, Rio de Janeiro, FGV, 2002, p. 39.
23. *Apud Dicionário Cravo Albin de música popular*, publicação eletrônica.
24. Marília Trindade Barbosa e Arthur de Oliveira Filho, *Cartola — os tempos idos,* Rio de Janeiro, Funarte, 1983, p. 32.

CAPÍTULO 4 Um instrumento nacional?

Mas você está muito enganada, mana. É preconceito supor-se que todo o homem que toca violão é um desclassificado. A modinha é a mais genuína expressão da poesia nacional e o violão é o instrumento que ela pede.

Lima Barreto, "A lição de violão"

Uma possível resposta à pergunta que dá título a este capítulo traz como pressuposto a reflexão e a análise de fatos relacionados à difusão do violão na sociedade carioca.

O instrumento chegou ao Rio de Janeiro num momento bastante peculiar na história da cidade. Não foram poucas e tampouco menos profundas as transformações econômicas e sociais vivenciadas pelos cariocas com a chegada da família imperial. A experiência de urbanização avassalou os diversos setores da sociedade, com marcadas transformações na paisagem, nas relações sociais, no cotidiano dos habitantes. Com o grande contingente de estrangeiros que chegam à cidade, chegam também indústrias, artesanatos, práticas, hábitos, modas, que provocaram verdadeira revolução nos modos de agir, pensar e sentir da população.

O violão espalha-se pela cidade na medida em que no ambiente urbano se organiza e se difunde o conjunto de choro.

Através dele depura-se o processo de tradução do repertório europeu para uma possível linguagem nacional. Inicialmente moldura instrumental amalgamada às formas de origem, a elas imprime caráter próprio, dando vazão ao surgimento do que se pode chamar "linguagem do choro", articulação musical que transcende especificações de forma, de vestimenta e de conteúdo.

Nenhum outro instrumento suscitou tantos comentários e críticas quanto o violão. Pau e corda que acalentou modinhas, embalou lundus e se fez tamborim para marcar e difundir o samba nascente. Instrumento de capadócio, capoeira, boêmios e malandros.

Nessa maldição, a contrapartida simbólica: o atestado de timbre instrumental mais tipicamente brasileiro. O violão deu sempre o que falar. Nas críticas de jornais, nos concertos, na literatura. Envolveu a paixão dos que o defenderam, atraindo a mesma paixão daqueles que o atacaram.

Esta, parte de sua história. Mas o instrumento foi também executado por Epitácio Pessoa, Nilo Peçanha, Melo Moraes Filho, Itabaiana de Oliveira — Presidentes da República, historiador e cronista da cidade, juiz. Transgressor nas mãos de Nair de Teffé, Olga Praguer Coelho, Catullo da Paixão Cearense e Heitor Villa-Lobos.

O violão esteve presente na sociedade brasileira, tanto nos círculos da elite quanto nas manifestações das camadas mais populares. Assumiu lugar único, enquanto meio de execução e corporificação de representações sociais, constituindo-se num ponto de partida privilegiado para investigar a particular dinâmica assumida pela cultura musical no Rio de Janeiro de fins do século XIX às primeiras décadas do século XX.

A SUBVERSÃO DOS HÁBITOS

Gilberto Freyre, ao examinar a sociedade brasileira do século XIX, identifica com a chegada de D. João VI um processo de reeuropeização marcado primordialmente pela franca subversão dos hábitos lusos. A substituição pelos moldes sobretudo ingleses e franceses, seja por "assimilação, imitação, coerção", verificou-se de forma intensa e abrangente, especialmente no Rio de Janeiro. Esta prática fez "empalidecer em nossa vida o elemento asiático, o africano ou o indígena, cujo vistoso de cor se tornara evidente na paisagem, no trajo e nos usos dos homens".[1] São detectadas mudanças no vestuário, nos hábitos alimentares, no ensino, no estilo de construção de residências e edifícios públicos.

Como consequência das transformações, percebe-se o menosprezo pelas criações culturais de caráter local, aspecto que no âmbito da música se refletiu, por exemplo, no repúdio ao sentimentalismo das modinhas embaladas pelo violão. Como assinala Freyre: "Bem característico da época é o desprimor que foram adquirindo expressões estéticas e recreativas de uma cultura brasileira — e não apenas patriarcal —, como a arte da modinha cantada ao violão nas festas de família e nas serenatas e alvoradas de rua."[2]

Joaquim Manuel de Macedo, em *Um passeio pela cidade do Rio de Janeiro*, roteiro publicado em folhetins de jornal entre os anos de 1862 e 1863, corrobora a análise de Gilberto Freyre, ao comentar, no capítulo dedicado ao Passeio Público, o desprestígio dos gêneros populares diante da introdução das novidades internacionais:

> E o pior é que o gosto e a originalidade desses cantos, cuja música tinha um caráter que a fazia distinguir da música característica de todas as outras nações, tem-se ido perdendo pouco a pouco, sacrificada ao canto italiano, cuja imitação é, desde alguns anos, o pensamento dominante dos nossos compositores. As modinhas e os lundus brasileiros quase que já não existem senão na memória dos antigos; foram banidos dos salões elegantes e com todos os costumes primitivos, dos bosques vizinhos do litoral pelo ruído da conquista dos homens, fogem para as sombrias florestas do interior.[3]

Desencadeia-se, assim, franca separação entre o gosto da elite urbana e o gosto das classes populares.

José de Alencar e Machado de Assis, autores que desenvolveram suas tramas em ambientes predominantemente burgueses, não demonstraram qualquer interesse na manifestação musical dos pobres urbanos, quase de todo ausentes de seus trabalhos. A música popular na obra machadiana é sempre representada pelos gêneros de proveniência europeia, naturalmente executados ao piano: quadrilhas, polcas e sobretudo a valsa, dança pela qual nutria certa predileção. A valsa, que sensualmente animava-lhe os bailes, foi retratada em "Ressurreição" como "a única dança em que há poesia (...); tem todo o abandono da imaginação", contraposta à "rigidez geométrica" atribuída pelo autor à quadrilha.

A fixidez dos lugares sociais e das imagens propagadas nos romances do período faz reforçar a distinção e exclusão entre brasileiro e estrangeiro, atribuindo-se àquele o que seria mais vulgar, mais impróprio e socialmente mais baixo. Voltamos assim a Gilberto Freyre, que ao comentar a repressão aos valores e práticas identificadoras de expressões estéticas próprias de nossa cultura destaca: "Rompeu-se o equilíbrio para acentuar-se pela exclusão violenta de diferenças, a supremacia ou a superioridade do elemento europeu, senhoril, urbano, agora com um sentido nitidamente burguês, capitalista, francês e inglês de dominação."[4] Com precisão, Freyre diagnostica "a degradação de artes e hábitos mestiços que já se haviam tornado artes e hábitos da raça, da classe e da região aristocrática, em hábitos de classes, raças e regiões consideradas inferiores ou plebeias". O autor conclui a análise:

> O mesmo (degradação de hábitos) verificou-se com o violão, vencido de tal modo pelo piano inglês de cauda que se tornou vergonhosa sua presença em casa de gente que se considerasse ilustre pela raça e nobre pela classe. Também o violão tornou-se símbolo de inferioridade social e de cultura, arrastando na sua degradação a modinha. Violão e modinha desceram das mãos, das bocas e das salas dos brancos, dos nobres, dos ricos para se refugiarem nas palhoças dos negros e dos pardos, e nas mãos dos capadócios (...).

O reflexo mais imediato do acolhimento do pinho pelas classes inferiores será a consagração da identidade entre violão e vadiagem. Daí em diante, tocar violão terá sido atividade de capadócio, capoeira e vadio. Essa conjugação de fatores foi um dos ingredientes que dificultaram, e muito, a possibilidade de acesso do instrumento às salas de concerto.

Esse fato está tão profundamente relacionado às questões tratadas por Freyre que, se assim não fosse, o mesmo teria se passado com a viola, o que não aconteceu. Apesar da grande aceitação popular, a difusão da viola verificou-se também entre representantes da elite do Brasil Colônia, destacando-se dessa forma o caráter eminentemente democrático da presença deste instrumento em nossa sociedade (como o foi em outras partes do mundo). O violão também foi amplamente aceito, disso não parece haver a menor dúvida. Mas a associação com os gêneros nacionais, especialmente nos setores mais desfavorecidos da sociedade, fez do violão alvo certeiro para todo tipo de crítica, dirigida, de fato, mais aos pobres urbanos que o portavam do que ao instrumento em si. Note-se que o mesmo se passou em outros países, como por exemplo na Espanha. Na época de Francisco Tárrega, a associação do violão ao acompanhamento dos gêneros populares, destacadamente ao flamenco, fez desacreditar as possibilidades de realização do instrumento como veículo para outro tipo de repertório.

Esta peculiaridade da difusão do violão em nossa sociedade é fartamente ilustrada na literatura do período. Em *O cortiço*, Aluísio Azevedo descreve com apurado realismo a miséria e degradação de negros e mulatos, explorados pelo branco português. Destacados na paisagem urbana do Rio de Janeiro, os cortiços eram construções insalubres, não respeitavam normas de higiene, apinhados de moradores, tantos quanto pudessem proporcionar maior rendimento ao proprietário.

Os habitantes do cortiço divertiam-se promovendo festas, recebendo visitas, jogando cartas e, principalmente, fazendo música. Dançavam e tocavam acordeão e violão, seus instrumentos prediletos. A importância do violão como elemento de sustentação da festa aparece na descrição da reunião domingueira que fazia ferver o ânimo dos moradores da estalagem:

> De repente, o cavaquinho do Porfiro, acompanhado pelo violão do Firmo, romperam vibrantemente com um chorado baiano. Nada mais que os primeiros acordes da música crioula para que o sangue de toda aquela gente despertasse logo (...). Já não eram dois instrumentos que soavam, eram lúbricos gemidos e suspiros soltos em torrente, a correrem serpenteando como cobras numa floresta incendiada. [5]

Azevedo tece com mestria a malha de tipos fermentados nas habitações coletivas: o portuga unha de fome, a escrava vilipendiada, a prostituta, o homossexual, a mulata sedutora, e para nós, de especial importância, o "mulato pachola, delgado de corpo e ágil como um cabrito; capadócio de marca, pernóstico, só de maçadas". Fielmente constrói a figura do vadio, esquivo ao trabalho, promotor de desordem, que se mantinha na cachaça e sobretudo na gemedeira do violão.

Embora o morador dos cortiços seja por excelência o pobre urbano em seus vários matizes, estes ajuntamentos humanos tinham também sua elite. A casta de portugueses enriquecidos assume no romance o lugar do dominador, do explorador, pontuando a rivalidade entre estes e os nascidos na terra.

A reorganização da estrutura social pela incorporação de novos e numerosos membros de proveniência estrangeira seria, segundo Gilberto Freyre, decorrência do processo de reeuropeização anteriormente assinalado. A europeização da mão de obra, verificada também no comércio, se impôs "com o declínio da economia rigidamente patriarcal e com a industrialização da vida brasileira".[6] Como consequência, a acentuada rivalidade entre o operário da terra "em geral, o preto ou o mulato livre, porque o escravo negro não podia dar-se ao luxo de rivalidade com ninguém",[7] e o artífice estrangeiro, cujos dotes eram francamente realçados em anúncios nos jornais.

Analisando-os em contexto mais amplo, José Murilo de Carvalho observa que o vasto mundo de participação popular passava ao largo do universo oficial da política; as colônias compostas por imigrantes de diversas procedências, organizadas em pequenas comunidades étnicas, faziam subtrair o sentimento e a percepção da entidade coletiva.[8]

No âmbito do romance, a distinção entre brasileiros e estrangeiros é delineada também através do contraponto musical e instrumental. O personagem Jerônimo, autêntico lusitano, fiel aos valores, práticas e costumes de além-mar, dedilha na guitarra melancólicas toadas, o "fadinho harmonioso e nostálgico dos desterrados", enquanto o violão e o cavaquinho dos mulatos da terra fazem incendiar de alegria os moradores do cortiço. Com o desenrolar da trama, ao se deixar seduzir pelos requebros da baiana, o português transforma-se deixando-se tomar pela natureza e hábitos do Brasil: "E assim, pouco a pouco, se foram reformando todos os seus hábitos singelos de aldeão português: e Jerônimo abrasileirou-se."[9] Onde o vinho, a aguardente; onde a guitarra, o pinho.

Retornemos à figura do vadio, que no romance de Aluísio Azevedo é incorporado pelo personagem Firmo: "Oficial de torneiro, oficial perito e vadio; ganhava uma semana para gastar num dia. (...). Nascera no Rio de Janeiro, na Corte; militara dos doze aos vinte anos em diversas maltas de capoeiras; chegara a decidir eleições nos tempos do voto direto."[10]

José Maria Velho da Silva, no romance *Gabriela, chronica dos tempos coloniaes*, descreve o personagem com riqueza de detalhes:

> O capadócio, como o nome indica, vivia em santo ócio, tinha vida folgada e férias perpétuas; era de ordinário valentão e espadachim; afora essas qualidades tinha outras prendas que o tornavam complemento natural e necessário dos folguedos que falamos. Tocava mais ou menos perfeitamente viola, guitarra e bandolim, era magistral no lundu, no fado, a que chamamos rasgado e nas cantigas correspondentes (...).[11]

A má fama dos capadócios é muito antiga. Já nos tempos do Império Romano eram considerados levianos e falsos.[12] No século XIX, capadócio adquiriu também os significados de impostor, trapaceiro, parlapatão, e em nosso meio passou a simbolizar o malandro tocador de modinhas.

Luiz Edmundo nos apresenta o tipo na figura popular de Manduca da Praia, personagem também descrito por Mello Moraes Filho. Vive à custa da mãe, que lava e engoma para fora, dá-lhe casa e comida e só não lhe sustenta os vícios da bebida, do fumo e da elegância:

> Chega às sete da manhã no cortiço, Manduca da Praia, vindo da "teorga" para dormir. Ronca até muito depois do meio-dia. Come, veste-se e vai embora. Quando ele parte, maneiroso e gentil, cantarolando, alegre; o pinho entre os dedos, saudando os conhecidos do cortiço — Bá tarde! (...) muito orgulhoso das suas calças brancas, da sua bipartida gaforinha, há um movimento de admiração que o envolve e acaricia.[13]

O capadócio é em geral querido no cortiço, temido pela destreza e respeitado pela perícia musical.

Apesar da repressão aos capoeiras, a habilidade de passar um bom rabo de arraia, uma boa rasteira garantia sobrevivência e segurança a elementos como Manduca:

> Manduca da Praia, por cálculo, é cabo eleitoral do partido do governo e sua escora nos colégios eleitorais, onde comparece sempre eriçado de facas, de navalhas e de cédulas, um quebra-queixo a fumegar na boca, na mão vasto cajado de Petrópolis, nodoso e forte, marreta do ofício que, às vezes, *varre até onde acaba a casa*, garantindo com a vontade do partido o que ele chama a *soberania nacioná*. Cada eleição rende-lhe algum dinheiro, *uns poses*, como ele diz. Na semana em que há voto, a francesa de Manduca passa a ser caixa do partido. A *Tesoura de prata* recebe, logo, encomenda de mais um terno.[14]

Embora a figura de Manduca, galante, bem-trajado, de bem com a vida cultive alguma simpatia, a atividade de capoeiristas representou risco para a população carioca. Há notícias na imprensa sobre destruição de lojas, surras nos fregueses e transeuntes e o ataque a foliões durante as festividades populares. Em estudo sobre a relação entre polícia e cultura popular, Marcos Bretas observa que "a capoeira no século XIX, apesar de não exclusivamente escrava mas muito ligada a estes, havia se tornado um dos grandes medos sociais na cidade e um permanente problema policial".[15]

Como consequência, a repressão policial ao capoeira estendeu-se às festividades e aos divertimentos musicais, notadamente de afro-brasileiros, sendo repelidas manifestações culturais como batuque, samba e apreendidos os instrumentos que os acompanhavam. Já no século XX foi proibida a utilização pública do pandeiro, instrumento que podia ser usado como arma de ataque.

Apesar de todo o folclore em torno do violão, e ao contrário do que se difunde, não há documentos que atestem a apreensão de cidadãos apenas por serem violonistas. Marcos Bretas, profundo conhecedor dos arquivos da polícia carioca, confirma isto. No rol das exceções, sobrevivem algumas histórias que tratam do tema, notadamente o episódio referido por Rachel Soihet, informando que, em 17 de outubro de 1904, o *Jornal do Commercio* noticiou fato ocorrido durante a tradicional festa da Penha: a prisão de um indivíduo exclusivamente porque era tocador de violão, atitude que provocou a revolta dos populares, trazendo risco à vida do soldado que a executou.[16]

A figura emblemática da autoridade policial "rei absoluto, o árbitro supremo de tudo que dizia respeito a esse ramo de administração", como descrita por Manuel Antônio de Almeida em *Memórias de um sargento de milícias*, o Major Vidigal, ajudou a perpetuar a imagem de perseguição. Vidigal fazia a ronda da cidade e desbaratava toda e qualquer cantoria, especialmente acompanhada pelo rasgueado da viola: "Se no meio da algazarra de um fado rigoroso, em que a decência e os ouvidos dos vizinhos não eram muito respeitados, ouvia-se dizer 'está aí o Vidigal', mudavam-se repentinamente as cenas."[17]

Deve-se ao Major Vidigal a mais famosa história envolvendo a prisão de um cidadão por ser violonista. Conta-se que ao encaminhar ao juiz ouvidor desta cidade um rapaz "acusado de serenata", escreveu no ofício: "E se V. Exa. ainda tiver sombras de dúvidas quanto à conduta do réu, queira examinar-lhe as pontas dos dedos e verificará que ele toca violão."[18]

A prática da seresta ao luar, tão peculiar da paisagem carioca, não sairia impune à repressão. Apesar de encantamento e poesia se revelarem ferramentas peculiares da atividade do seresteiro, não podemos deixar de observar que a imagem dos instrumentistas envolvidos na plangente cantoria é bastante identificada com o tipo do capadócio, violonista, amante da branquinha, de que vimos tratando.

Catullo da Paixão Cearense, buscando preservar e resguardar seu ofício de trovador da possível identificação com a música dos boêmios de esquina, sai a campo e inventa a figura do serenateiro. A seu grupo de tocadores, composto de "funcionários públicos, homens com família constituída, de reputação ilibada, e muitos deles com diplomas do Instituto Nacional de Música, Catullo denominava serenateiros buscando distingui-los dos capadócios, seresteiros e vadios de indefinida categoria social.

Uma rara manifestação de preferência aos dotes musicais do capadócio foi confessada por Olavo Bilac: "(...) ouvir um capadócio da gema cantar com a sua simples brejeirice nativa (...), sempre é mais divertido do que ouvir os *couplets* franceses, mais ou menos avariados, de cançonetas já sovadas por dez anos de uso em todos os *boulingrins* de Paris."[19]

O UNIVERSO DAS CULTURAS

Até aqui focalizamos a trajetória do violão pelo viés da estratificação social. Se o percurso traçado priorizou aparentemente mecanismos de oposição, especialmente através da dicotomia elite/povo, faz-se necessário abrir um parêntese. Não pretendemos estabelecer na distinção de categorias universos estanques e na aparência excludentes, o que só por si tiraria a riqueza subjacente a todo o processo de difusão do instrumento. Torna-se, assim, imprescindível investigar como os processos sociais se refletiram nas práticas culturais e compreender a abrangência do conceito de cultura, especialmente o conceito de cultura popular.

Eric J. Hobsbawm, na introdução da *História social do jazz*, declarou: "A história das artes não é uma única história, mas, em cada país, pelo menos duas: aquela das artes enquanto praticadas e usufruídas pela minoria rica, desocupada ou educada, e aquela das artes praticadas ou usufruídas pela massa de pessoas comuns. Quando se lê 'cultura' ou 'artes' em um livro, se está falando da cultura da minoria e da arte de poucos."

A afirmativa de Hobsbawm encontra respaldo em trabalhos de diversos estudiosos, quer no âmbito da história tradicional, quer na própria historiografia musical.

No Brasil, Alfredo Bosi, ao falar em cultura brasileira, propõe que a denominação vá do singular para o plural — culturas brasileiras —, expressão mais adequada à diversidade das manifestações materiais e espirituais de nosso povo. Ao classificar o termo cultura como "uma herança de valores e objetos compartilhada por um grupo humano relativamente coeso", o autor assinala que poderíamos falar em uma cultura erudita brasileira, "centralizada no sistema educacional", e uma cultura popular, "basicamente iletrada, que corresponde aos '*mores*' materiais e simbólicos do homem rústico, sertanejo ou interiorano, e do homem pobre suburbano ainda não de todo assimilado pelas estruturas simbólicas da cidade moderna".[20]

A estas duas faixas bem demarcadas, o autor acrescenta a cultura criadora, realizada por artistas/intelectuais que não atuam no ambiente universitário, e a cultura de massa, ligada aos sistemas de produção e mercado de bens de consumo. No que diz respeito ao cruzamento entre culturas, e mais propriamente ao tratar da possível interação entre a cultura erudita e a cultura popular, o autor ressalta que a cultura erudita simplesmente ignora as manifestações simbólicas do povo, ou, quando por elas se interessa, demonstraria "o encanto pelo que lhe parece forte, espontâneo, inteiriço, enérgico, vital, em suma, diverso do oposto à frieza, secura e inibição peculiares ao intelectualismo ou à rotina universitária. A cultura erudita quer sentir um arrepio diante do selvagem".[21]

Entendemos que esses postulados, mais uma vez, incorrem nos riscos da generalização. Encarar os diferentes universos como compartimentos fechados significa deles abstrair o dinamismo social que os enriquece e que ao longo do tempo vem articulando e produzindo os mais variados bens culturais.

Em *Cultura popular na Idade Moderna*, o historiador Peter Burke estudou a cultura europeia entre 1500 e 1800, estabelecendo premissas teóricas de grande interesse para este estudo.

A primeira preocupação do autor diz respeito ao significado de "cultura popular". Buscando uma alternativa à falsa impressão de homogeneidade que o termo sugere, Burke propõe utilizá-lo sempre no plural, ou substituí-lo por uma expressão como "a cultura das classes populares". Para o autor, "a fronteira entre as várias culturas do povo e as culturas das elites (e estas eram tão variadas quanto aquelas) é vaga e por isso a atenção dos estudiosos do assunto deveria concentrar-se na interação e não na divisão entre elas".[22]

Para construir sua teoria, toma como ponto de partida a análise crítica do modelo cultural proposto pelo antropólogo Robert Redfield (1930), especificamente a definição de que em certas sociedades existiriam duas tradições culturais: a "grande tradição" da minoria culta e "a pequena tradição" da maioria iletrada.

A grande tradição é cultivada em escolas ou templos; a pequena tradição opera sozinha e se mantém na vida dos iletrados, em suas comunidades aldeãs... As duas tradições são interdependentes. A grande tradição e a pequena tradição há muito tempo têm se afastado reciprocamente e continuam a fazê-lo... Os grandes épicos surgiram de elementos de contos tradicionais narrados por muita gente, e os épicos voltaram novamente ao campesinato para modificação e incorporação nas culturas locais.[23]

Peter Burke encara o modelo de Redfield como ponto de partida útil, mas acredita que a definição da "pequena tradição", enquanto tradição da não elite, mostra-se inapropriada por ser ao mesmo tempo estreita e ampla demais: estreita por excluir aquelas pessoas para quem a cultura popular constituía uma segunda cultura; ampla, porque o termo "pequena tradição", usado no singular, sugere uma homogeneidade que absolutamente não existe.

A proposta de modificação do modelo original implica que existiram duas tradições culturais nos primórdios da Europa moderna, mas, como observa Burke, estas não correspondiam simetricamente aos dois principais grupos sociais, elite e povo comum:

> A elite participava da pequena tradição, mas o povo comum não participava da grande tradição. Essa assimetria

> surgiu porque as duas tradições eram transmitidas de maneiras diferentes. A grande tradição era transmitida formalmente nos liceus e universidades. Era uma tradição fechada, no sentido em que as pessoas que não frequentavam essas instituições, que não eram abertas a todos, estavam excluídas. Num sentido totalmente literal, elas não falavam aquela linguagem. A pequena tradição, por outro lado, era transmitida informalmente. Estava aberta a todos, como a igreja, a taverna e a praça do mercado, onde ocorriam tantas apresentações.[24]

No processo de interação entre as tradições, o historiador diagnostica a existência de um "tráfego de mão dupla" entre cultura popular e cultura erudita, modelo que sensivelmente altera a concepção de "rebaixamento" social (termo usado por folcloristas do passado para designar a passagem da cultura de elite para a cultura popular) até então vigente. A teoria de rebaixamento, que implica um procedimento de aceitação passiva, é encarada pelo autor como tosca e mecânica. "Na verdade, as ideias são modificadas ou transformadas, num processo que, de cima, parece ser distorção ou má compreensão, e, de baixo, parece adaptação a necessidades específicas."

A história da música popular é rica em trocas desta natureza.

Rachel Soihet, no *Ensaio sobre resistência e circularidade cultural: a festa da Penha (1890-1920)*, chama a atenção para o conjunto de transformações advindas da intensa participação popular no festejo. Uma manifestação predominantemente portuguesa adquire, com o passar dos anos, feição eminentemente popular, como nos informa a *Gazeta de Notícias*: "O vira e o fado foram destronados em absoluto e agora o samba indígena e o maxixe requebrado do Brasil vai em pleno sucesso."[25]

Veja-se também o exemplo da polca. Como moda internacional que varreu o País, adquiriu grande importância ao se adaptar às peculiaridades locais, desembocando coreograficamente no maxixe e musicalmente no tango brasileiro e no choro. O sucesso da polca foi tanto, que o escritor Machado de Assis a ela se refere em várias de suas obras, caracterizando seu percurso de dança presente nos salões das elites à completa assimilação como dança e gênero tipicamente populares.

José Ramos Tinhorão explica esse processo a partir da teoria do rebaixamento: "Dessa *descida* das polcas dos pianos dos salões para a música dos choros, à base de flauta, violão, oficlide, iria nascer a novidade do maxixe, após vinte anos de progressiva amoldagem daquele gênero de música da dança estrangeira a certas constâncias do ritmo brasileiro."[26]

A trajetória da dança foi tão rica, a polca foi tão amplamente difundida no Rio de Janeiro, que o chorão Alexandre Gonçalves Pinto, quando a ela se referiu, disse: "A polka é como o samba, uma tradição brasileira (...) é a única dansa (*sic*) que encerra os nossos costumes, a única que tem brasilidade", afirmativa que nos remete à dimensão antropofágica deste "abrasileiramento".[27]

A trajetória do lundu, por sua vez, se estabeleceu no sentido inverso. Contramão e mão, o filho legítimo do batuque de negros *ascendeu* aos salões na forma de canção e, posteriormente, gênero instrumental. Em princípios do século XX, a prática do lundu se consagrou nos ambientes populares e se difundiu nos circos, nas rodas informais e na indústria fonográfica, que ensaiava os primeiros passos.

A análise dos processos de troca cultural a partir da teoria burkiana mostra-se de grande valia, especialmente por fornecer ferramentas que nos permitem abolir o uso de expressões do tipo *descida* e *ascensão,* que tão equivocadamente vêm sendo utilizadas pela bibliografia brasileira.

Peter Burke complementa sua teoria introduzindo peça fundamental para a manutenção do tráfego de mão dupla: traz à luz a figura do mediador, situado entre a "grande" e a "pequena tradição", cuja atuação desempenha um papel vital na interação entre elas. A figura do mediador se revela ferramenta privilegiada para compreensão da singularidade que caracterizou a difusão do violão na sociedade carioca.

Tomemos por exemplo o trovador Catullo da Paixão Cearense, paradoxalmente natural do Maranhão. Chegou ao Rio de Janeiro com 17 anos de idade, depois de conviver com poetas e cantadores do interior. Estudioso, aprendeu francês, dedicou-se com afinco ao domínio da língua portuguesa, assumindo em pouco tempo a condição de professor de português dos filhos do Conselheiro Silveira Martins, que o abrigou em sua residência na Gávea.

Transitou por ambientes boêmios, fazendo-se amigo dos grandes músicos do tempo. A fama do trovador correu a cidade. Em consequência, não tardariam a chegar convites para reuniões em casas da elite carioca. Catullo envolveu-se profundamente com a modinha e o violão, estabelecendo uma relação por ele mesmo explicada:

> Aos 19 anos interrompi meus estudos para abraçar-me fervorosamente ao violão. Naquele tempo esse instrumento era repelido dos lares mais modestos. Quem o tocasse era

> um desacreditado. Foi neste tempo que entrei a escrever e a cantar modinhas (...) que se espalharam por todo o Brasil, até mesmo nos recônditos sertões. Moralizei o violão, levando-o pela primeira vez aos salões mais nobres desta capital.[28]

A introdução de Catullo nas altas-rodas foi feita pelo médico (também poeta) Mello Moraes Filho, cultor de modinhas e lundus, gêneros que ele próprio compunha e cantava acompanhando-se ao violão. As reuniões literomusicais que promovia marcaram época. Nelas havia sempre personalidades ilustres do cenário carioca. Em depoimento publicado no *Correio da Manhã*, o historiador Rocha Pombo documenta o primeiro desses encontros:

> Lá pela meia-noite correra a notícia de que havia chegado à casa o Catullo Cearense. Não sei bem por quê, mas é certo que no meu espírito vagava esta ideia — fugidia e imprecisa — de que Catullo não era mais que um simples cantador de modinhas, um desses boêmios chefes de "lira", bardo de violão ao luar, sabendo gemer, entre um pigarro e outro, uma porção de banalidades sobre o velho estafado tema do amor. Não fizemos, portanto (...) muito caso do anúncio, que se espalhara.[29]

O conteúdo da nota permite compreender a preocupação de Catullo em desvincular a imagem do trovador dos salões daqueles boêmios anônimos e sobretudo desvincular sua atuação de qualquer semelhança com o "ofício" do capadócio; curiosamente, ao tomar esta posição o poeta estabelece uma hierarquia entre pares, ao considerar aqueles fazedores de uma arte "menor".

De fato, a apresentação do "simples cantador" é esperada com total descrédito. Num par de horas, Catullo foi do inferno ao céu — passando de capadócio a trovador.

Nos salões que frequentou, Catullo promoveu seus dotes artísticos apresentando-se para personalidades como o Senador Hermenegildo de Morais, Afonso Arinos, Paulo Silva Araújo, Humberto de Campos, Eliseu César, Celso Vieira. Numa dessas ocasiões, foi convidado a ler seus poemas na casa de Luiz Edmundo, para o que ele denominou "uma plateia de eminências".

Não terá sido casualmente que ao poeta se tenha permitido o ingresso no Instituto Nacional de Música, como nos conta: "O violão não é instrumento que deva ser condenado à triste condição de ser tocado de ouvido. A mesma pauta onde aprendemos o piano, a harpa, o violino, o violoncelo, tem de ser aquela que servirá para o ensino do violão. Ele tem de entrar nos programas do Instituto."[30]

Foi de fato relevante a empreitada de Catullo. Até 1908, o Rio de Janeiro só conhecia o violão tocado por músicos populares. Cerca de dez anos mais tarde, a partir da visita de instrumentistas estrangeiros, teve início a difusão do instrumento como veículo de obras compostas a partir das técnicas preconizadas pelos mestres europeus. Era este o repertório abrigado pelas salas de concerto — especialmente as do Instituto, templo maior da tradição e do conhecimento. Certamente Catullo encontrou em Alberto Nepomuceno um grande aliado. Como é sabido, Nepomuceno foi dos primeiros compositores empenhados na criação de um repertório brasileiro de canções, gênero para o qual contribuiu significativa produção.

Catullo teve a acolhida que anos mais tarde foi negada a Ernesto Nazareth, cuja apresentação, promovida por Luciano

Gallet em 1922, no mesmo salão do INM, teve que ser interrompida pela indignação do público, sendo necessária a presença da polícia para garantia da ordem e da segurança. Sendo o piano representante máximo da tradição clássica, não poderia estar, em seu templo, à disposição de maxixes travestidos de tangos. O selo do "pitoresco" atribuído ao violão acabava por permitir-lhe certas excentricidades.

Sobre o concerto no INM, Catullo relatou:

> Em 5 de julho de 1908 dei uma audição de modinhas e violão no Instituto Nacional de Música, de que era diretor o maestro Alberto Nepomuceno. Foi uma das maiores enchentes daquela casa. Fiz, como já disse o grande Hermes Fontes, uma grande reforma na modinha, civilizando-a. Está ganha a primeira batalha. Penetramos na fortaleza dos clássicos... Mas ainda falta alguma coisa. [31]

Torna-se, assim, evidente nos discursos de época, e notadamente na visão de mundo que norteia a trajetória de Catullo da Paixão Cearense, quão entranhada está a concepção do rebaixamento, e em fluxo complementar, a possibilidade de ascendência, promotora de nobreza e civilização. Esta é a causa pela qual se empenhou a revista *O Violão*, este é o mote que sobressai e que justifica os artigos e críticas à presença do instrumento nas salas de concerto.

O EPISÓDIO DO CATETE

A atuação de Catullo em prol do "enobrecimento" do violão e da modinha chegou ao apogeu no episódio que entrou definitivamente para o folclore da história da música popular brasileira: o maxixe acompanhado ao violão em recepção oficial realizada no Palácio do Catete, a 26 de outubro de 1914.

Catullo tinha acesso ao Marechal Hermes da Fonseca e especialmente a Nair de Teffé, esposa do presidente. Num desses encontros, queixou-se a D. Nair da ausência de músicas brasileiras nos programas das recepções palacianas. Segundo as palavras da então primeira-dama:

> No Brasil daquela época só se cantava em línguas estrangeiras, principalmente em francês, italiano e alemão. Eu mesma só cantava nesses idiomas. Devo a Catullo a sugestão de cantar de preferência em nossa língua. Depois de ouvir Catullo fiquei tão impressionada com o seu prodigioso poder de interpretação, que resolvi estudar letras brasileiras para acompanhar-me ao violão para cantá-las. Tive no professor Emílio Pereira o meu mestre. Ainda residindo no Catete resolvi dar uma audição exclusivamente minha com canções de poetas e compositores nossos. De entre estes destaquei Chiquinha Gonzaga, que nunca tive a oportunidade de conhecer pessoalmente.[32]

Mulher de inúmeros talentos, Nair de Teffé criou-se na França, onde começou a desenvolver habilidades artísticas. Estudou piano, violão e artes plásticas. Dedicou-se ao desenho, começando a fazer suas primeiras caricaturas em Paris. Suas charges de figuras da alta sociedade, assinadas com o pseudônimo Rian, foram as primeiras caricaturas de uma mulher brasileira na história do desenho nacional. Publicou trabalhos na revista *Fon-Fon!*, colaborou em publicações parisienses, além de ter ilustrado livros como *The beautiful Rio de Janeiro*, de Alfred Gray Bell

(Londres, 1914). O casamento com o Marechal Hermes da Fonseca, em 1913, marcou o encerramento de sua carreira artística.

Nair de Teffé terá sido provavelmente das primeiras brasileiras a tocar o violão publicamente, preconizando um movimento que viria a se concretizar em fins dos anos 1920, quando inúmeras senhoritas da sociedade dedicaram-se à execução e apresentação do violão em recitais públicos.

O programa apresentado no Palácio do Catete foi bastante eclético. Nair de Teffé teve atuação destacada, apresentando números de câmara: violão e bandolim, canto, violão solo e piano. O programa do recital foi o seguinte:

Chant D'oiseau
Ernani Figueiredo (violão)

Hymno Nacional de Gottschalk
Leopoldo Duque Estrada (piano)

Romance
Arthur Napoleão

Louise
Charpentier
Mme Nicia Silva (canto)

Chant de Gondolier
La cinquentaine —
Mme Nair Hermes e E. Figueiredo (mandolim e violão)

Etincelles
A. Napoleão —
Pelo autor

Vidalitas — canto e violão
Corta-jaca, tango — Solo de violão
Mme Nair Hermes

Rapsodie
Lizst
Mme Nair Hermes

Como extras, dois recitativos:

Black boulè au conservatoire
Le Chapeau du theatre
Mme Nair Hermes

O arranjo do Corta-jaca para violão solo foi elaborado pelo professor de D. Nair, Emílio Pereira, e consta do caderno de músicas da primeira-dama. O episódio do Catete ganhou foros de escândalo graças ao pronunciamento de Rui Barbosa no Senado Federal. Derrotado por Hermes da Fonseca na eleição para a Presidência da República, Rui foi um opositor veemente. Aproveitou-se do sarau para ridicularizar e provocar o adversário político:

> Uma das folhas de ontem estampou em fac-símile o programa da recepção presidencial em que, diante do corpo diplomático, da mais fina sociedade do Rio de Janeiro, aqueles que deviam dar ao país o exemplo das mais distintas e dos costumes mais reservados elevaram o corta-jaca à altura de uma instituição social. Mas o corta-jaca de que ouvira falar há muito tempo, que vem a ser ele, Sr. Presidente? A mais baixa, a mais chula, a mais grosseira de todas as danças selvagens, irmã-gêmea do batuque do cateretê do samba.

> Mas nas recepções presidenciais o corta-jaca é executado com todas as honras de música de Wagner, e não se quer que a consciência deste país se revolte, que as nossas faces se enrubesçam e que a mocidade se ria![33]

Apesar do tom elitista e conservador do discurso, é sabido que Rui Barbosa apreciava a música popular. O texto se justifica como recurso da oposição política. Admirador da arte de Pixinguinha, prestigiava o grande músico assistindo à apresentação do conjunto Os Oito Batutas na sala de espera do Cinema Palais. Orestes Barbosa, no livro *Samba*, chega a denominá-lo grande paladino de nossa música, contando em detalhes:

> No dia 15 de agosto de 1875, Rui, na Bahia, prestou o primeiro serviço à nossa música popular. Motivou o gesto de Rui uma pretensão do ator Xisto Bahia. O gênio que assombrou em Haia era diretor do Conservatório Dramático da cidade de Salvador, e a pressão do ambiente aportuguesado daquele tempo impedia a representação da peça nacional *Véspera de reis*. Um visto de Rui Barbosa aprovou o trabalho de Arthur Azevedo, fazendo a glória do ator Xisto, que culminou nessa ocasião.[34]

Ninguém mais entranhado na tradição do batuque do que Xisto Bahia, ator e compositor dos mais balançados e bem-sucedidos lundus da música popular.

UM INSTRUMENTO NACIONAL. DESDE QUANDO?

O comerciante inglês John Luccock, que viveu no país por dez anos (1808-1818), deixou registradas no livro *Notas sobre o*

Rio de Janeiro e partes meridionais do Brasil, observações sobre os usos e costumes do povo. Despertou-lhe especial atenção o entardecer nessa cidade, em geral acompanhado pelo som das guitarras "pois que todos sabem tocar", embalando canções em tons macios e plangentes.

Num dos primeiros métodos populares editados no Brasil (1876), José Antonio Pessoa de Barros reafirma a grande aceitação do instrumento: "O violão é incontestavelmente o instrumento do povo, mas nem por isso deixa de ser um instrumento de grande alcance; (...) E na realidade, quer para canto, quer para acompanhamento — o violão para nós — é quiçá o primeiro instrumento popular."

Naturalmente alguns intelectuais já haviam percebido essa vocação, ao consagrar na literatura brasileira, especialmente a de cunho realista, personagens caracterizados pela habilidade na execução de cavaquinhos e violões. Dentre os fartos exemplos do gênero, merecem destaque as obras *Memórias de um sargento de milícias*, de Manuel Antonio de Almeida, e *O cortiço*, de Aluísio Azevedo.

O reconhecimento do violão como instrumento popular por excelência, não apenas pelo desempenho enquanto suporte harmônico dos gêneros da música típica, mas pela associação às camadas desfavorecidas da sociedade, foi o mote para sustentação do discurso erigido a partir de princípios do século XX, no qual, uma vez que essencialmente popular, o violão deveria ser banido dos círculos onde a verdadeira arte seria praticada. Tal fato justifica o esforço de Catullo da Paixão Cearense em delimitar seu espaço e sua função — a de serenateiro, cuja suposta nobreza o destacaria da galeria de tipos populares. De forma semelhante expressou-se o personagem Ricardo Coração dos Outros, criado por Lima Barreto (diz-se que inspirado em Catullo). Ao ver-se rivalizado frente ao sucesso de um trovador, desmerece os atributos do opositor desqualificando-o socialmente: "Aborrecia-se com o rival, por dous fatos: primeiro: por ele ser preto; (...) Não é que ele tivesse ojeriza particular aos pretos. O que ele via no fato de haver um preto famoso tocar violão, era que tal cousa ia diminuir ainda mais o prestígio do instrumento."[35]

Mesmo mantendo a característica popular, a viola e o violão foram instrumentos cultivados pelos nobres europeus. O mesmo se deu no Brasil, ainda que nossa nobreza tenha caráter difuso, mestiço; as próprias condições de colonização e a estrutura social organizada a partir da escravidão e segregação dos pobres trataram de banir "todo e qualquer elemento de cultura popular que pudesse macular a imagem civilizada da sociedade dominante".[36]

A crítica ao recital de violão de Brant Horta e Ernani Figueiredo, publicada no *Jornal do Commercio* em 7 de maio de 1916, revela a firme delimitação de fronteiras entre os mundos da arte erudita e popular; o universo artístico não abrigaria qualquer elemento representativo da cultura do povo:

> Debalde os cultivadores desse instrumento procuram fazê-lo ascender aos círculos onde a arte paira. Tem sido um esforço vão o que se desenvolve neste sentido. O violão não tem ido além de simples acompanhador de modinhas. E quando algum virtuose quer dele tirar efeitos mais elevados na arte dos sons, jamais consegue o objetivo desejado, ou mesmo resultado seriamente apreciado. A arte, no violão, não passou por isso, até agora, do seu aspecto puramente pitoresco.

A visão de mundo que permeava o discurso da crítica em princípios do século XX está baseada na divisão entre cultura hegemônica e cultura subalterna, ou, como na classificação de Peter Burke, entre a grande e a pequena tradição. Absolutamente distintas quanto às classes sociais que as praticavam e aquelas a que eram destinadas, deveriam obrigatoriamente ter lugar próprio para cultivo e difusão. Não havia na época possibilidade de transposição das fronteiras firmemente delimitadas.

Em 1908, quando Catullo da Paixão Cearense conseguiu realizar o grande feito de apresentar o violão no Instituto Nacional de Música, pensou ter definitivamente contribuído para o enobrecimento desse instrumento. Mas pelo que se pode depreender da crítica acima, a entrada do instrumento nos salões revelou-se um episódio isolado e pitoresco.

Outro elemento viria a contribuir para formalizar essa dicotomia. Sendo o violão, não obstante suas raízes ancestrais, um instrumento tão jovem, não se havia ainda constituído repertório que consagrasse as possibilidades de expressão a partir das técnicas europeias, que, por sua vez, eram também muito recentes. Embora Villa-Lobos tivesse dado a primeira contribuição para a formação do repertório de concerto com os estudos que dedicou ao instrumento, a obra não foi divulgada e absorvida em seu tempo. A importância da visita dos violonistas Agustín Barrios e Josefina Robledo foi também a de divulgar o repertório que se criava na Europa, em grande parte desconhecido até mesmo dos cultores do violão.

EM BUSCA DA EXPRESSÃO NACIONAL

A busca da identidade nacional é uma constante na história cultural brasileira. Teve sempre como uma de suas principais questões o dilema entre a originalidade e a cópia: como ser diferente dentro de um universo cultural formado pela importação de cânones estrangeiros?[37]

No início do livro *Aspectos da música brasileira*, diz Mário de Andrade:

> A música brasileira, como aliás toda a música americana, tem um drama particular que é preciso compreender, para compreendê-la. Ela não teve essa felicidade que tiveram as mais antigas escolas musicais europeias, de um desenvolvimento por assim dizer inconsciente, ou pelo menos, mais livre de preocupações quanto à sua afirmação nacional.[38]

No livro *Cultura brasileira e identidade nacional*, Renato Ortiz postula que a ideia de identidade envolve uma dupla dimensão. Uma, externa, que se afirma como a diferença; outra, interna, que se mostra como identificada a algo. Não basta afirmar a diferença; é necessário dizer o que constitui essa diferença. Assim, autores e concepções diversas estariam de acordo quanto à primeira dimensão, a de que somos diferentes dos estrangeiros. É na hora da definição interna, quando se trata de dizer o que caracteriza o nacional, que as divergências surgem.

Mário de Andrade identifica três fases distintas no desenvolvimento geral da música em nosso país: "Primeiro Deus, depois o amor, depois a nacionalidade."

A primeira corresponde ao período colonial e à ação catequética realizada pelos jesuítas, que se valiam da música como "um elemento litúrgico de socialização dos primeiros agrupamentos". Na segunda fase, "a falsa independência e a nova nobreza surgida com o Império vieram contribuir decisoriamente, burguesas por excelência como eram, para o predomínio da profanidade e da música amorosa". Esta se fazia representar pela modinha de salão e pelo melodrama. Na terceira, a "nacionalista", iniciada com a República, Mário identifica o agrupamento de compositores "internacionalistas" do Instituto Nacional de Música, que "já apresentavam uma técnica suficientemente forte para que a nossa música alimentasse umas primeiras aspirações de caminhar por si". Além deste fator, soma as vitórias brasileiras no Prata e o surto do café, os quais, já no Império, propiciavam "as afirmações da personalidade nacional" e a fixação da música popular urbana — a modinha, o maxixe, o choro, o samba — a qual serviria de base para a nacionalização da música erudita operada pelos compositores nacionalistas.[39]

A procura pela essência da brasilidade emerge como a grande marca da literatura no século XX. Machado de Assis, em "Notícia da atual literatura brasileira", artigo publicado em 24 de março de 1873, chama a atenção para o fato de que

> quem examina a atual literatura brasileira reconhece-lhe logo, como primeiro traço, certo instinto de nacionalidade. Poesia, romance, todas as formas literárias do pensamento buscam vestir-se com as cores do país, e não há negar que semelhante preocupação é sintoma de vitalidade e abono de futuro.[40]

O escritor, além de ressaltar na produção das novas gerações a continuidade das tradições de autores como Gonçalves Dias e Porto Alegre, afirma que prosadores e poetas, ao interrogarem a vida brasileira e a natureza americana, acharão nelas farto manancial de inspiração e darão, assim, fisionomia própria ao pensamento nacional.

Ainda no âmbito da literatura, Antonio Candido, na *Formação da literatura brasileira*, observa que no período de formação ela é "uma literatura empenhada" na construção do Brasil enquanto nação:

> A literatura do Brasil, como a dos outros países latino-americanos, é marcada por este compromisso com a vida nacional no seu conjunto, circunstância que inexiste nos países da velha cultura. Nelas, os vínculos neste sentido são os que prendem necessariamente as produções do espírito ao conjunto das produções culturais; mas não a consciência, ou a intenção, de estar fazendo um pouco de nação ao fazer literatura.[41]

O reconhecimento de uma posição culturalmente subjugada, refletida no caráter inautêntico e imitativo da produção intelectual e artística, foi o ponto fundamental para a construção do discurso nacionalista que permeou grande parte das obras divulgadas no período.

Na concepção de cópia cultural que nutre esses trabalhos, a franca oposição à reprodução do modelo europeu é encarada como fator primordial para a afirmação das características nacionais. Ao tomar para si a responsabilidade de legitimar esse processo, intelectuais como Sílvio Romero (1851-1914) mergulharam no folclore, buscando identificar elementos que constituiriam a essência do homem brasileiro. Em seu discurso tem destaque a crítica à falta de denominador comum entre a cultura do povo e a cultura de elite e quão desenraizada e distante da nacionalidade se encontraria esta última.

No âmbito da cultura musical, o problema se reflete no chamado primeiro nacionalismo, de Alberto Nepomuceno, Alexandre Levy, de Brasílio Itiberê ou de Francisco Braga. Na criação desses autores é latente o dilema entre o desejo de expressão caracteristicamente nacional e a manutenção das formas e estruturas consolidadas pela tradição europeia. Villa-Lobos, ao descrever a produção musical do período, afirmou: "Eram lindas bonecas de *biscuit*, barro chinês, celuloide ou de massa, com olhares ternos de brasilienses, mas muito bem-vestidas à maneira e costumes estrangeiros."[42]

A tese da cópia cultural presente no trabalho de inúmeros intelectuais vai encontrar um crítico na figura de Roberto Schwarz. No artigo "Nacional por subtração", o autor declara que a discrepância entre os "dois Brasis" não é produzida pela veia imitativa, como pensavam Sílvio e muitos outros, nem marca um curto momento de transição: "Ela foi o resultado duradouro da criação do Estado nacional sobre base de trabalho escravo, a qual, por sua vez, decorria da Revolução Industrial inglesa e da consequente crise do antigo sistema colonial, quer dizer, decorria da história contemporânea."[43]

Se a busca da identidade tornou-se uma constante na história da cultura brasileira, que se construiu num primeiro momento a partir da negação dos modelos estrangeiros, esta mesma busca promoveu em contrapartida uma outra constante: a ideia de que só é nacional o que é popular. Na conservação e difusão "daquilo que é nosso", se construiria o discurso em torno da identidade nacional.

Em estudo sobre o tema, Renato Ortiz invoca Lévi-Strauss, para quem o conceito de identidade se constituiria "numa forma abstrata, sem existência real, embora indispensável como ponto de referência". Numa construção analógica à de Strauss, o autor considera identidade nacional também uma entidade abstrata, e que como tal não pode ser apreendida em sua essência, "Ela não se situa junto à concretude do presente, mas se desvenda enquanto virtualidade, isto é, como projeto que se vincula às formas sociais que a sustentam."[44]

Neste sentido, para o autor, a procura de identidade brasileira se revela um "falso problema". Não se trata de desvendar se identidade e memória nacional apreendem os "verdadeiros valores brasileiros", mas de indagar sobre quem seria "o artífice desta identidade e desta memória que se querem nacionais, a que grupos sociais elas se vinculam e a que interesses servem". Se a identidade é colocada como um conceito de segunda ordem, estaria, assim, implicitamente estabelecido um agente desta construção: "Se existem duas ordens de fenômenos distintos, o popular (plural) e o nacional, é necessário um elemento exterior a essas duas dimensões que atue como agente intermediário."

A resposta é encontrada na ação de intelectuais que atuariam como mediadores simbólicos, visto que a ideia de identidade nacional se construiria a partir de uma interpretação: "Se os intelectuais podem ser definidos como mediadores é porque eles confeccionam uma ligação entre o particular e o universal, o singular e o global."[45]

A atuação do intelectual ao apropriar-se das práticas populares para apresentá-las como expressões da cultura nacional desencadeou diferentes processos. Por um lado, resultou na legitimação de uma ordem social dicotômica, onde o "culto" e o "popular" são dispostos em lugares distintos, cabendo àquele um poder ativo sobre este: tomá-lo como fonte de inspiração para construir um discurso sobre a unidade nacional.

Esta atitude reverbera na ideologia nacionalista que permeou a produção historiográfica e cultural do período. Ao artista caberia a função de "educar" a massa, partindo dos materiais populares e trabalhando-os artisticamente em um nível "mais elevado". José Miguel Wisnik descreve com clareza a concepção de povo presente nesse ideário nacionalista:

> O programa tem uma tintura ao mesmo tempo ilustrada e romântica que corresponde bem à oscilação paradigmática do intelectual letrado no Brasil frente às culturas do povo. O lado romântico marca a concepção de povo como fonte prodigiosa da qual emana a cultura autêntica e criativa, tesouro-inconsciente-coletivo capaz de transformar a *persona* europeizante da nação (...). O lado ilustrado marca a concepção de povo como massa analfabeta, supersticiosa, indolente, verdadeira tábula rasa necessitada de condução firme e de elevação através da instrução letrada e da consciência cívica (em contextos mais críticos, de consciência política). Freqüentemente essas duas atitudes aparecem separadas, mas não contrabalançadas como os dois lados de uma gangorra.[46]

Por outro lado, ao focalizar a tradição popular como universo através do qual se constituiria o elemento nacional, intelectuais erigiram um discurso/exaltação do caráter brasileiro: Celso Magalhães publicou, em 1873, artigos sobre a poesia popular brasileira; em 1889, Santa-Anna Nery lançou em Paris o *Folk-lore Brésilien*, apanhado de poesia, música e danças populares do Brasil; de Sílvio Romero temos os *Cantos populares do Brasil* (1897); quatro anos mais tarde é a vez de Mello Moraes Filho com *Festas e tradições populares do Brasil*; em 1903, de Rodrigues Carvalho, *Cancioneiro do Norte*; em 1909, Alexina de Magalhães Pinto lançou *Os nossos brinquedos*, seguido de *Cantigas das crianças do povo*.

Ao analisar o momento relativo ao período de decadência do Império e consolidação da República, o historiador Nicolau Sevcenko destaca duas principais tendências:

> A mais simplista consistia em sublimar as dificuldades do presente e transformar a sensação de inferioridade em um mito de superioridade. (...). A outra implicaria um mergulho profundo na realidade do país a fim de conhecer-lhe as características, os processos, as tendências e poder encontrar um veredito seguro, capaz de descobrir uma ordem no caos do presente.[47]

A partir da segunda linha de atuação, o historiador identifica um grupo de autores empenhados em fazer de suas obras instrumento de ação pública e de mudança histórica, aos quais atribui o nome de escritores — cidadãos: "Exerciam suas funções com os olhos postos nos centros de decisão e nos rumos da sociedade numa atitude pervicaz de *nacionalismo intelectual*." Uma vez metamorfoseados em escritores cidadãos, "esses autores despontavam para uma dupla ação tutelar: sobre o estado e sobre a nação."[48]

Esta atitude de "nacionalismo intelectual", resvalando para o ufanismo, exaltação do caráter brasileiro encontrou no personagem-título do romance *Triste fim de Policarpo Quaresma*, de Lima Barreto, o mais simbólico e aguerrido defensor. Publicado em folhetins no *Jornal do Commercio* em 1911, a obra teve primeira edição em livro em 1915. Policarpo é um brasileiro por excelência. Seu patriotismo se reflete na ânsia de conhecer seu país, o de melhor clima, o da mais brava gente; em alimentar-se com os frutos de sua terra, em embrenhar-se na literatura nacional; e mais radicalmente, em expressar-se no idioma de nossas verdadeiras raízes: o tupi-guarani.

Policarpo tinha muito de Lima Barreto. A reação do autor contra o cosmopolitismo refletia uma relação ambígua de admiração e receio contra o estrangeiro: "Dela se originou a certeza de se construir uma nova identidade nacional, a partir da qual o país pudesse compor o sistema internacional em condições de autodeterminação e resguardo de sua soberania."[49]

Ainda antes que a busca pelo verdadeiro Brasil se configurasse em insanidade patriótica, Policarpo aplicou-se seriamente na orientação a que se propunha. Deveria encontrar em nossas tradições a criação genuína, despida de qualquer influência de elementos de culturas alheias.

De acordo com a sua paixão dominante, Quaresma estivera muito tempo a meditar qual seria a expressão poético-musical característica da alma nacional. Consultou historiadores, cronistas e filósofos e adquiriu certeza de que era a modinha acompanhada de violão. Seguro dessa verdade, não teve dúvidas: tratou de aprender o instrumento genuinamente brasileiro e entrar nos segredos da modinha.[50]

Ao reconhecer a brasilidade da modinha acompanhada ao violão e iniciar-se nos estudos do instrumento, tornou-se alvo de críticas da elite suburbana: "Logo pela primeira vez o caso intrigou a vizinhança. Um violão em casa tão respeitável! Que seria? (...). Mas não foi preciso pôr na carta; a vizinhança concluiu que o major aprendia a tocar violão. Mas que cousa? Um homem tão sério metido nessas malandragens!"[51]

O contraponto social é estabelecido também no ambiente familiar: a irmã de Quaresma não podia entender o interesse pelo instrumento em pessoas de algum gabarito, uma vez que foi criada vendo o violão entregue a gente de condição inferior. Ao replicar à irmã, Policarpo/Lima Barreto marca na literatura ("como missão") a proclamação do violão e da modinha como símbolos da nacionalidade: "Mas você está muito enganada, mana. É preconceito supor-se que todo o homem que toca violão é um desclassificado. A modinha é a mais genuína expressão da poesia nacional e o violão é o instrumento que ela pede."[52]

Consciente do "poder de contágio da literatura", [53] Lima Barreto efetivou, assim, a mediação do intelectual na construção simbólica de uma identidade nacional. De fato, o ar nacionalista daquele momento fez surgir em 1916 a *Revista do Brasil*, cujo editorial era de todo afinado à postura patriótica de Policarpo ao, por exemplo, proclamar o desejo de que a publicação se constituísse em um núcleo de propaganda nacionalista. Acrescenta que para romper com o vício de "vestir-se pelo alfaiate estrangeiro, de comer pela cozinha estrangeira, (...), e de calar em nossa pátria a língua materna para falar a língua do estrangeiro, a nação devia se conhecer, se estimar, se bastar".[54]

Para tanto, e como consequência natural, o nacionalismo da época adquire forte tendência regionalista.

O caráter brasileiro que sobressai na literatura é encarnado na figura do mestiço, símbolo do cruzamento de três tradições culturais, elemento constituído de múltiplos encantos e forte dose de originalidade. Como não poderia deixar de ser, o movimento artístico e cultural do Rio de Janeiro incorporou e promoveu esta descoberta da essência do ser brasileiro. Vejam-se, como exemplo, as inúmeras montagens de revistas teatrais que tinham por tema o universo sertanejo.

Os mesmos temas permearam também a criação musical. Em 1913, "Cabocla de Caxangá", cantiga de João Pernambuco e Catullo da Paixão Cearense, alcançou enorme êxito, a partir da publicação no volume *Lyra dos salões*. Na cola deste sucesso, arregimentado por João Pernambuco, constituiu-se o Grupo do Caxangá. Os integrantes trajavam vestimentas típicas, apresentando nas abas dobradas dos chapéus nomes de guerra como Guajurema (João Pernambuco), Zé Vicente (Donga), Mané do Riachão (Caninha), Zeca Lima (Jacó Palmieri) etc. Desde a criação, o grupo fez grande sucesso no carnaval carioca. Lançaram com grande êxito cocos, emboladas e canções como "Luar do sertão", também composta por Catullo da Paixão Cearense e João Pernambuco. Era crescente o interesse por canções populares de caráter regional.

Em 1915, Afonso Arinos organizou um ciclo de conferências sobre temas do folclore no estilo palestra-recital, realizadas no Theatro Municipal de São Paulo. Para a apresentação da conferência "Lendas e tradições brasileiras" solicitou a João Pernambuco que se responsabilizasse pela parte musical. O violonista se apresentou ao lado de Otávio Lessa (violão), José Alves (cavaquinho) e Luiz Pinto (bandolim). Devido ao grande sucesso, repetiram a apresentação por mais duas vezes.

Em 7 de abril de 1919, estreia na sala de espera do Cinema Palais, no Rio de Janeiro, o conjunto Os Oito Batutas, apresentando repertório de músicas regionais. Liderado por Pixinguinha, tinha como integrantes Donga, China, Raul e Jacó Palmieri, Luiz Pinto, Nelson Alves e José Alves de Lima, alguns dos quais músicos atuantes no Grupo do Caxangá, que desde então se desfez.

Por essa época, Arnaldo Guinle, Coelho Neto e Floresta de Miranda, visando ao lançamento de uma antologia da música popular, solicitaram a Donga que João Pernambuco os acompanhasse na excursão que fariam pelo Nordeste. Pernambuco, que substituiu Raul Palmieri nos Oito Batutas, estaria encarregado de recolher temas folclóricos para a futura publicação. A excursão do grupo foi um sucesso, e o repertório, composto de sambas, desafios, canções e sapateados sertanejos, seguia a linha de temas com sabor regional. Embora o clima fosse de exaltação das coisas nossas, não faltaram os críticos.

Em artigo publicado a 22 de janeiro de 1922, na *Gazeta de Notícias*, Benjamim Costallat faz referência ao conjunto:

> Foi um verdadeiro escândalo, quando, há uns quatro anos, os Oito Batutas apareceram. Eram músicos brasileiros que vinham cantar coisas brasileiras! Isso em plena Avenida, em pleno almofadismo, no meio de todos esses meninos anêmicos, frequentadores de cabarets, que só falam francês e só dançam tango argentino!

Ao crítico, assombrava o contraponto entre o internacionalismo dos hábitos que inundavam o centro da cidade — costureiros franceses, livrarias italianas, sorveterias espanholas, automóveis americanos, sonorizados por músicas e músicos "bem brasileiros".

Aliás, esta mesma dualidade, tensão entre o enraizamento e o cosmopolitismo, foi uma constante do movimento modernista; enquanto cosmopolita, o modernismo mostrava sua face revolucionária, vanguardista; enquanto nacionalista, resvalava para a vertente tradicionalista. Esta mesma dualidade justificou ainda a alegação de que a Semana de Arte Moderna só poderia acontecer em São Paulo. Em palestra realizada em 1942 na Casa do Estudante do Brasil, Mário de Andrade argumentou que o modernismo era uma revolta contra a inteligência nacional, e essa não poderia acontecer na cidade onde se situavam a Academia Brasileira de Letras e a Academia Nacional de Belas Artes. "O Rio como capital política e cultural significava uma síntese temporária do Brasil real, que os modernistas consideravam superada pela nova síntese proposta por eles", segundo análise de Berriel. O autor complementa: "O Rio de Janeiro moderno era internacionalista, europeizante, tinha a cidade de Paris e o Ocidente como modelo. A proposta paulista visava a ter o Brasil que nascia do campo como paradigma de sua arte."[55]

Wilson Martins observa que, se a tendência universalista marcou o primeiro modernismo (1922-25), a partir de 1925 nacionalismo e regionalismo se confundem no movimento: "É a etapa necessária para que o sentimento nacionalista se transforme em pensamento ou em ideologia política, conduzindo, necessariamente, ao Verdeamarelismo e à antropofagia."[56]

No âmbito da música a tendência regionalista foi amplamente absorvida. O interesse por assuntos populares fez surgir no *Correio da Manhã* a coluna "O que é nosso", publicada no suplemento literário e ilustrado de domingo. Era também uma contrapartida à promoção de gêneros americanos como o *shimmy* e o *charleston*, que começaram a se difundir na capital.

A coluna se estabeleceu como verdadeiro fórum sertanejo. Publicavam-se poemas, contos, músicas, textos explicativos sobre a técnica do desafio etc. O número inaugural, publicado a 19 de setembro de 1926, tem a bênção de Sílvio Romero:

> (...) Se vocês querem poesia de verdade, entrem no povo, metam-se por aí, por estes rincões, passem uma noite num rancho, à beira do fogo, entre violeiros, ouvindo trovas de desafio. Chamem um cantador sertanejo, um desses cabo-

> clos destorcidos de alpercatas e chapéu de couro, e peçam-lhe uma cantiga. Então sim. Poesia é no povo.

Em "O que é nosso" estavam presentes Catullo, Pernambuco, Patrício Teixeira, Quincas Laranjeira, Sinhô e um punhado de cantadores até então desconhecidos do público. Retomando a tradição da canção nacional, a coluna apresentava em grandes letras o subtítulo "Pelo ressurgimento da modinha".

O movimento criado pelo jornal alcançará grande repercussão com a promoção do concurso "O que é nosso — Grande concurso carnavalesco de sambas e maxixes", realizado em fevereiro de 1927.

A abertura do evento foi oficializada com palestra de Luiz Edmundo. Apresentaram-se vários intérpretes, cantores, violonistas, conjuntos, e no âmbito da música regional alcançou enorme destaque o conjunto Turunas da Mauriceia, que havia chegado à cidade em janeiro. Augusto Calheiros, o Patativa do Norte, cantor dos Turunas, foi aclamado, tendo sido eleito vencedor da categoria música regional: "Augusto Calheiros (Patativa) homenageou a arte nacional, a que é nossa, porque é a própria alma do povo."

Os Turunas da Mauriceia mantiveram acesa a chama da tradição sertaneja no cenário da música popular, influenciando o surgimento de novos grupos como o Bando de Tangarás, do qual faziam parte Braguinha, Noel Rosa, Almirante.

Afinada com a tradição regionalista, a coluna "O que é nosso" concretizava a retomada da consciência nacionalista que havia motivado o surgimento da *Revista do Brasil*. O editorial de "O que é nosso" publicado em 19 de setembro de 1926 é bastante ilustrativo:

Aí está, frutificada, a imagem simbólica cultivada por Policarpo Quaresma, consagrando o violão como timbre da alma nacional.

Anos mais tarde, Manuel Bandeira endossaria esta compreensão de nossa sociedade e de nossas identidades culturais:

> o violão tinha que ser o instrumento nacional, racial. Se a modinha é a expressão lírica do nosso povo, o violão é o timbre instrumental a que ela melhor se casa. No interior, e sobretudo nos sertões do Nordeste, há três coisas cuja ressonância comove misteriosamente, como se fossem elas as vozes da própria paisagem: o grito da araponga, o aboio dos vaqueiros e o descante dos violões.[57]

Notas

1. Gilberto Freyre, *Sobrados e mucambos*, vol. II, Rio de Janeiro, José Olympio, 1951, p. 571.
2. *Ibidem*, p. 698.
3. Joaquim M. de Macedo, *Um passeio pela cidade do Rio de Janeiro*, Rio de Janeiro, Liv. Ed. Zelio Valverde, p. 67, 1942.
4. Gilberto Freyre, *op. cit.*, p. 698.
5. Aluísio Azevedo, O *cortiço*, 25ª ed., São Paulo, Ática, 1992, p. 71.
6. *Ibidem*, p. 122.
7. *Ibidem*, p. 120.
8. José Murilo de Carvalho, O*s bestializados*, 3ª ed., São Paulo, Companhia das Letras, 1999, p. 38.
9. Aluísio Azevedo, *op. cit.*, p. 86.
10. *Ibidem*, p. 82.
11. *Apud* José Ramos Tinhorão, *A música popular no romance brasileiro*, vol. I, Belo Horizonte, Oficina de Livros, 1992, p. 173.

12. No *Grande dicionário etimológico-prosódico da língua portuguesa* consta: "Natural da Capadócia. Como substantivo é cantor de modinhas, boêmio, pessoa de costumes não muito regrados. Latim *capadocius* natural da Capadócia, que é do grego *Kapadokia*." Forcellin (autor latino) escreveu: "A terra ímpia dos capadócios (pois costumavam proferir falsos testemunhos).". Francisco da Silveira Bueno, *Grande dicionário etimológico-prosódico da língua portuguesa*, São Paulo, Saraiva, 1968.
13. Luiz Edmundo, *O Rio de Janeiro do meu tempo*, 2º vol., 2ª ed., Rio de Janeiro, Conquista, 1957, p. 377.
14. *Ibidem*, p. 380.
15. Marcos Luis Bretas, "A polícia das culturas", in *Entre Europa e África — a invenção do carioca*, Rio de Janeiro, Topbooks, 2000, p. 250.
16. Rachel Soihet, "A festa da Penha: *avant-première* do carnaval", in *A subversão pelo riso: estudos sobre o carnaval carioca da Belle Époque ao tempo de Vargas*, Rio de Janeiro, Editora da Fundação Getulio Vargas, 1998, p. 36.
17. Manuel Antônio de Almeida, *Memórias de um sargento de milícias*, 6ª ed., São Paulo, Ática, 1976, p. 21.
18. *Apud* Orestes Barbosa, *Samba; sua história, seus poetas, seus músicos e seus cantores*, 2ª ed., Rio de Janeiro, Funarte, 1978, p. 29.
19. *Apud* Edinha Diniz, *Chiquinha Gonzaga: uma história de vida*, Rio de Janeiro, Codecri, 1984, p. 231.
20. Alfredo Bosi, *Dialética da colonização*, 2ª ed., Ed. Schwartz Ltda., 1993, p. 309.
21. *Ibidem*, p. 330.
22. Peter Burke, *Cultura popular na Idade Moderna*, São Paulo, Companhia das Letras, 1989, p. 16-17.
23. *Ibidem*, p. 51.
24. *Ibidem*, p. 55.
25. *Gazeta de Notícias*, *apud* Rachel Soihet, "Ensaio sobre resistência e circularidade cultural: a festa da Penha (1890-1920)", *Cadernos do ICHF*, nº 31, Niterói, UFF, 1990, p. 23.

26. José Ramos Tinhorão, *Pequena história da música popular*, 5ª ed., São Paulo, Art, 1986, p. 60.
27. Alexandre Gonçalves Pinto, *O choro*, Rio de Janeiro, edição do autor, 1936, p. 115.
28. *Apud* Carlos Maul, *Catullo,* Guanabara, São José, edição do autor, 1971, p. 39.
29. *Op. cit.*, p. 26.
30. Carlos Maul, *op. cit.*, p. 67.
31. *Ibidem.*
32. *Ibidem*, p. 69.
33. *Apud* Edinha Diniz, *op. cit.*, p. 236.
34. Orestes Barbosa, *Samba; sua história, seus poetas, seus músicos e seus cantores,* 2ª ed., Rio de Janeiro, Funarte, 1978, p. 98.
35. Lima Barreto, *Triste fim de Policarpo Quaresma,* Rio de Janeiro, 1989, p. 84.
36. Nicolau Sevcenko, *Literatura como missão: tensões sociais e criação cultural na Primeira República,* 2ª ed., São Paulo, Companhia das Letras, 2003, p. 45.
37. Para essas questões, ver Lucia Maria Bastos Pereira das Neves e Humberto Fernandes Machado, "Uma sociabilidade das ruas", in *O império do Brasil,* Rio de Janeiro, Nova Fronteira, 1999, p. 216-26.
38. Mário de Andrade, *Aspectos da música brasileira,* 2ª ed., São Paulo, Martins, 1975, p. 15.
39. Mário de Andrade, *op. cit.,* p. 19, 22 e 25-30, respectivamente.
40. Machado de Assis, *Obra completa,* Rio de Janeiro, José Aguilar, 1962, v. 3, p. 801-802.
41. Antonio Cândido, *Formação da literatura brasileira*, p. 18.
42. *Presença de Villa-Lobos,* Rio de Janeiro, MEC/Museu Villa-Lobos, s.d., v.5, p. 116.
43. Roberto Schwarz, "Nacional por subtração", in *Cultura brasileira: tradição/contradição*, Rio de Janeiro, Jorge Zahar; Funarte, 1987, p. 107.
44. Renato Ortiz, *op. cit.*, p. 137.
45. *Ibidem,* p. 139.

46. José Miguel Wisnik, *O nacional e o popular na cultura brasileira*, São Paulo, Brasiliense, 1982, p. 145.
47. Nicolau Sevcenko, *op. cit.*, p. 106.
48. *Ibidem*, p. 283.
49. *Ibidem*, p. 283.
50. Lima Barreto, *Triste fim de Policarpo Quaresma*, São Paulo, Brasileira, 1948, p. 22-23.
51. *Ibidem*, p. 14.
52. Nicolau Sevcenko, *op. cit.*, p. 16.
53. Nicolau Sevcenko, *op. cit.*, p. 284.
54. Wilson Martins, *idem*, p. 138.
55. *Apud* Renata Saraiva, "Modernidade octagenária", *Valor*, 18 de janeiro de 2002, p. 5-6.
56. Wilson Martins, *op. cit.*, p. 146.
57. Manuel Bandeira, *Revista da Música Popular*, nº 12, 1956, p. 8-10.

Referências bibliográficas

Acervos e bibliotecas

Acervo da New York Public Library for the Performing Arts:

ABREU, Antonio. *Escuela para tocar con perfección la guitarra de cinco y seis ordenes, con reglas generales de mano izquierda y derecha.* Salamanca: Imprenta de la Calle del Prior, 1799.

AGUADO, Dionisio. *Nuevo método de guitarra*, op. 6. Madri: Propriedad del autor, c. 1825.

______. *Escuela de guitarra.* Paris: Propiedad del autor, c. 1826.

BORTOLAZZI, Bartholomeu. *Amusement périodique pour la guitare.* Cahier X. Viena: Imp. Roy Print, s.d.

CARCASSI, Mateo. *Méthode Complète pour la Guitare*, op. 59. Paris: Bureau de la Société des Compositeurs Reunis, c. 1840.

CARULLI, Ferdinando. *Méthode Complète pour la Guitare ou Lyre.* 2ª ed., op. 27. Paris: Chez Janet et Cotelle, s.d.

______. *Méthode Complète pour la Guitare.* Bonn: Chez N. Simrock, c. 1831.

FERRANDIERI, Fernando. *Arte de tocar la guitarra española por música.* Madri: Imprenta de Pantaleon Aznar, 1799.

MORETTI, Federico. *Principios para tocar la guitarra de seis ordenes precedidos de los elementos generales de la musica.* Madri: Libreria de Sancha Calle del Lobo, 1799.

The Giulianiad. Guitarist's monthly magazine. Londres: Published for the proprietor by Sherwood and Co., 1833.

Seção de obras raras e periódicos microfilmados da Biblioteca Nacional:

Periódicos

Almanak da Cidade do Rio de Janeiro: 1792-1794
Almanak Administrativo, Mercantil e Industrial: 1844-1865, 1870-1876, 1880, 1881
Archivo das Famílias: 1881-1882
O *Artista*: 1849
Ba-ta-clan: 1867-1871
O *Bohemio*: 1885-1911
Correio da Manhã: 1926-1927
Diário do Rio de Janeiro: 1827
Gazeta Artística: 1875
Gazeta de Notícias: 1894-1917
Jornal do Commercio: 1837, 1838, 1839, 1840, 1844, 1847, 1848, 1850, 1858, 1890, 1916, 1917, 1918, 1919, 1929
Semana Ilustrada: 1860-1876
O *Spectador Brasileiro*: 1826-1827
A *Vida Fluminense*: 1868
Ramalhete: 1878
A *Rabeca*: 1870-1871
A *Rabequinha*: 1851

Obras raras

DEBRET, Jean Baptiste. *Voyage Pittoresque et Historique au Brésil*, tomos I, II, III. Paris: Firmin Didot Frères, imprimeurs de L'Institut de France, 1835.

FREYCINET, M. Louis de. *Voyage autour du monde*, tome premier. Paris: Chez Pillet Aîné, 1827.

LEITE, Antonio da Silva. *Estudo de guitarra*. Porto: Officina Typographica de Antonio Alvarez Ribeiro, 1796.

LUCCOCK, John. *Notes on Rio de Janeiro and Southern parts of Brazil.* Londres: Samuel Leigh, 1820.

MARTIUS, Carl Friedrich Philipp von Martius e SPIX, Johann Baptiste von *Reise in Brasilien, in der Jahren 1817 bis 1820*, 3 vols. Munique: M. Lindauer, 1823.

RIBEIRO, Manoel da Paixão. *Nova arte da viola*. Coimbra, 1789.

Divisão de Música da Biblioteca Nacional (Dimas)

Publicações

BAETA, Fagundes. *Lira de um trovador*. Rio de Janeiro: Impr e Pap. Popular, 1905.

CEARENSE, Catullo da Paixão. *Cancioneiro popular de modinhas brasileiras*. Rio de Janeiro: Quaresma, 1908.

______. *Lira brasileira*. Rio de Janeiro: Quaresma, 1908.

______. *Lira dos salões*. Rio de Janeiro: Quaresma, 1926.

______. *O cantor de modinhas brasileiras*. Rio de Janeiro: Quaresma, 1927.

COELHO, José Maria Vaz Pinto. *Cancioneiro popular brasileiro*. Rio de Janeiro: Typ. Carioca, 1879.

COUTINHO, A.A. Cruz (org.). *Trovador*. Rio de Janeiro: Liv. Popular, 1876.

CUNEGUNDES, João de Souza. *Lira de Apolo*. Rio de Janeiro: Quaresma, 1905.

______. *Serenatas*. Rio de Janeiro: Quaresma, 1914.

NEVES, Eduardo das. *Trovador da malandragem*. Rio de Janeiro: Quaresma, 1902.

______. *Mistérios do violão*. Rio de Janeiro: Quaresma, 1905.

SOUZA E SILVA, Joaquim Norberto de (org.). *A cantora brazileira: Nova coleção de modinhas brazileiras*, 3 vols. Rio de Janeiro: B.L. Garnier, 1878.

Revistas

O Violão: 1928-1829, n°s 1-10.

A Voz do Violão: 1930, n°s 1-5.

Revista da Música Popular: 1954-1956, n°s 1-14.

Impressão musical, catálogos

Biblioteca musical de J.C. Muller e Heinen, 1837.
Narciso & Arthur Napoleão: 1871, 1915; Eugenio Bevilacqua: 1900, 1913; Carlos Wehrs.

Biblioteca do Centro Cultural Banco do Brasil: Acervo Mozart de Araújo

Pastas

Modinha
Lundu
Nair de Teffé
Documentos
Métodos

Acervo do Real Gabinete Português de Leitura

Almanak Laemmert: 1853-1881.
Revista da Semana: 1902-1908.

Biblioteca Alberto Nepomuceno. Escola de Música da UFRJ

Programas de concerto: 1903-1950.

Enciclopédias, dicionários, catálogos etc.

ANDRADE, Mário de. *Dicionário musical brasileiro*. Belo Horizonte/Brasília/São Paulo: Itatiaia/MinC/IEB/USP, 1989.
BORBA, Tomás e GRAÇA, Fernando L. *Dicionário de música*. Lisboa: Edições Cosmo, 1962.
BUCHNER, Alexander. *Encyclopédie des instruments de musique*. Paris: Grund, 1980
CASCUDO, Luís da Câmara. *Dicionário do folclore brasileiro*. Rio de Janeiro: Instituto Nacional do Livro, 1962.
CHAILLEY, Jacques (org.). *Précis de musicologie*. Paris: Presses Universitaires de France, 1984.

CUNHA, Antonio Geraldo da. *Dicionário etimológico da língua portuguesa*. Rio de Janeiro: Nova Fronteira, 1982.

Enciclopédia da Música Brasileira: erudita, folclórica e popular. São Paulo: Art, 1977

Encyclopédie de la Pléiade. Paris: Ed. Gallimard 1960.

LAVIGNAC, Albert (org.). *Encyclopédie de la musique et Dictionnaire du conservatoire*. Paris: Librairie Delagrave, 1927.

Larrousse de la musique, 2 vols. Paris: Librairie Larrousse, 1957.

MACHADO, José Pedro. *Dicionário etimológico da língua portuguesa com a mais antiga documentação escrita e conhecida de muitos dos vocábulos estudados*. Lisboa: Editorial Confluência, 1952.

SACRAMENTO BLAKE, Augusto Victorino Alves. *Diccionario bibliographico brasileiro*, 2 vols. Rio de Janeiro: Imprensa Nacional, 1893.

SADIE, Stanley. *Dicionário Grove de música, edição concisa*. Rio de Janeiro: Jorge Zahar, 1994.

______. *Grove's Dictionary of Music and Musicians*. 20 vols. Londres: Macmillan, 1980-1981.

______. (org.). *The New Grove Dictionary of Musical Instruments*. Londres: Macmillan, 1984.

SILVA, Inocêncio Francisco da. *Diccionario bibliographico portuguez*. Lisboa, 1859.

Histórias do instrumento/instrumentistas

ALMEIDA, José Alfredo Ferreira de. *A viola de arame nos Açores*. Ponta Delgada: edição do autor, 1990.

ANDRADE, Julieta de. *Cocho mato-grossense: um alaúde brasileiro*. São Paulo: Escola de Folclore, 1981.

BERKOWITZ, Freda Pastor. *On lutes, recorders and harpsichords; men and music in the Baroque*. Nova York: Atheneum, 1967.

CHARNASSÉ, Helène. *La guitare*. Paris: Presses Universitaires de France, 1985, Collection Que sais-je?.

CORRÊA, Roberto. *A arte de pontear viola*. Brasília/Curitiba: edição do autor, 2000.

DENYER, Ralph. *Toque*. Rio de Janeiro: Rio Gráfica, 1983.

EVANS, Tom e EVANS, Mary. *Le grand livre de la guitarre — De la renaissance au rock*. Paris: Albin Michel, 1979.

FERREIRA, Manuel. *A viola de dois corações*. Ponta Delgada, s. e., 1990.

GRUNFELD, Frederic V. *The art and times of the guitar — An illustrated history of guitar and guitarists*. Nova York/Londres: Macmillan Publishing Co/Colbier Macmillan Publishers, 1969.

HECK, Thomas F. *Mauro Giuliani: Virtuoso guitarist and composer*. Ohio: Orphée, 1995.

HENRIQUE, Luís. *Instrumentos musicais*. Lisboa: Fundação Calouste Gulbenkian, 1988.

JACQUOT, Jean (org.). *Le Luth et sa music*. Paris: Centre National de la Recherche Scientifique, 1976.

JEFFERY, Brian. *Fernando Sor: composer and guitarist*. Miami: Hansen Publications, 1977.

OLIVEIRA, Ernesto Veiga de. *Instrumentos musicais populares portugueses*. 2ª ed. Lisboa: Fundação Calouste Gulbenkian, 1982.

PEREIRA, Marco. *Heitor Villa-Lobos — sua obra para violão*. Brasília: Musimed, 1984.

PRAT, D. *Diccionario de guitarristas*. Buenos Aires: Casa Romero y Fernandez, 1934.

RAgo, Antonio. *A longa caminhada de um violão*. São Paulo: Iracema, s.d.

RIBEIRO, Mário de Sampayo. *As "guitarras de Alcácer" e a "guitarra portuguesa"*. Lisboa: Bertrand, 1936.

SACHS, Curt. *Historia universal de los instrumentos musicales*. Buenos Aires: Ediciones Centurion, 1947.

SAMAPIO, Renato. *O violão brasileiro de Mozart Bicalho*. Belo Horizonte: Hematita, 2002.

SANTOS, Turíbio. *Heitor Villa-Lobos e o violão*. Rio de Janeiro: MEC/Departamento de Assuntos Culturais, 1975.

SCHAEFFNER, Andre. *Origine des Instruments de musique — Introduction ethnologique à l'histoire de la musique instrumentale*. Paris: Mouton Editeur, 1980.

______. "Genèse des instruments de musique". In *Histoire de la musique*. Encyclopédie de la Pléiade. Paris: Gallimard, 1960.

TURNBULL, Harvey. *The guitar from the renaissance to the present day*. Londres: B.T. Batsford Ltd., 1976.

TYLER, James e SPARKS, Paul. *The early mandolin: the mandolino and the neapolitan mandoline*. Londres: Oxford University Press, 1989.

Memorialistas

ANDRADE, Ayres de. *Francisco Manuel da Silva e seu tempo: 1808-1865: uma fase do passado musical do Rio de Janeiro à luz de novos documentos*. Rio de Janeiro: Secretaria de Educação e Cultura, 2 vols., 1967.

BARBOSA, Januário da Cunha. "Domingos Caldas Barbosa". *Jornal do Instituto Histórico e Geographico Brasileiro*, vol. 4, Rio de Janeiro, 1842, p. 210-224.

CARVALHO, Delgado de. *História da cidade do Rio de Janeiro*. 2ª ed. Secretaria Municipal de Cultura, Dep. Geral de Doc. e Inf. Cultural, 1990.

COARACY, Vivaldo. *Memórias da cidade do Rio de Janeiro*. 2ª ed. Rio de Janeiro: José Olympio (Coleção Rio 4 séculos, vol. 3), 1965.

CRULS, Gastão. *Aparência do Rio de Janeiro*. 2ª ed. Rio de Janeiro: José Olympio, 1952, 2 vols.

DE LOS RIOS FILHO, Adolpho Morales. *O Rio de Janeiro imperial*. 2ª ed. Rio de Janeiro: Topbooks, 2000.

EDMUNDO, Luiz. *O Rio de Janeiro no tempo dos Vice-Reis*. 2ª ed. Rio de Janeiro: Athena, s.d.

______. *O Rio de Janeiro do meu tempo*. 2ª ed. Rio de Janeiro: Conquista, 1957, 5 vols.

FAZENDA, Vieira. "Antiqualhas e memórias do Rio de Janeiro", *Revista do Instituto Histórico Geographico Brasileiro*, Rio de Janeiro, IHGB, tomo 89, vol. 143, 1924; tomo 93, vol. 147, 1927; vol. 140, 1921; tomo 88, vol. 142, 2ª ed., 1940; tomo 95, vol. 149, 2ª ed., 1943.

GERSON, Brasil. *História das ruas do Rio*. 5ª ed. Rio de Janeiro: Lacerda, 2000.

LUCCOCK, John. *Notas sobre o Rio de Janeiro e partes meridionais do Brasil*. Tradução de Milton da Silva Rodrigues. Belo Horizonte: Itatiaia, 1975.

MACEDO, Joaquim Manuel. *Anno Biographico Brasileiro*. Rio de Janeiro: Typ. e Lith do Imperial Instituto Artístico, 1876.

_______. *Um passeio pela cidade do Rio de Janeiro*. Rio de Janeiro: Valverde, 1942.

MORAES FILHO, Mello. *Artistas do meu tempo*. Rio de Janeiro: Garnier, 1905.

______. *Festas e tradições populares do Brasil*. Belo Horizonte/São Paulo: Itatiaia/Edusp, 1979.

______. *Cantares brasileiros*. 2ª ed. Rio de Janeiro: SEEC-RJ/Dep. de Cultura/Inelivro, 1981.

PASSOS, Alexandre. *O Rio no tempo do "onça": século XV ao XVIII*. 4ª ed. Rio de Janeiro: Livraria São José, 1965.

PINTO, Alexandre Gonçalves. *O choro: reminiscências dos chorões antigos*. Rio de Janeiro, 1936.

RENAULT, Delso. *A vida brasileira no final do século XIX: visão sociocultural e política de 1890 a 1901*. Rio de Janeiro: José Olympio, 1987.

RIO, João do. *A alma encantadora das ruas*. Rio de Janeiro: Secretaria Municipal de Cultura/Dep. Geral de Doc. e Inf. Cultural/Divisão de Editoração, 1995.

SANTOS, Noronha. *Crônicas da cidade do Rio de Janeiro*. Rio de Janeiro: Padrão, 1981.

SANTOS, Prezalindo Lery. *Pantheon Fluminense: esboços biographicos*. Rio de Janeiro: Typ. G. Leuzinger & Filhos, 1880, p. 245-248.

SILVA, Gomes da (o Chalaça). *Memórias*. 2ª ed. Rio de Janeiro: Souza, 1959.

VARNHAGEN, Francisco Adolpho de. *Florilégio da poesia brasileira*, tomo II. Lisboa: Imprensa Nacional, 1850.

______. "Domingos Caldas Barbosa". *Revista do Instituto Histórico e Geographico Brasileiro*, tomo XIV, 1851, p. 449-460.

Livros, artigos, teses

ABREU, Brício de. *Esses populares tão desconhecidos*. Rio de Janeiro: Raposo Carneiro, 1963.

ABREU, Martha. *O império do divino: festas religiosas e cultura popular no Rio de Janeiro, 1830-1900*. Rio de Janeiro/São Paulo: Nova Fronteira/Fapesp, 1999.

ACOSTA, Leonardo. *Musica y descolonización*. Ciudad de La Habana: Editorial Arte y Literatura, 1982.

ADORNO, Theodor W. *Textos escolhidos*. Rio de Janeiro: Nova Cultural, 2000.

ANDRADE, Mário de. *Aspectos da música brasileira*. São Paulo: Martins, 1975.

______. *Ensaio sobre a música brasileira*. São Paulo: Livraria Martins Editora, s.d.

______. *Modinhas imperiais*. Belo Horizonte: Itatiaia, 1980.

______. *Pequena história da música*. 9ª ed. Belo Horizonte: Itatiaia, 1987.

ALMEIDA, Manuel Antônio de Almeida. *Memórias de um sargento de milícias*. 6ª ed. São Paulo: Ática, 1976.

ALMEIDA, Renato. *História da música brasileira*. Rio de Janeiro: Briguiet e Comp., 1942.

ALMIRANTE. *No tempo de Noel Rosa*. 2ª ed. Rio de Janeiro: Francisco Alves, 1977.

ALVARENGA, Oneyda. *Música popular brasileira*. São Paulo: Duas Cidades, 1982.

______. "A influência negra na música brasileira". *Boletin Latino-Americano de música*, tomo VI, p. 357.

ANDRADE, Ayres de. *Francisco Manuel da Silva e seu tempo: 1808/1865*. Rio de Janeiro: Tempo Brasileiro, 1967, 2 vols.

ARAÚJO, Mozart de. *A modinha e o lundu no século XVIII*. São Paulo: Ricordi, 1963.

______. *Rapsódia brasileira: textos reunidos de um militante do nacionalismo musical*. Fortaleza: Universidade Federal do Ceará, 1994.

ASSIS, Machado de. *Obra completa*, vol. III. Rio de Janeiro: José Aguilar, 1962.

AZEVEDO, Aluísio. *O cortiço*. 25ª ed. São Paulo: Ática, 1992.

AZEVEDO, Luiz Heitor Corrêa de. *150 anos de música no Brasil*. Rio de Janeiro: José Olympio, 1956.

BANDEIRA, Manuel. "Literatura de violão". *Revista da Música Popular*, nº 12, 1956.

BARBOSA, Domingos Caldas. *Viola de Lereno*. Rio de Janeiro: Civilização Brasileira, 1980.

BARBOSA, Orestes. *Samba — sua história, seus poetas, seus músicos e seus cantores*. 2ª ed. Rio de Janeiro: Funarte, 1978.

BARRETO, Lima. *Triste fim de Policarpo Quaresma*. São Paulo: Brasileira, 1989.

BARROS, C. Paula. *O romance de Villa-Lobos*. Rio de Janeiro: Ática, 1951.

BÉHAGUE, Gerard. *The beginnings of musical nationalism in Brazil*. Detroit: Information Coordinators, 1971. (Detroit Monographs in Musicology, nº 1.)

______. "Mss. 1595/1596: two eighteenth-century anonymous collections of modinhas", in *Anuário do Instituto Interamericano de Pesquisa Musical*, vol. IV, Biblioteca da Ajuda (Lisboa). 1968.

BERARDINELLI, Cleonice. *Antologia do teatro de Gil Vicente: introdução e estudo crítico*. Rio de Janeiro: Grifo, 1974.

BOSI, Alfredo. *Dialética da colonização*. 2ª ed. Rio de Janeiro: Companhia das Letras, 1993.

BRANCO, João de Freitas. *História da música portuguesa*. Lisboa: Publicações Europa-América, s.d.

______. *A música na obra de Camões*. Venda Nova: Instituto de Cultura Portuguesa, 1979.

BRETAS, Marcos Luís. "A polícia das culturas". In: *Entre Europa e África — a invenção do carioca*. Rio de Janeiro: Topbooks, 2000.

BURKE, Peter (org.). *A escrita da História: novas perspectivas*. São Paulo: Edusp, 1992.

______. *Cultura popular na Idade Moderna*. 2ª ed. Tradução de Denise Bottmann. São Paulo: Companhia das Letras, 1989.

CABRAL, Sérgio. *A MPB na era do rádio*. São Paulo: Moderna, 1996.

_____. *No tempo de Ary Barroso*. Rio de Janeiro: Lumiar, 1993.

CANDIDO, Antonio. *Formação da literatura brasileira*, vol. II. Belo Horizonte: Itatiaia, 1981.

CARDIM, Fernão. *Tratado da terra e gente do Brasil*. São Paulo: Edusp, 1980.

CARVALHO, José Murilo de. *Pontos e bordados: escritos de história e política*. Belo Horizonte: Editora da UFMG, 1998.

______. *Os bestializados: o Rio de Janeiro e a República que não foi*. 3ª ed. São Paulo: Companhia das Letras, 1987.

CASCUDO, Câmara. *Caldas Barbosa: poesia*. Rio de Janeiro: Agir, 1972.

CERNICCHIARO, Vincenzo. *Storia della musica nel Brasile*. Milão: Fratelli Riccioni, 1926.

CHARTIER, Roger. *A história cultural: entre práticas e representações*. Lisboa: Difel, 1988.

CONTIER, Arnaldo Daraya. "Música e História". *Revista de História*, São Paulo, nº 119, jul. 1985, p. 69-89.

CORTESÃO, Jaime. *A carta de Pero Vaz de Caminha*. Lisboa: Portugália Editora, 1957.

DINIZ, Edinha. *Chiquinha Gonzaga: uma história de vida*. Rio de Janeiro: Codecri, 1984.

DONGA, PIXINGUINHA e JOÃO DA BAIANA. *As vozes desassombradas do museu*. Rio de Janeiro: MIS, 1970.

EFEGÊ, Jota, [João Ferreira Gomes]. *Figuras e coisas da música popular brasileira*. Rio de Janeiro: MEC/Funarte, 1978, 2 vols.

FRANCESCHI, Humberto M. *A Casa Edison e seu tempo*. Rio de Janeiro: Sarapuí, 2002.

FREYRE, Gilberto. *Casa-grande e senzala. Formação da família brasileira sob o regime da economia patriarcal*. Rio de Janeiro/Brasília: Livraria José Olympio Editora, 1981.

______. *Sobrados e mucambos*. Rio de Janeiro: José Olympio, 1951, 2 vols.

______. *Ordem e progresso*. 4ª ed. Rio de Janeiro: Record, 1990.

GAMA, Mauro. *José Maurício, o padre-compositor*. Rio de Janeiro: Funarte, 1983.

GOMES, Angela Maria de Castro. *Essa gente do Rio...: modernismo e nacionalismo*. Rio de Janeiro: Editora da Fundação Getulio Vargas, 1999.

______. "A política brasileira em busca da modernidade: na fronteira entre o público e o privado". Lilia Moritz Schwarcz (org.). *História da vida privada no Brasil*. São Paulo: Companhia das Letras, 1998.

______. *História e historiadores; a política cultural do Estado Novo*. Rio de Janeiro: Editora da Fundação Getulio Vargas, 1996.

HOBSBAWM, Eric J. *História social do jazz*. Tradução de Angela Noronha. Rio de Janeiro: Paz e Terra, 1990.

HOLANDA, Sérgio Buarque de. *Raízes do Brasil*. 9ª ed. São Paulo: Companhia Editora Nacional, 1977.

HORTA, Luiz Paulo. *Heitor Villa-Lobos*. Rio de Janeiro: Edições Alumbramento/Livroarte Editora, 1986.

"Informações e fragmentos históricos do Padre Joseph de Anchieta". In TINHORÃO, José Ramos. *História social da música popular brasileira*. Lisboa: Editorial Caminho S.A., 1990.

KIEFER, Bruno. *A modinha e o lundu*. Porto Alegre: Movimento, 1986.

______. *Música e dança popular; sua influência na música erudita*. Porto Alegre: Movimento, 1990.

______. *História da música brasileira: dos primórdios ao início do século XX*. Porto Alegre: Movimento, 1976.

LESSA, Carlos. *O Rio de todos os Brasis*. Rio de Janeiro: Record, 2000.

LIMA, Edilson de. *As modinhas do Brasil*. São Paulo: Edusp, 2001.

LIMA, Oliveira. *D. João VI no Brasil*. 3ª ed. Rio de Janeiro: Topbooks, 1996.

LIRA, Mariza. *Brasil Sonoro: gêneros e compositores populares*. Rio de Janeiro: A Noite, s.d.

MARTINS, Wilson. *História da inteligência brasileira*. São Paulo: Cultrix, 1977.

MATTOS, Gregório de. *Obra Poética*. Edição de James Amado. Rio de Janeiro: Record, 1990.

MAUL, Carlos. *Catullo: sua vida, sua obra, seu romance*. Rio de Janeiro: Liv. São José, 1971.

MELLO, Guilherme Teodoro Pereira de. *A música no Brasil: desde os tempos coloniais até o primeiro decênio da República*. 2ª ed. Rio de Janeiro: Imprensa Nacional, 1942.

MORAIS, Manuel (org.). *Modinhas, lunduns e cançonetas*. Lisboa: Imprensa Nacional/Casa da Moeda, 2000.

______. *Domingos Caldas Barbosa: Muzica escolhida da viola de Lereno (1799)*. Lisboa: Estar Editora, 2003.

NEEDELL, Jeffrey D. *Belle époque tropical: sociedade e cultura de elite no Rio de Janeiro da virada do século*. São Paulo: Companhia das Letras, 1993.

NEVES, José Maria. *Música contemporânea brasileira*. São Paulo: Ricordi, 1981.

_______. *Villa-Lobos, o choro e os Choros*. São Paulo: Ricordi, 1977.

NÓBREGA, Adhemar. *Os choros de Villa-Lobos*. 2ª ed. Rio de Janeiro: Ministério da Cultura, Fundação Nacional Pró-memória, Museu Villa-Lobos, s.d.

OLIVEIRA, Lúcia Lippi. *A questão nacional na Primeira República*. São Paulo: Brasiliense, 1990.

ORTIZ, Renato. *Cultura brasileira e identidade nacional*. São Paulo: Brasiliense, 1985.

_______. *Villa-Lobos, sua obra*. Rio de Janeiro: Museu Villa-Lobos, 1972.

PIDAL, Ramon Menéndez. *Poesía juglaresca y juglares: aspectos de la historia literaria e cultural de España*. Madri: Espasa Calpe S.A., 1956.

PRADO JR., Caio. *História econômica do Brasil*. 24ª ed. São Paulo: Brasiliense, 1980.

Presença de Villa-Lobos. vol. 5. Rio de Janeiro: MEC/Museu Villa-Lobos, s.d.

Primeira visitação do Santo Ofício às partes do Brasil — Denunciações e Confissões de Pernambuco, 1593-1595.

PRADO, Décio de Almeida. *Teatro de Anchieta a Alencar*. São Paulo: Perspectiva, 1993.

RANGEL, Lúcio. *Sambistas e chorões: aspectos e figuras da música popular brasileira*. São Paulo: Francisco Alves, 1972.

RENAULT, Delso. *O dia a dia no Rio de Janeiro segundo os jornais, 1870-1889*. Rio de Janeiro: Civilização Brasileira/INL, 1982.

RODRIGUES, Antonio Edmilson M. *Nair de Teffé: vidas cruzadas*. Rio de Janeiro: Editora da Fundação Getulio Vargas, 2002.

RUIZ, Juan. *Libro de Buen Amor*. Ciudad de La Habana: Editorial Arte y Literatura, 1984.

SAMPAIO, Mário Ferraz. *História do rádio e da televisão no Brasil e no Mundo*. São Paulo: Achiamé, 1984.

SANDRONI, Carlos. *Feitiço decente*: *transformações do samba no Rio de Janeiro, 1917-1933*. Rio de Janeiro: Jorge Zahar/UFRJ, 2001.

SANTOS, Iza Queiroz dos. *Origem e evolução da música em Portugal e sua influência no Brasil.* Rio de Janeiro: Imprensa Nacional, 1942.

SCHWARZ, Roberto. *Cultura brasileira e identidade nacional.* São Paulo: Brasiliense, 1994.

SEVCENKO, Nicolau. *Literatura como missão — tensões sociais e criação cultural na Primeira República.* 2ª ed. São Paulo: Brasiliense, 2003.

_______. "A capital irradiante: técnica, ritmos e ritos do Rio. In SEVCENKO, Nicolau (org.). *História da vida privada no Brasil.* São Paulo: Companhia das Letras, 1998, 3 vols.

SEVERIANO, Jairo e MELLO, Zuza Homem de. *A canção no tempo — 85 anos de músicas brasileiras.* São Paulo: Ed. 34, 1999.

SILVA, Marília T. Barboza e OLIVEIRA FILHO, Arthur L. de. *Cartola: Os tempos idos.* Rio de Janeiro: Funarte/INM/DMP, 1983.

SIQUEIRA, Baptista. *Ficção e música.* Rio de Janeiro: Folha Carioca, 1980.

_______. *Modinhas do passado.* 2ª ed. Edição do autor, 1979.

_______. *Três vultos históricos da música brasileira: Mesquita-Callado-Anacleto.* Rio de Janeiro: edição do autor, 1969.

SOIHET, Rachel. *A subversão pelo riso.* Rio de Janeiro: Editora da Fundação Getulio Vargas, 1998.

_______. "Ensaio sobre resistência e circularidade cultural: a festa da Penha (1890-1920)". *Cadernos do ICHF*, nº 31, Universidade Federal Fluminense, Instituto de Ciências Humanas e Filosofia, 1990.

SPIX, John Baptiste von e MARTIUS, Carl Friedrich Philipp von. *Viagem pelo Brasil — 1817/1820.* 2ª ed. São Paulo: Melhoramentos, s.d.

STRINATTI, Dominic. *Cultura popular: uma introdução.* São Paulo: Hedra, 1999.

SUBIRÁ, José. *História de música española e latinoamericana.* Barcelona: Salvat Editores, 1953.

TABORDA, Marcia Ermelindo. *Dino sete cordas e o acompanhamento de violão na MPB.* Dissertação de mestrado, Escola de Música da UFRJ, Rio de Janeiro, 1995.

_______. "Nas cordas da viola... a consolidação dos gêneros nacionais". *Brasiliana,* revista quadrimensal da Academia Brasileira de Música, n. 8, p. 12-17, 2001.

TINHORÃO, José Ramos. *Música popular de índios, negros e mestiços*. Petrópolis: Vozes, 1972.

______. *Música popular — do gramofone ao rádio e TV*. São Paulo: Ática, 1981.

______. *Pequena história da música popular; da modinha ao tropicalismo*. 5. ed. São Paulo: Art, 1986.

______. *História social da música popular brasileira*. São Paulo: Ed. 34, 1998.

______. *As festas no Brasil Colonial*. São Paulo: Ed. 34, 2000.

______. *Cultura popular: temas e questões*. São Paulo: Ed. 34, 2001.

TRAVASSOS, Elizabeth. *Modernismo e música brasileira*. Rio de Janeiro: Jorge Zahar, 2000.

VASCONCELOS, Ary. *Panorama da música popular brasileira na Belle Époque*. Rio de Janeiro: Livraria Santana, 1977.

______. *Raízes da música popular brasileira*. São Paulo: Martins, 1977.

______. *Carinhoso etc. História e inventário do choro*. Rio de Janeiro: Part, 1984.

______. *A nova música da República Velha*. Rio de Janeiro: Part, 1985.

VICENTE, GIL. *Obras completas*. 5ª ed. Lisboa: Costa Editora, 1974.

VITERBO, Souza. *Artes e artistas em Portugal*. 2ª ed. Lisboa: Ferin, 1920.

WISNIK, José Miguel. "Getúlio da Paixão Cearense (Villa-Lobos e o Estado Novo)". In SQUEFF, Enio e WISNIK, José Miguel. *Música: o nacional e o popular na cultura brasileira*. São Paulo: Brasiliense, 1982.

Anexos

VIOLEIROS NO *ALMANAK LAEMMERT*

Violeiros	1845	1846	1847	1848	1849	Logradouro
Antonio José de Sampaio				x		São Joaquim, 21
Antonio Machado Lourenço	x	x	x	x	x	Latoeiros, 69 São Pedro, 91
Clemente da Costa Dias			x			Prainha, 50
José Alves de Carvalho	x	x	x	x	x	São Joaquim, 50
Manoel José de Lima	x					São Pedro, 91
Manoel de Mattos Guimarães		x	x	x		São Pedro, 132
Pedro José Gomes Braga		x		x	x	São Pedro, 116

Violeiros	1851	52	53	54	55	56	57	58	59	Logradouro
Antonio Machado Lourenço	x	x	x	x	x					S. Pedro, 91
							x	x	x	S. Pedro, 105
Cazal e Brazão						x	x	x	x	S. Pedro, 108
Custódio J. Teixeira de Paula		x		x	x	x				S. Joaquim, 37
João Pedro Alves da Fonseca				x	x	x	x	x		S. Joaquim, 26
Joaquim Carneiro da Silva						x	x			S. Pedro, 109
José Alves de Carvalho	x	x	x	x	x	x				S. Joaquim, 50
							x	x	x	S. Joaquim, 42
Manoel Alves da Costa							x	x	x	S. Joaquim, 37
Manoel Antonio da Silva	x									S. Joaquim, 37
Manoel José dos Santos						x	x			S. Joaquim, 53
Manoel de Mattos Guimarães										S. Pedro, 132
Pedro José Gomes Braga	x	x	x	x	x	x	x	x	x	S. Pedro, 116

Violeiros	1860	61	62	63	64	65	66	67	68	69	Logradouro
Antonio Machado Lourenço	x	x	x	 x	 x	 x	 x				S. Pedro, 98 S. Pedro, 105
Antonio de Souza Franco						x	x	x	x	x	Sabão, 193
Francisco Machado Linhares										x	S. Pedro, 108
Francisco P. A. Macedo									x		S. Pedro, 108
João Pedro Alves da Fonseca	x	x	x	x	x	x	x	x	x	x	S. Joaquim, 26
João Vieira Brazão								x	x	x	S. Joaquim, 7
Joaquim Carneiro da Silva											S. Pedro, 109
José de Barros Casal	x	x	x	x	x	x	x	x			S. Pedro, 108
José Alves de Carvalho						x	x	x	x	x	S. Joaquim, 42
José Moreira Dias Braga									x	x	S. Pedro, 116
Manoel Alves da Paula Costa	x	x	x	x	x	x	x	x	x	x	S. Joaquim, 37
Manoel Antonio da Silva	x	x	x	x	x						
Manoel Mattos Guimarães											S. Pedro, 132
Pedro José Gomes Braga	x	x	x	x	x						S. Pedro, 116
Viúva Braga						x	x				S. Pedro, 116

Violeiros	1870	71	72	73	74	75	76	77	78	79	Logradouro
Antonio Rodrigues da Costa						x					S. Joaquim, 11
Antonio de Souza Franco	x		x	x	x	x	x	x	x	x	G.Câmara, 193 G.Câmara, 175
Balthasar Alves									x	x	
Eduardo Reilly, Soares & C							x				G.Câmara, 23
Francisco Fernandes Farinha		x	x	x	x	x					S. Joaquim, 35
Francisco Machado Linhares	x	x	x								S. Pedro, 108
J. J. Rodrigues Loureiro			x								Quitanda, 7 B
João Pedro Alves da Fonseca	x		x	x	x	x	x	x	x		S. Joaquim, 26
João S. Couceiro & irmão								x	x	x	Carioca, 44
José Alves de Carvalho	x	x	x	x	x	x	x				S. Joaquim, 42
José Moreira Dias Braga	x	x							x		S. Pedro, 116
José Pedro G. de Oliveira			x	x	x						S. Joaquim, 119
José Raphael da Costa											S. Joaquim, 26
Manoel Alves da Paula Costa	x		x	x	x	x	x	x	x	x	S. Joaquim, 37
Manoel Machado Linhares						x	x	x	x	x	S. Pedro, 104
Viera de Carvalho e Azevedo							x				T. Ottoni, 88

Violeiros	1880	81	82	83	84	85	86	87	88	89	Logradouro
Antonio Rodrigues da Costa											S. Joaquim, 11
Antonio de Souza Franco						x	x	x	x	x	G.Câmara, 175
Balthasar Alves	x								x	x	
Eduardo Reilly, Soares & C							x				G.Câmara, 23
Francisco Fernandes Farinha		x	x	x	x	x					S. Joaquim, 35
Francisco Machado Linhares		x	x								S. Pedro, 108
J. J. Rodrigues Loureiro			x								Quitanda, 7 B
João Pedro Alves da Fonseca			x	x	x	x	x	x	x		S. Joaquim, 26
João dos Santos Couceiro	x							x	x	x	Carioca, 44
José Alves de Carvalho	x	x	x	x	x	x	x				S. Joaquim, 42
José Moreira Dias Braga	x	x							x		S. Pedro, 116
José Pedro G. de Oliveira			x	x	x						S. Joaquim,119
José Raphael da Costa											S. Joaquim, 26
Manoel Alves da Paula Costa	x		x	x	x	x	x	x	x	x	S. Joaquim, 37
Manoel Machado Linhares						x	x	x	x	x	S. Pedro, 104
Viera de Carvalho e Azevedo							x				T. Ottoni, 88

VIOLONISTAS EM *O CHORO*

Alexandre Gonçalves Pinto — 1936 —

Em 2009 a Funarte lançou nova edição facsimilar do livro *O choro* (1936). Por esse motivo, apresentamos aqui a lista de violonistas que constam da obra, reproduzindo apenas uma síntese dos verbetes, mantidos em sua escrita original. Dos cerca de 200 músicos relacionados por Gonçalves Pinto, 117 manejam o violão. Confirmando a origem modesta desses executantes e o caráter afetivo do texto, não temos informações sobre a origem dos violonistas, tampouco muitos sobrenomes; encontramos, sim, tipos como Neco, Menezes o Velho, Romualdo Caboclo, Bilu Violão, Arthur Pequeno, Juca Mãozinha, Tabacão, músicos que se dedicaram à prática do choro como amadores, e que em geral trabalhavam como funcionários públicos. Para confirmar a regra, o autor não deixa de nomear um raro profissional: Catanhede, executante de requinta, casado com uma das filhas de Mariquinha Duas Covas, que não tocava de graça, pois "só vivia da musica, e com isto sustentava dignamente a sua família, fazia da música um emprego de que pudesse viver".

1. José Fragoso
Maestro no violão, que começou nos chôros, como um dos melhores acompanhadores (...) toca hoje o seu violão por musica, e com grande habilidade, solando musicas classicas de primeira vista.

2. Jorge Seixas
Seixas, toca todos os instrumentos especializando-se no violão. Posso aqui affirmar que no Brasil, bem poucos tocarão violão como Seixas. As suas musicas vem todas da Allemanha, onde faz seu estudo. Toca qualquer musica no seu mavioso violão de primeira vista (...). Foi Director de Harmonia das Pragas do Egypto, onde elevou aquella sociedade ao conceito publico, com a intelligencia de sua batuta, foi tambem nos ultimos tempos Director de Harmonia do Ameno Resedá, onde glorificou-se com o seu saber, musicista primus-interpares. Jorge é muito digno funccionario da Casa da Moeda.

3. Antonio Joaquim Marques Porto
Era filho de uma distincta familia bahiana. Conheci-o, como soldado do antigo Corpo Militar da Policia da Côrte, apesar de sua grande instrucção, não chegou a galgar posto algum, porque era de um gênio estourado, mettia-se em farras, noite e noites perdidas, não se encomodando com ordens nem disciplina. Marques Porto como era conhecido, era jovial, tocava flauta com grande maestria, no violão era sublime, no piano e no orgão era de uma decia de supplantar. Tambem cantava muitas modinhas, umas alegres e outras sentimentaes e com uma voz maviosa de fazer encantar

4. Leo Vianna
Léo é filho tambem do grande flautista Alfredo Vianna, já por mim descripto aqui nestas paginas e irmão de Pixinguinha. É chorão de fama brasileira. Tocou flauta como gente grande, as melodias feitas com a sua flauta encantavam todos que o ouviam. Deixando depois a flauta, dedicou-se ao violão tornandose um batuta não respeitando os seus congeneres. Cavaquinho na sua mão é sôpa, não só acompanha, como sóla as musicas antigas, e modernas

5. Binigno Lustrado
   Eximio tocador de violão, conheci-o a cincoenta e tantos annos, quando elle era companheiro de Voltaire e acompanhadores do grande Callado o maior flauta daquelle tempo. Benigno ainda vive, e toca o seu violão, trabalhando no seu officio de lustrador.

6. Sabino Malaquias de Siqueira (O Binoca)
   A pessôa de que falamos, era um violão sublime. As cordas nos seus dedos faziam pulsar corações de tanta graçã, e as bellas melodias que nelle, parecia que vinha do berço. Cantava bellas modinhas. Uma que eu me lembro era de uma beleza impossivel de descrever-se. Binoca, foi carteiro do Correio...

7. Pedro Itaborahy
   este distincto chorão, é carteiro de 3ª classe dos Correios e Telegraphos. O acompanhamento feito por Itaborahy, não admira, encanta, tal a maneira que elle dedilha o seu violão.

8. Manoel Vianna (A Bella Vivenda De)
   Fui convidado pelo grande Professor Cupertino, para assistir um conjuncto de chorões lá para as bandas de Agua Santa.tomando um trem de suburbios, saltei no Engenho de Dentro, onde esperei um omnibus para aquellas bandas. (...) Vianna é um violão inveterado, toca este instrumento como gente grande, o seu acompanhamento é de uma belleza admiravel

9. Aarão
   Foi chorão de verdade, violão que foi, de uma maviosidade sem nome.O violão na mão deste heróe era de admirar, pois dedilhava com gosto e alma.

10. Bilhar o Velho
    O inesquecivel Satyro Bilhar, foi um astro que só apparece de seculo a seculo, que neste planeta foi o pharol, que illuminou a bohemia entre os grandes bohemios onde elle se destacava como um sol que brilha e rebrilha supplantando as tristezas, revivendo as alegrias. Quem não conheceu o Velho Bilhar, amigo inseparavel de Paula Ney?

chefe telegraphistada E. F. C. B. aposentando-se com quarenta annos de serviços sem ter nunca perdido um dia...

11. MANDUCA DE CATUMBY

Manduca de Catumby era um chorão celebre de gloriosa tradição, typo idoso, de cor parda, de alta estatura e usava a cabelleira partida ao meio e a tradicional sobrecasaca, trabalhava numa litographia na rua da Assembléa, trazia nos dedos uns aneis de latão com pedras de vidro, e quando dedilhava o violão que era o seu instrumento chamava a attenção dos assistentes pelo brilho das pedras falsas focalizadas pelo reflexo da luz do lampeão.

12. JOSÉ CAVAQUINHO

José Rabello da Silva, conhecido na roda dos chorões por (José Cavaquinho) por ter sido o cavaquinho o instrumento de sua iniciativa no circuito da velha guarda... José, nasceu em Guaratinguetá E. de São Paulo, veio para o Rio ainda muito jovem... elle foi um dos fundadores do Ameno Resedá, como seu director de harmonia. (...) Actualmente é funcionario do M. da Agricultura, e os tempos que lhe sobram da repartição lecciona violão.

13. CATULLO DA PAIXÃO CEARENSE

Catullo é o sol que ainda coos seus fulgurantes raios dá vida á modinha brasileira! pois foi econtinúa a ser o trovador acclamado em todo o Brasil... as suas letras musicadas fizeram época, e ainda os cantores modernos adoram as suas canções e todas as vezes que cantam as modinhas do grande mestre, são muito festejados pois fazem nascer nos corações do pessoal da "corôa" as saudades dos tempos passados que não voltam mais, porque tudo que é muito nosso vae desapparecendo pois com o "progresso" não existem mais as musicas melodiosas que arrancavam do grande cérebro do poeta as canções de amôr... Hoje só imperam as musicas estrangeiras barulhentas e irritantes ou então os sambas e marchas que tem glorificado alguns cantores modernos, emquanto isso Catullo, tem mesmo saudades dos antigos trovadores que interpretavam as suas producções com tanta alma, tanto assim que há muito não apparece uma nova canção de Catullo.

14. QUINCAS LARANJEIRA
Quincas Laranjeira, era bom amigo, eximio violonista, grande artista, modesto e attencioso, de maneiras esplendorosas, por isso tinha em cada collega do chôroum verdadeiro admirador desuas excellentes qualidades. Como funccionario Municipal, era fiel cumpridor de seus deveres, na qualidade de porteiro de hygiene, attendia opublico com presteza delicadeza que lhe era peculiar.
Aposentou-se no posto de escripturario, era primus inter-parino circulo dos grandes chorões de violão, como executor e professor era valorizado, que digam os seus innumeros discipulos que tanto o consideravam pela maneira affavel que dispensava aos seus alumnos, elle, deixou muitas producções.

15. AMARAL UM CHORÃO APOSENTADO
O sr. Amaral era um chefe de secção aposentado da Contabilidade de um de nossos Bancos, era exquisito, usava oculos pretos, fronte alva de entradas quasi chegando ácalvicie, nariz adunco, de rosto descarnado, queixo redondo de onde sahia a guisa de espanador um cavagnac grisalho, não faziaas suas refeições sem tomar daquella agua que passarinho não bebe, era severo no regimendo mando, autoritario nas suas resoluções.
Seu Amaral, era um tigre que fazia tremer de susto com a sua presença o continuo José Pavão, que era um cabra sarado e conhecido em todas as rodas do chôro, razão esta porque elle andava sempre tresnoitado, equando empunhava o seu violão esquecia-se de todos os seus deveres, eis porque o sr. Amaral sempre o censurava.

16. ANGELO PINTO
Companheiro de saudosa memoria, fraco violão, garganta de ouro, de uma sublime suavidade... Falleceu como carteiro aposentado.

17. LILY S. PAULO
Eximia violinista, e musicista, de grande valor. O violão nos dedos de Lily, não toca, chora e diz as maguas que sente. Ella é uma camarada sincera, canta como poucos, sua voz é de uma doçura impossível de

descrever-se. Lily, nos convites para o chôro não dá para traz, está sempre prompta.

18. São Paulo
Bem poucos existem como ele, é sublime, mavioso, não só nas cordas do seu violão, como tambem como cantador de modinhas, é irmão da grande violinista Lily, e os dois junto sem uma festa faziam os encantos, dava o seu verdadeiro valor á mesma.

19. Luiz Brandão
Chorão de tempera, respeitado na roda, typo alegre, sympatico... Nos chôros pela suas verve e maneira agradavel no meio do pessoal ele se distinguia pelo alegria que emprestava a si mesmo, prendendo os auditorios com os gestos e maneira com quea companhava, sendo por isto muito conquistado pelos seguintes solistas: João de Britto, Geraldo João dos Santos, Felisberto marques, Carlos Espindola, Henriquinho e muitos outros. Dizer qum foi Brandão, nomeio dos chorões, torna-se para mim difficil, ta era a sua bagagem de occurrencias agradaveis no meio de seuconvivio. Ele começou como aprendizdo Arsenal de Guerra, depois, carteiro do Correio Ambulante da E. F. C. B., e mais tarde continuo da Portaria da Alfandega.

20. Neco
Nasceu este lá para os lados de Santa Rosa, Nictheroy. Começou a sua vida como oficial de sapateiro, porém, só trabalhava em calçados finos de senhora de salto á Luiz XV, pouco expansivo, com as pessôas que não são da sua intimidade. É methodico, escrupuloso nas suas amizadesde quem faz sérias selecções. Foi ultimamente aposentado como Guarda Municipal, logar este, que occupou com brilho, dignidade e dedicação. Néco, ultimamente tem se retrahido, passando á vida privada, deixando de tocar o seu invencivel violão, e por este motivo tem se tornado muito censurado por infinidade de seu apreciadores. E ele se desculpa dizendo: Não gosto destas musicas d'agora, o meu violão está acostumado com as musicas antigas e tem mêdo de ser enxovalhado pelos violões modernos. Néco, também foi um optimo cantador de modinhas.

21. Raymundo o Quarto Do

Raymundo Conceição, moço ainda, de côr morena, sympathico e communicativo, era um chorão apaixonado, amigo no superlativo; um bohemio dos bons, desses que governam a vida com o coração, e tem no cerebro uma usina de alegria e de esplendidos predicados que muitas vezes se prejudicava em beneficio de seus amigos. Executava no seu violão acompanhamentos em acordes relativamente ao seu bom gosto. Tinha em cada chorão daquele tempo, um admirador.
Na data de 1890 a 1898 em um quarto sito á rua de Sant'Anna, em uma avenida do lado opposto da Igreja do mesmo nome, por occasião do Carnaval, era ahi que se reunia aflôr dos chorões, que fantasiados, formavam blocosdivinaes dos melhores daquela época... Era eleo ficial da Guarda Nacional por ter feito toda a revolta de 93 senco um optimo impressor. Trabalhava ele, no jornal "Cidade do Rio", do grande talentoso jornalista José do Patrocínio.

22. Grey (A Família Dos)

Esta familia morava no Marco 4 em Jacarépaguá, hoje Estrada Rio São Paulo. Era toda de musicos começando pelo velho Grey que era o chefe desta familia intelligente, e que executava em seu violino partituras sentimentaes de musicas classicas e também muito bons chôros. O Antonio Grey, seu filho mais velho, funccionario da Alfandega, era um eximio tocador de violão, e o mais moço, tocava instrumento de sôpro, depois, o professor Coelho Grey. Este tocava todos os instrumentos de sôpro e de cordas, tendo mais predilecção pelo saxophone e violão.

23. Napoleão de Oliveira

Chorão de cultura fina nos batedores Carnavalescos, violão mavioso e scientifico, cantor insinuante que ao lado de Pedro Paulo e de outros bons elementos, alcançou a primazia de um instructor substituindo com muita igualdade o inesquecivel Antenor de Oliveira, na direcção de canto com sua voz de tenor, professor dos contra-alto e soprano das pastoras, e figurante do Rancho Escola Ameno Resedá. Quem não conhece o Napoleão de Oliveira? o alchimista vendedor das pillulas infernaes de Belzebuth, o Mephistopheles das Evas no reinado das Odaliscas, o Brasil civilizado nas Ligas das Nações, as Divindades que regem o Destino do Mundo, em Daphinus, deus cantor discipulo de Pan, em Tio San, em homenagem á América do Norte.

24. Antenor de Oliveira
Dotado de espirito culto, fazia as delicias de quantos tivessem a felicidade de conhece-lo, e com ele privar.Vou tentar fazer o seu perfil, começando a dizer que ele foi um fundador do Rancho Escola Ameno Resedá. Antenor era um batuta no violão, e grande trovador de modinhas, occupou tambem no Ameno Resedá o cargo de director de Poemas, ele se immortalizou com a admiração de muitos poetas naquele tempo, quando fez a letra para o dobrado jubileu, do inesquecível Anacleto de Medeiros. Antenor de Oliveira, nasceu em Angra dos Reis em 1881, e falleceu nesta Capital em 1912. A morte de Antenor foi muito sentida, e pranteada, na roda de todos os chorões, era operarios do Arsenal de Marinha.

25. China
Quem não conheceu este bom e distincto amigo? Julgo que bem poucos, pois o bom China era conhecido nesta cidade como estrela brilhante. China, era tambem filho do velho chorão Alfredo Vianna, e irmão dos glorificados músicos Pixinguinha e Léo. China, era violão afamado, o instrumento nos seus dedos era de maravilhar. Não só acompanhava muito bem, como tambem solante de extasiar. Cantava bons lundús, ás vezes um pouco apimentados, fazendo assim a alegria, e grande risos aos convidados da festa Onde China estivesse só reinava o bom gosto e alegria, de que ele era um apologista. Com sua morte, abriu-se um grande vacuo na roda dos chorões, pois ainda hoje o seu nome é lembrado e chorado.

26. Arthur Pequeno
A muito que não o vejo, não sabendo se é vivo ou morto,morava lá pelos bairro de Villa Isabel. Era um violão seguro, acompanhou nos chôros, Candinho, Pedrinho, Quintiliano, Carlos Furtado e outros.

Arthur, era da turma do grande e bellissimo executor de violão Juca Russo.

27. Romualdo Caboclo
Tocava pouco violão, mas mesmo assim era de agradar, tal o gosto queele tinha por este instrumento.Foi socio e vice-presidente das Pragas do Egypto, sociedade com séde na rua Major Avila... Com seu violão, ele acompanhava belas modinhas, de seu Estado, que era o glorioso Pernambuco. Era muito bairrista, ninguem lhe tocasse em seu Estado, se queria ser seu amigo.

28. Menezes Velho
Quem em Botafogo, alli pelas ruas Arnaldo Quintela, Thereza Guimarães, Fernandes Guimarães, e adjacencias não conhece o bom Menezes, pois é um inveterado do chôro. Conheci em moço, quando trabalhava como estafeta dos Telegraphos... Conheci-o em Copacabana, em uma reunião de tocadores de violão, e cavaquinhos, onde Menezes me jogou um pezado em cima, de que me vi bem atrapalhado.Felizmente, me sahi daquela intalladela, com bastante difficuldade.

29. José Celestino
Quem em Engenho de Dentro não conheceu este grande astro do violão? Bem poucos Celestino, no violão tinha brados de armas, pois era um explendoroso violonista... Solava admiravelmente, chôros bem difficultosos, de admirar seus congeneres. Tinha um ouvido apuradissimo, para os accompanhamentos. Era difficultoso cahir, tal os recursos que ele tinha naquele instrumento. Morreu na Hespanhola, deixando immensas saudades aos seus collegas tocadores, e tambem no grande numero de amigos que ele tinha dos melhores.

30. Horacio Theberge
Inesquecivel violonista, esplendido cantor de Modinhas que fez um grande sucesso no meio dos chorões, onde Theberge tinha admiração e conceito. Era tambem amador Dramatico, onde fez papeis de responsabilidade em um Club Dramatico no Meyer. Era tambem um optimo funccionario dos Correios.

31. Henrique Rosa (Casaquinha)
Persona grata do dr. Murtinho, amigo de seu amigo, intransigente nos seus direitos, violão seguro, conhecido e considerado por todos os chorões... Foi empregado antiquissimo da Policia onde prestou com sua intelligencia e perspicácia innumeros e bons serviços.

32. Juca Valle
Foi um dos primeiros violões de sua época. Companheiro inseparavel de Callado e Viriato, Rangel, Luizinho e muitos outros flautas que tinha nele um violão.

33. Ventura Careca
Ventura Caréca, violão de fama, que tocava com bastante amor e gosto, e quando acompanhava um chôro, ou uma modinha, não admittia que lhe desse o tom, tal a confiança que ele tinha no seu ouvido.

34. José Conceição
Amigo dedicado que foi do sempre chorado Quinca Laranjeira, tendo dele apanhado todo seu estylo serviu muitos annos como guarda-civil.

35. Nene Mario
Conheci morando no Estácio de Sá, tocava muito bem violão, não só solava, como acompanhava. Tinha acordes maviosos, e tão difficeis que o escriptor que tambem era um malandro chorão, naquele tempo nunca poude apanhar dele nenhumas de suas modulações. Morreu a pouco no cargo de guarda-civil.

36. Hernandes Figueiredo
Conhecia musica a fundo, especialisando theoria que ele conhecia como poucos. Podia-se chamar um maestro, pois tocava quasi todos os instrumentos, especialisando-se no violão, que era de um primor como poucos seus dedos no instrumento era de ouro pois encantavam os que ouviam, como eu, que tive o prazer de aprecial-o. No seu violão, não só acompanhava, com solava admiravelmente... O gran-

de Professor, sustentou uma polemica pelos jornaes desta capital, quando aqui esteve o tambem immenso violão Barrios, sobre o violão, sua tonalidade, o encordoamento, e mais artigo este, que foi irrespondivel tal a nitidez e conhecimentos que Hernandes, tinha sobre a musica, e instrumentos. Falleceu repentinamente, julgo em um compartimento dos correios, quando exercendo a sua profissão, de que era um funccionario exemplar.

37. Desiderio Pinto Machado
Foi distincto carteiro de 1ªclasse dos Correios agora aposentado. Tocava muito bem o violão, e cantava admiravelmente, acompanhando com profissiencia o que cantava, com uma voz maviosa de tenor.

38. Carneiro
É' official de Justiça de uma das Pretorias criminaes. Muito choros toquei com o Carneiro, ele de violão e eu de cavaquinho. Carneiro é um dos velhos violão, que conhece com a maior facilidade todos os choros dos antigos chorões.

39. Julio Assumpção
Quem não conheceu o Julio de Assumpção o grande palhaço de circo de cavallinhos que fazia vibrar as platéias com seu mágico violão? Cantando modinhas e ludús, apimentados e humuristicos. Julio de Assumpção foi aprendiz do palhaço Polidoro de gloriosa memoria. Era da turma de Eduardo das Neves, Benjamin de Oliveira e Mario Pinheiro e muitos outros.

40. Olimpio (Conde de Leopoldina)
Olimpio era um farrista de fama. Tocava pouco violão, mas a sua guela era brilhante sem jaça. Cantava uma noite inteira, sem repettir. Falleceu como carteiro de 1ªclasse dos Correios.

41. Americo Jacomino (O Canhoto)
Infelizmente tambem já fallecido a poucos temos no glorioso Estado de S. Paulo, deixando o maior sentimento em todo Brasil. Jacomino, foi uma estrela de alta grandeza, e immenso brilho. Bem poucos vio-

lãonistas, serão capaz de igualar a Jacomino, pois era de uma admiração extrema. Jacomino nas cordas de seu violão, fazia coisas impossiveis, encantava aos seus ouvintes, não só pela agilidade, como pela sua profissiencia no instrumento por ele magistralmente manejado, com facilidade enorme. Solava como poucos, era de invejar a sua electricidade, nas cordas do seu mavioso violão. Acompanhava muito bem mesmo de ouvido, pois conhecia e tocava por musica. Compoz diversos choros, que é de uma beleza sem igual, e que de vez em quando pelo radio, todos nós escutamos com o maior prazer, arpejados por outros bellissimos e encantadores violões que tocam no Radio.

42. VERÇOZA
Foi carteiro de 2ª classe dos Correios, era collega distincto. Tambem muito amigo dos seus companheiros de farra. Verçoza, era um inveterado no chôro. Acompanhava os cantantes com uma habilidadede espantar, tal a ligeireza de seus dedos, e bem assim os bellissimos acordes que ele conhecia magistralmente. Cantava tambem as belas modinhas e lundús, que fazia extasiar os que o apreciava.

43. BILU VIOLÃO
Caboclo dos bons. Bilu foi chorão tambem de facto. O heroe acima, não só acompanhava, como solava, e tambem cantava belas, e ternas modinhas, de fazer a gente babar, tal era, o gosto que ele tinha pelas modinhas, quando acompanhadas por ele, pois fazia acordes de embasbacar.

44. CHICO BORGES
Como era conhecido o heroe acima. Solava os chôros antigos com uma perfeição e beleza. Acompanhava com grande perfeição qualquer instrumento cantante. Fo idistincto collega, como estafeta dos Telegraphos e carteiro dos Correios. Tendo abandonado o serviço, foi por isto exonerado, tal era o seu prazer pela farra, que tudo fazia esquecer neste mundo de meu Deus.

45. GUSTAVO
É um grande e valoroso Professor de violão. Conhece musica a fundo, e assim executa belas peças cheias de harmonias no seu instrumento

que é uma maravilha. Os seus dedos nas cordas de seu violão, faz encantos, empolga mesmo os que ouvirem.

46. Oscar de Almeida
Oscar é um manual enciclopedico, ele toca violão admiravelmente, canta de fazer encantar as suas modinhas. Faz sentimentos a umas, e outras, alegria. Recita poesias inteiras com a maior graça e enthusiasmo. Escreve poemas admiraveis. A classe dos Carteiros deve se orgulhar de possuir um collega de tão elevada reputação, como de intelligencia.

47. Guerra
Está hoje aposentado da Estrada de Ferro. Cantor de modinhas, e celebre tocador do violhão, escriptor de musicas sublimes pois compunha desde polka até o clássico. Infelizmente é a cina de quase todos os musicos naquela época viver e morrer sem um amparo de uma mão caridosa, pois, acabou na maior penuria.

48. João Pernambuco
Dizer aqui nessa descripcão o valor artistico, e pessoal de João Pernambuco, é uma tarefe difficil, tal é o seu immenso valor, tal o seu merecimento, no meio distincto de todos os chorões de sua época. João Pernambuco, é o violão nortista, primus interpares, dos seus congeneres, por estes moivos Catullo Cearense, o distingue como um pharol que brilha no mundo da harmonia, de suas poesias, sertanejas, pois João Pernambuco tem magia nos dedos, na formação dos tons e na dedilhação das cordas, que faz vibrar no seu glorioso violão independente disso é querido, e conquistado por todos os chorões, e numerosas familias, aque ele com veneração e respeito priva, com a sua modestia, e fino trato. Eis aqui tudo quanto pude dizer deste grande artista, amigo, e chorão,que arrebata, e conquista todas as sympathias que ele sabe porque João Pernambuco muito mais merece.

49. João Thomaz
É conductor de trem da Central do Brasil. É pae do grande e estimado Professor J. Thomaz, tambem grande musico, não só do chôro

como do classico. Seu pae João Thomaz é um violão seguro, e canta muito bem, e com grande agrado. O heroe que fallo, compõe musicas para as suas modinhas, e faz tambem as poesias para as mesmas.

50. Bahiano
Quem será que na roda do chôro não conhece este heroe? Julgo que ninguem. Desembanhando da sua capa um lindo, e custoso violão, foi logo fazendo um Mi-menor, com todos os seus acordes que fiquei todo arrepiado, tal a maneira do gosto, e arte que ele desenvolveu naquele instrumento. Logo após solou uma polka difficultosa, e linda, que bambo para o acompanhar, tendo me sahido desta intaladela com bastante difficuldade e assim, nestas difficuldades solou muitas outras.

51. Abilio de Sant'anna Alferes
Era dilecto filho, do major do Exercito, conhecido por major Sant'Anna. Conheci como segundo cadete do 10° Batalhão de Infantaria. Tendo embarcado para o Acre, no posto de Alferes. Na questão solicitada do Peru com o Brasil, por questão do Territorio do Acre, em que o sempre lembrado Visconde do Rio Branco foi obrigado a mandar para aquelas paragens um contingente, onde também foi o sempre lembrado Alferes Abilio. Lá chegando pouco durou, pois a morte o surprehendeu ainda na flôr de vinte e poucos annos. Abilio era sublime violonista, não só solava admiravelmente,que encantava aos seus ouvintes, como tambem, acompanhava a todos os solantes, com uma perfeição de extasiar.

52. Eugenio Torres
Sinto-me feliz em poder no meu livro, escrever, este immenso chorão. Foi de fama no meu tempo, em que tocávamos juntos. Sempre apreciei o seu alto valor no dedilhar do seu mavioso violão.

53. Vicente Sabonete
... homem sério e trabalhador, pois sustenta a sua illustre familia, com seu labor e honra, que só póde o elevar e asua distincta familia de que eu tive o prazer de conhecer, quando carteiro da Rua Lavra-

dio. O violão nos seus dedos de seda em suas seiscordas, fica-se extasiado, tantas é as diabruras, que ele faz no seu instrumento. E' tambem muito habilidoso e fiquei tambem admirado de ver tocar ocarina, feita de suas proprias mãos!

54. Velloso o Mor
Violão de fama, e conhecedor de todos os tons deste dificil instrumento, razão porque, um dia contou-me um chorão, que Velloso, pegou-se em desafio com o sempre lembrado Ventura Caréca, foi uma pegada feia: não havendo vencedores pois ambos eram chorões de primeira agua!...

55. Ismael Corréa
Com seu violão, em punho, não a quem possa com ele, pois nos choros é peior que uma criança. Não é dos grandes tocadores mas o que toca, diz com alma. Foi Presidente das Pragas do Egipto, sociedade em que prestou relevantes serviços o seu amor pela arte muzical.

56. Adhemar Vieira
Foi funccionario da Alfandega, é hoje do tribunal de contas. É destes que não dá para traz, e amigo de verdade do choro. Toca com precisão e gosto, o violão. Que diga Catullo, o Poeta sertanejo que é dele um grande admirador, na segunda Ediçào deste livro, comprometo-me dar mais desenvolvimento o perfil deste chorão.

57. Francisco Alves
Escrever este grande cantor, e executor de violão, sei que estou muito longe de o fazer tal seu real valor, no dedilhar de sublimessimo violão e de invejada vós, que a todos faz extasiar razão porque é conhecido pelos ouvintes de Francisco Alves, e primus inter pares dos cantores da actualidade e alvo da maior admiração no Brasil inteiro, no estrangeiro, especializando-se na Republica Argentina, onde é um idolo da maior veneração, e como, propagandista de tudo que é nosso, que vem dos morros, engrandecendo as nossas Avenidas Palacios, Arranha Céos, e enche de alegria a nossa cidade maravilhosa. Conheci-o com o apelido de Chico viola, em mil novecentos

e doze, pouco mais ou menos no Theatro S. José, ao lado de Alfredo Silva, Carlos Torres, Figueredo, e outros que não me vem a mente, fazendo pontas e cantando modinhas com vós ainda pouco educada, com o aparecimento do Radio, foi-se aperfeiçoando e hoje é um pharol que illumina o meio aonde ele é aclamado, e apreciado, com verdadeira justiça, que é bastante merecedor.

58. João Ripper
O mais destemperado de todos os foliões, tocava cavaquinho e violão, dava em sua casa muito bôas festas, onde reunia o pessoal mais proeminente das serenatas, conheci-o como guarda da Alfandega, tive com ele intimidade frequentei a sua casa em companhia do poeta, e maior cantor do Brasil Catullo Cearense e o velho Bilhar por quem Ripper tinha por eles grande devotamento e muitos outros chorões a quem o Ripper offerecia a cada um d'eles um grande discurso. E assim termino estas linhas co o coração cheio de saudades.

59. Alvaro Cunha (Mocinho)
Mocinho, principe da velha guarda, é actualmente unico rei das serenatas, bom amigo, tem sempre recordações que nos fazem nascer as lagrimas nos olhos, pois Mocinho, conhece, e ainda canta e acompanha as modinhas dos nossos tempos! este "malandro" é uma casa "cheia" porque sósinho faz uma festa com o seu violão!

60. João Lima
Luminar dos Seresteiros. Com uma vóz encantadora, a todos arrebatava, João Lima era companheiro como poucos, tinha vóz de barytono, cantava uma ou duas noites as suas modinhas inteiras, sem repetir.Para acompanhar o heroea cima era preciso ser violão deverdade, e ter muita pratica; senão em cada modinha, era cem tombos. (...) Era funccionario da Estradade Ferro.

61. Tuti
Bem poucos chorões, haverá, que não conheça o bom Tuti, violão e bandolim sublime! No acompanhamento é de admirarem qualquer dos dois instrumentos. No sólo? nem se falla! Deixa apreciadores

bambos das pernas tal a maneira do manejo nesses dois instrumentos. É reformado hoje do Corpo de Bombeiros, e lá no seu bandolim e violão deixava todos extasiados independente da sua fina educação.

62. Velloso, da Estrada de Ferro
Foi um bom tocador de violão, era um excelente cantador de modinha, este que teve a sua época no tempo em que o choro tinha brado de armas no suburbio, onde o nosso bom Velloso se exhibiu com todo gosto, dando prazer e alegria ao pessoal que tanto lhe applaudia. Velloso foi do bom.

63. Ernesto Pestana e Gracinha
O primeiro foi Praça de Policia, e o segundo Guarda Municipal. Ambos na revolta da Armada, prestaram seu serviço ao lado do inclito soldado Floriano Peixoto. Pestana, como obrigação, e Gracinha voluntariamente alistou-se no Batalhão Municipal que naquela occasião se criou para defeza da ordem. Estes dois andavam sempre juntos, onde estava um, tambem, estava o outro. Pois bem; na revolta da Armada, Pestana foi guarnecer a cidade de Vassouras. Gracinha vendo-s aqui separado de seu amigo, não poude se conter! Empenho d'aqui e d'acolá. E arranjou ir para lá tambem destacado. Tocando muito bem violão (e cantando admiravelmente, como tambem seu inseparavel amigo Pestana, deram-se muito bem naquela linda cidade, onde cantando, e tocando; fizeram o agrado da bôa e agradável população daquele logar. Quando terminou a revolta, os heroes regressaram á esta Capital, com bastante pezar daquela excelente população. Pestana, como praça de Policia, julgo nunca ter galgado posto algum. Pois de um genio folgazão e inveterado farrista, andando quasi sempre, atracado ao seu violão, esquecia-se de ordens e disciplina, levando de vez em quando uma cadeia. Porém nem mesmo assim, detinha-o de farrista inveterado. Gracinha era tambem da mesma tempera de seu companheiro e amigo. Ambos já são fallecidos. Este morreu de um desastre, em um bond da Companhia Villa Marinheiros, fazendo a maior consternação aos seus amigos que muito o estimavam.

64. Brant Horta

Lucio sempre com muita difficuldade, ao fazer perfis de celebridades iguaes a esta que vou tentar descrever. Pois Horta era um pedagogo. Porém apaixonado pela musica, tornando-se deste modo, um chorão de valor, que abraçado ao violão, percorria os mundos de harmonias, com acordes que só ele arrancava com inspiração. Eis tudo que tenho a dizer, deste astro luminoso e professor Emerito.

65. Palmieri

É tambem violão de encantar, e tanto assim que toca no bando do excelente flauta Pixinguinha. Ver o heroe acima tocar é um céo aberto. Sóla muito bem, acompanha tambem com grande maestria afinal de Palmieri tudo é bom especialisando a sua excelente educação e fino trato. Esta ultima particularidade já trouxe dos seus paes. Sem mais assumpto neste perfil, recebe Palmieri o meu abraço.

66. Chico Netto

Era funccionario dos Telegraphos, tocava muito bem o violino, violão, e cavaquinho, especialisando-se no bandolim, que ele manejava admiravelmente. Disseram-me que em um torneio o chorão acima, tocou sem parar no seu bandolim mais de quarenta e oito horas, por isso levou três bandolins, afim de supprir a falta do que ele tocava quando arrebentasse uma corda ou desafinasse. Demonstrando assim ser um tocador de follego e grande resistencia.

67. Juca Mãozinha

Era filho de um alli na Rua do Estacio de Sá. Tinha um braço um pouco seco, e assim apresentava-se nos choros com seu violão em baixo do braço, todo cheio de si. Tocava muito pouco, só servia para acompanhar as modinhas que cantava, e que tinha uma bela e suave vós, de maneiras que só por isto era conquistado por todos que o conhecia (...).

68. França Actor

Conheci-o como um dos grandes ornamentos da inesquecivel Companhia Dramatica Dias Braga, onde ele, depois dos espectaculos, dava a vida por uma seresta, munido do seu querido violão. Era seguro nos acordes e cantava quasi todas as modinhas e lundús em voga n'aquele tempo (...).

69. VILLA LOBOS MAESTRO
Esta celebridade, conheci quando ele era um exímio chorão.Tocando em seu violino, tudo o que é muito nosso, com perfeição e gosto, de um exímio artista, em companhia do grande cantor e poeta dos Sertões, Catullo Cearense, de que ele é um dedicado amigo. Villas Lobos é hoje uma gloria do nosso amado Brasil. Sinto-me fraco quando tenho de dizer qualquer cousa de um personagem da esphera do grande maestro Villas Lobo, pois por mais que eu diga, ainda é muito pouco, pois genio igual a ele, já está por si inautecidos, como um pedestal, por ele levantado, que glorificou e elevou a nossa musica no Brasil.

70. ARTHUR ALVES
Violão celebre, e inegualavel acompanhador, este distinctiissi-mo chorão, é o progenitor do muito digno Dr. Advogado Lauro Salles, sempre foi e é, um grande admirador do Mestre dos Mestre, Catullo, de quem é intimo amigo, e companheiro de chôro, que tantas delicias tem dado a todos os auditorios, que gostam de ouvir as boas musicas, eis o que tenho a dizer deste dilecto artistas.

71. SINHÔ REI DOS SAMBAS
Infelizmente a vida tem seus caprichos, ha individuos que não podia, nem devia morrer, porém Sinhô morreu quando devia. Sabe porque leitor?... Por que ele foi além dos paramos com as suas producções originaes de musicas theatraes, onde encarnou o nosso querido e estimado samba, com todos os predicados melodiosos genuinamente brasileiro. Ainda hoje, que o samba tem se desenvolvido e tomado vulto, descendo do morro, para os salões aristocrata, quando se toca um samba de Sinhô, é sempre ouvido coma maior attenção, razão porque, foi cognominado Rei dos Sambas, e muito merecidamente (...).

72. Castro Afilhado

Quem não conhece este inveterado chorão? Que ainda hoje, de vez em quando, nos enche de alegria, e prazer, com suas modinhas e seu querido violão, pelos microphones dos Radios, cantando velhas e novas canções e tudo que é muito nosso. Castro Afilhado, é um nome respeito e venerado, no roda, intima de todos os chorões antigos e modernos.

73. Cabral

Era guarda Municipal, farrista de muito folego tocava violão como gente grande. Era um amigo de verdade, e um baluarte que não negava fogo. O choro fazia parte da bagagem de sua alegria, e onde estivesse o Cabral não havia tristeza (...).

74. Alberto Leão

Grande e gostoso violão Leão era violão de veras tocava como poucos. Os seus acordes, solo e acompanhamento era de arrepiar, tal o gosto em que ele tocava (...).

75. Samuel Leite

Foi funccionario da Estradade Ferro, era irmão do inesquecivel Timbó tocava bem violão cantando as nossas modinhas com muita alma. Eraum verdadeiro seresteiro e chorão de tempera. Ainda hoje o Samuel é muito lembrado pelos seus companheiros de farra com muita razão pois o inesquecível Samuel não dava p'ra traz em nada.

76. Patricio Teixeira

Conheço-o e sei o seu real valor, nos choros, que ele adora. Foi e é, batuta respeitado pela maestria que dedilha o seu afamado violão. Acompanha qualquer instrumento cantante com a maior facilidade, pois conhece seu instrumento por dentro e por fóra com maestria. O Radio, esta grande maravilha do Seculo, encontrou em Patricio Teixeira, o vehiculo de sua incalculavel grandeza; para alegria de todos os lares, onde ele por intermedio de microphone sabe dizer, sabe cantar, pois ele é possuidor de um repertorio de sambas, e modinas, é pena que Patricio tenha se passado ultimamente para embolladas deixando no esquecimento as modinhas de enebriar, aos seus ouvintes, acho bom meu caro Patricio, que retroceda em recordações, a tantas modinhas, a tantas canções, a tantos sambas tão cheio de melodias interpretada pela vosa maviosa vóz, que tanto impera, no meio de todos os vossos companheiros de choro, que não regateia o vosso valor que tens adquerido com tantos esforços e bôa vontade. Eis porque, o autor destas linhas,vos admira, com applausos de todos que como eu, tem a felicidade de pelo Radio, vos apreciar.

77. Vicente Vianna (Vianinha)
Conheço bem de perto, este valoroso companheiro firme e seguro e dei o valor real do seu tempo. Não recusava parada, pois estava sempre prompto para a lucta, fosse ele onde fosse.Vianninha foi um doido pelo choro. Nas modinhas daqueles saudosos tempos, ele sabia dizer o que sentia. Com seu mavioso, e saudoso violão, sempre em baixo do braço, acompanhava-nos para todos os choros, onde ele sabia da vida ás festas, que com prazer, não as perdia. Andava na roda do Theberge, do Bilu, do Brandão do Quintiliano, de mim escriptor destas reminiscencias, querendo eu dizer, que Vianninha, nunca tinha folga (...).

78. São João
(...) São João, foi alumno da Escola Militar, e hoje faz parte da commisão Rondon. É exímio violonista, que prende com graça, e arte todos os auditorios do rude, ao mais selecto. E de uma educação fina, e aprimorada. É um grande admirador e propagandista das nossas musicas, que ele tem como um evangelho (...).

79. Tabacão
Tocava violão e cantava boas modinhas, frequentava n'aquele tempo a casa do Caixerinho e do Mamede lá para os lados da Piedade. Morava ele em Nictheroy onde era um bamba. Companheiro de Cypriano, Soares bom bardão, Néco e Luiz Brandão. era um chorão de patente pois, se esquecia de tudo quando estava de violão empunho.

80. Tafy

Era bahiano de nascimento, e carioca de coração. Tafy logo que aqui chegou em pouco tempo, relacionou-se com os grandes, e pequenos chorões desta capital, fazendo com eles grandes amizades Era um violão respeitado, pois tocava com grande primor e arte. Tinha belos acordes, onde eu pude pegar um deles, que é em Fá sustenido menor. Aprecie imuito este executor de violão, em casa de Mariquinhas duas covas, que sendo Bahiana tambem, já o conhecia de seu Estado natal (...).

81. Estulano

Este chorão, faz parte no cliché dos chorões publicado neste livro. A narração dos perfis dos chorões da velha guarda em companhia de Luiz de Souza, Gonzaga da Hora, Irineu Battina e outros. Ele foi um violão bamba e dos bons. É já fallecido, mas sempre lembrado por todos os chorões da velha guarda, onde ele contava innumeros amigos. Foi um fervoroso Resedá, onde com o primor de seu violão emprestou ao campeão de Harmonia o brilho valoroso de um grande artista.

82. João Brasil

Este chorão me foi um dia apresentado pelo consagrado poeta Catullo Cearense, e desde essa ocasião, tornei-me dele amigo. Toca pouco violão, e é apaixonado pelas modinhas, dando a vida por uma farra.

83. Thiburcio Machado Coelho

Foi tambem um amigo dedicado. Companheiro firme e batuta respeitado. Nos choros em que tocava, fazia gosto ouvil-o. Era violão, seguro, e de grande valor. Conhecia os segredos daquele mavioso instumento,com muita graça e arte. Solava admiravelmente boas polkas, tangos e etc. No acompa-nhamento dos instrumentos cantates, era uma beleza sem igual, pois era senhor de todos os segredos que já se foram (...).

84. Xisto Bahia

Actor Brasileiro, principe do Theatro Nacional. Quem não conheceu Xisto Bahia? (...).Tocava bem violão especialista Nos lundus e modi-

nhas Bahianas. Tambem sabia recitar com grace os seus monologos. Muito Querido das platéas do Rio e de Nictheroy, emfim, do Norte ao Sul do Brasil (...).
Foi um grande chorão, senhor do braço do violão. Foi um propheta, senhor da magia das musicas Brasileiras, que annunciou a prosperidade do violão. Se ele hoje ainda existisse estaria regosijando como progresso deste instrumento maravilhoso que se chama violão, que era seu devotado instrumento.

85. João Quadros
Descrever João Quadros é um quadro triste para mim. João Quadros era um amigo dedicado. Companheiro para tudo. Amigo assim existiu muito poucos (...). João Quadros, era a figura maxima daquelas festas, pois era de um genio folgazão, gostava muito das farras, e era o seu fraco. Tocava muito pouco violão, mas cantava boas modinhas, por ele mesmo acompanhada. Conheci-o muito moço ainda, e co ele fiz uma amizade, mais que irmão. João Quadros sempre foi muito meu amigo e companheiro, pois aprendi com eles a comer ligeiro, deixando muitas vezes, ficar comendo, e eu folgado. João Quadros, quando sahia-mos me felicitava, dizendo, agora sim! Estaes ficando malandro, pois estaes perdendo a vergonha!... E com a continuação de sua companhia, fiquei bamba em tudo, pois perdi a vergonha de cantar, tocar, comer e tudo mais sem acanhamento. Esse meu amigo era cocheiro, filho tambem de um velho cocheiro que era appellidado por José Sinhá, que trabalhava em uma cocheira muito antiga na rua Hadock Lobo, em frente a Travessa do Rio Comprido, onde seu filho ás vezes, fazia uma ou outra sahida, para distrahir-se (...).

86. Edmundo Dantés
Foi immenso e admirado chorão de seu tempo. Tocava com grande perfieção o seu instrumento, que era o violão. Solava admiravelmente, acompanhava com grande saber os instrumentos cantante, com uma perfeição divina. Onde ele estivesse tocando não podia haver tristeza, pois, cantando belos lundús, excelentes modinhas, e recitando belos monologos, fazia as delicias de seus apreciadores (...).

87. Cipriano de Nictheroy

Escrever os grandes feitos deste heroe: equivalle uma epopéa. Cipriano não era só um chorão, mas um dilecto amigo. Convivi muito com este distincto farrista e ainda hoje, pranteio a sua morte. Toquei em muitos bailes em Nictheroy, e mesmo aqui nesta Capital, e sei dar o valor deste apaixonado do violão. Fazia no seu instrumento accordes sublimes e de alto valor musical. Acompanhava admi-ravelmente, o grande e immenso Felisberto flauta, que o adorava como acompanhador sublime (...). Falleceu como funccionario dos Correios, deixando a todos e tambem aos velhos chorões immorredouras saudades.

88. Joaquim Fialho

Descrever, este excelente amigo e companheiro é bem difficultoso, tal o valor moral, e de chorão que ele é. Já fez parte da Directoria do Ameno Resedá, onde prestou relevantissimo serviços, para gloria daquele rancho. Estando em um chôro, não precisa ouvir-se os instrumentos, poi sele sósinho faz a festa, pois com boas modinhas, lundús, monologos, samba e mais por ele declamado é um prazer. Não é lá dos grandes violões, mas o que toca, faz graça no que canta (...).

89. Alberto Carão

Farrista como poucos, tocava bem o violão, sabendo dizer nele o segredo que tem. Pois sónós tocadores é que conhecemos. O chorão acima cantava muitas modinhas, pois tinha um peito de aço, fazendo muito agrado aos ouvintes (...).

90. Mascarenhas Major

Muito o conheci, e com ele muito privei, pois fomos amigos inseparaveis.

Tocava regularmente o violão, e cantava boas modinhas e excelentes lundús. Era muito procurado para em casa de familia tocar e cantar, o que ele tinha grande prazer, pois tinha plena convicção, que sabia dizer com o gosto, não só nas modinhas, como tambem no dedilhar de seu violão, de quem era um apaixonado.

91. VICTOR DA SILVA (CABORÉ)
Foi um violão de destaque em acompanhamentos de valsas, polkas, quadrilhas etc. e, tambem, um optimo centro no cavaquinho, no conjuncto de Edgard, Leocadio, Chico e Zé Russinho (...).

92. ANTONIO BAPTISTA ROSA
Era um violão seguro, de ouvido apurado, tocou em muito choros, na Cidade Nova, e tambem nos Suburbios (...).

93. ROMEU
Vive ainda. Funccionario do Thezouro, onde é muito conceituado. Belo violão e belo cantor de modinhas (...).

94. FRANCISCO JOSÉ DA SILVA (CHICO)
O Chico foi um eximio violãonista que sempre se dedicou em acompanhamentos de choros.
Nos bairros de Botafogo, Gavea, Villa Isabel, Suburbios, Paracamby e Nictheroy sempre se destacou com os seus contracantos tirados nas oitavas do seu violão, fazendo gemer o Ré, imitando o bombardino (...).

95. JOÃO DOS SANTOS DE NICTHEROY
Este chorão é um explendido cantador de modinhas, regular tocador de violão, poeta dos bons possuidor do dom da palavra tornando-se desta forma orador dos pagodes d'aquele tempo. Trabalha ele no Fôro desta capita e reside em Nictheroy; tem bôa palestra e é um bom amigo; ha tempo não tendo o prazer de vel-o, mas sei que ainda vive.

96. MAURICIO
Como é conhecido na roda dos chorões da velha, e nova guarda (...). Foi chorão de fama, e de alto valor, e ainda agora, e um batuta de alta esphera musical. Toca violão impossivel de descrever-se, sem falhas, o que Mauricio, me desculpará, pois mesmo demuito boa vontade, é impossivel tal os feitos heroicos. Além de tocar maviosamente o seu violão, é immenso cantor de modinhas o que ele canta com um gosto aprimorado.

97. Henrique e Manduca Pinna os Irmãos
Escrever estes dois luminares do chôro, não é facil. É preciso ter muito bôa vontade para isto fazer (...). E tudo quanto possa dizer destes grandes personagens, ainda é pouco, porque eles, pertenceram ao meu conjuncto, Henrique de violão e Manduca de cavaquinho abrilhantavam com suas harmonias, os choros onde estivessem.
Fui deles amigo dedicado e admirador, tendo grande intimidade com sua respeitavel familia. Eram celebridades, em nossas modinhas, a penna me treme, sinto palpitações, por grandes saudades destes luminosos planetas, que desappareceam, deixando um clarão de um pharol que muito illuminou os choros daquele tempo (...).

98. João Avelino
Violãonista de merito, discipulo do grande Barrios. É de São Paulo. Vive ainda, pezado de annos.

99. Vicente Franco
Alferes do exercito, tocava violão, flauta e ophicleide. Era da antiga Escola Militar, em 1884.

100. Arthur Mattoso
Cabra chorão de verdade, cantador celebre de vóz, harmoniosa e expressiva diz com graça e humorismo as cançonetas de sua autoria. É disputado pelos seus admiradores, pois Arthur Mattoso, é excelente chorão na intimidade, é um folgazão, jámais quando impunha o seu violão arrancando d'ele as melodias de perfeitos acordes (...).

101. Antonio Xavier
Foi chorão da velha guarda. Dizer os feitos deste grande e immenso solista e acompanhador de choros, era preciso escrever-se com penna de ouro.
Tocava este inveterado farrista violão, de fazer um defunto levantar-se da cova. Dedicava-se muito a dedilhar maestralmente a viola, que era um assombro nos seus dedos neste instrumento rustico ele fazia cousas impossiveis, pois solava belas polkas, tangos, mazurcas, chotes, etc.

Quadrilhas inteiras, apezar de ser paralytico das pernas, nas festas em que ia tocar pedia para sentar-se em uma cama, e alli principiava a dedilhar na sua viola, ou mesmo no seu violão, deixando mesmo ambasbacado não só os donos da casa, como todos os convidados, deixando ficar os musicos parados, pois todos preferiam escutar o Xavier!
Este sublime heroe morou muitos annos no jardim Botanio numa rua dos Suburbios, lá deu sua alma a Deus tendo o seu enterramento sido uma apotheose.

102. Elpidio Borges (Bilu)
Funccionario antigo do "Jornal do Commercio", um apaixonado da musica; e não ha na roda do chôro quem não tenha veneração pelo Bilu, não só pela sua lealdade como tambem pelo correctismo que só ele sabe dispensar as pessoas de sua amisade. Segundo me consta, o Bilu vae se aperfeiçoar no violão para acompanhar as suas modinhas do seu vasto repertorio. Eu aqui, vos encorajo Bilu, sois um artista, que em breve desejo ver o teu nome evoluido com esta tua voz entre o baritono e o tenor para a alegria de todos os teus amigos.

103. José Francisco da Costa e Souza (Zé Russinho ou Zé da Gavea)
Sem receio de errar foi o violão que marcou, desde o Salgueirinho, na Lagôa Rodrigo de Freitas até o Guimarães, no ponto final dos bonds da Gavea, um novo advento para esse instrumento, nos moldes da inesquecivel e inegualavel escola do choro e musica do Cavaquinho de Ouro, nos bons tempos do velho Andrade, seu proprietario, (cousa ruim), como era habito tratar os seus amigos mais intimos que frequentavam aquela casa: Gustavo, Latou, "O Paganini", etc. No choro, em acompanhamentos, o seu violão se destacava pelo facto de reunir nesse instrumento o saxe e o bombardom.
Na Sociedade Flôr da Gavea, da qual fazia parte da Directoria, organisou, para as suas reuniões dansantes, um dos melhores conjunctos até hoje lembrado, do qual faziam parte seu velho amigo e compadre Chico, de Botafogo, o violão que falava, Victor, cavaquinho, Edgard e Leocadio, flauta (...). Hoje está afastado por não se conformar, de maneira alguma, com as musicas americanas, de arribação.

104. Julinho Ferramenta
Conheci-o bem menino, seu pae o João Ferramenta tocava Guitarra, e obrigava, a Julinho a tocar violão, afim de ter um acompanhador pois seu pae conhecendo um bocado de violão, ensinou a Julinho, que pouco a pouco, foi se desenvolvendo de uma maneira assustadora. Além de solista, era tambem sublime acompanhador, pois tinha um ouvido apurado.

105. Juca Russo
Sublimissimo, cavaquinho, e tambem excelente violão. Escrever este batuta é duro, mais com um bucado de paciencia vae. É filho de Juca Valle, da turma de Callado, Juca Russo como seu pae, é um principe no violão, e no cavaquinho, tem um ouvido de desafiar.

106. Juca Mulatinho
Sempre morou pelas adjacencias do Estacio de Sá. Era tambem distincto amigo, e excelente companheiro para ele não admittia difficuldades. Andava quasi sempre prompto sem nenhum (...).Tocava um bocado de violão não sendo dos afamados, mas em fim, sempre ajudava nos choros que ele muito gostava. Cantava tambem suas belas modinhas que hoje já não me lembro de seus nomes.

107. Jonjoca
Quem não conheceu naquelles tempos já passados o bom do Jonjoca? Julgo que ninguem. Era muito conquistado por todos os tocadores, pois apezar de tocar pouco o seu violão, sabia com arte acompanhar as suas belas e harmoniosas modinhas. Jonjoca pouco descansava, pois era agarrado para todos os choros, afim de ouvil-o cantar, pois fazia grande alegria nos pagodes onde ele se achava (...).

108. Donga
É um dos batutas da Roda de Pixinguinha. Chorão que deve-se escrever com letras de ouro, pois Donga tem apóz de si, uma rica bagagem de effeitos musicaes, que não preciso descrever, pois não ha na roda dos chorões quem não conhece o valor que ele tem. Na propaganda dos sambas, nas nossas modinhas e afinal, é expoente propagandista e dedicado, encorajando sempre o meio dos seus pares com enova-

ções de suas expirações, Donga é um dos autores das primeiros sambas que abrio com chave de ouro as portas das gravações, que forram irradiadas com grandes sucessos. Eis porque me sinto enthusiasmado em fazer o perfil de um chorão da tempera de Donga. Este que prende os auditorios com harmonia de seu violão, e de seus amigos com sua simpathia.

109. Leopoldo Froes
Foi a maior gloria do Theatro Brasileiro. Leopoldo Fróes tambem era um grande chorão, pois sabia chorar as suas maguas no violão! instrumento este de sua paixão dedilhava com alma, sabia cantar arrancando os maiores aplausos das platéas, essa que sabia dominar com intelligencia e arte em todas as representações de responsabilidades (...).

110. Alamiro (Capitão)
Morava, em Jacarépaguá, amigo incondicionalmente, pois era bom e franco, funcionario dos Correios aonde deixou infinidades de amigos e admiradores, tocava regularmente violão, e tinha um grande repertorio de modinhas em voga daqueles tempos (...).

111. Eduardo das Neves
O heroy acima morreu deixando saudades nos corações dos cariocas, foi um bom tocador de violão, sabendo com bom gosto e arte, fazer os sentimentos na alma dos que ouviam Cantar nos circos, nos palcos as mais ternas e boas modinhas, belo lundus de fazer hylaridades pois as vezes era bem apimentados (...).

112. Jorge Guerreiro
Conheci-o bastante com ele privei muitas vezes, em choros que se davam as centenas nas cernarias do Engeno Velho. Era um excelente violão sollava muito bem, as polkas, valsas, e mais daqueles saudosos tempos. Independente de sollista, éra um grande cantor de modinhas (...). Tambem foi grande capoeira, e jogava no partido Nagô (...).

113. Eugenio Torres
Conheço bem de perto o seu valor real. Eugenio pelo chôro perdia a cabeça, tal o arraigamento que ele tinha pelo mesmo. Toquei com ele em muitos chôros da Cidade Nova, e suburbios onde era uma figura

obrigada, ainda hoje vive felizmente, pois quando o encontro, sinto a maior satisfação, por estas lembranças dos tempos idos.

114. Eduardo de Castro
Conheci este chorão da velha guarda, na Tijuca, hoje é funccionario Municipal. É um bom amigo e distincto chefe de familia digno de toda consideração, além de ser um chorão inveterado, conhecedor do braço do violão, ele aprecia com ardor os bons artistas e sabe abalisadamente ajuisar o valor de cada um deles.

115. José de Moraes (Canninha)
E um verdadeiro chorão de velha e da nova guarda, pois ainda brilha! Conhece toda escola do violão, tanto assim que no meio dos actuaes professores ainda dá no couro, tambem canta modinhas com uma escola toda sua, tomando parte em reuniões das mais distinctas familias de nossa sociedade, sempre com o seu amigo de todos os tempos o violão (...). É funccionario da Fazenda, compridor de seus deveres, estimado pelos seus superiores e amigo de seus amigos do cordão da velha guarda.

116. Freitas Professor
Apezar de não ter a felicidade de o conhecer pessoalmente, mas tenho um criado que tudo me traz pelo som, ficando eu habilitado para mais ou menos poder dar o seu valor. E desta maneira, o escuto no meu Radio, o sublime dedilhar do eximio Professor me deixado extasiado naquele sublime instrumento que é o violão. Recebe o Freitas os meus aplausos.

117. Guerra da Estrada de Ferro
Canta e toca bem o violão. Conheci-o na casa do saudoso e sempre lembrado Bilhar. A muito que não vejo este chorão penso que ainda vive, morando lá pelos suburbios.

Música	Data	Autores	Gravadora	Nº
				Aimoré
Serenata	Jul/55	F. Schubert	Copacabana	5.425-A
Romance sem palavras	Jul/55	Mendelsohn	Copacabana	5.425-B
				Américo Jacomino (Canhoto)
Belo Horizonte	Jun/13	Canhoto	Odeon	120.595
Pisando na mala	Jun/13	Canhoto	Odeon	120.596
Campos Sales	Jun/13	Canhoto	Odeon	120.597
Devaneio	Jun/13	Canhoto	Odeon	120.598
Beijo e lágrimas		Canhoto	Odeon	121.248
Acordes do violão		Canhoto	Odeon	121.249
Madrugando		Canhoto	Odeon	121.478
Recordações de Cotinha		Canhoto	Odeon	121.479
Marcha triunfal brasileira		Canhoto	Odeon	122.932
Abismo de rosas		Canhoto	Odeon	122.933

Música	Data	Autores	Gravadora	Nº
Porque te vuelve a mi		Canhoto	Odeon	122.934
Uma noite em Copacabana		Canhoto	Odeon	122.935
Marcha dos marinheiros	Dez/26	Canhoto	Odeon	123.198
A menina do sorriso triste	Dez/26	Canhoto	Odeon	123.199
Reminiscências	Dez/26	Canhoto	Odeon	123.200
Alvorada de estrelas	Dez/26	Canhoto	Odeon	123.201
O guarani		C. Gomes	Odeon	123.210
Sonsa		Canhoto	Odeon	123.211
Invejoso		Canhoto	Odeon	123.212
Viola, minha viola		Canhoto	Odeon	123.213
Rosas desfolhadas		Canhoto	Odeon	123.246
Guitarra de mi tierra		Canhoto	Odeon	123.247
Melancolia		Canhoto	Odeon	123.248
Luizinha		Canhoto	Odeon	123.290
Fluminense		Canhoto	Odeon	123.291
Tico- tico no farelo		Canhoto	Odeon	123.292
Uma noite em Ipanema		Canhoto	Odeon	123.293
Saudades de minha aurora		Canhoto	Phoenix	70.786
Belo Horizonte		Canhoto	Phoenix	70.803
Uiára		Canhoto	Phoenix	70.804
Devaneio		Canhoto	Phoenix	70.805
Sempre teu		Canhoto	Phoenix	70.806
Foi embora, Maria	Ago/27	Canhoto	Odeon	10.014-A
Dengoso	Ago/27	Canhoto	Odeon	10.014-B
O coco de Iaiá	Ago/27	Canhoto	Odeon	10.015-A
Santa Terezinha	Ago/27	Canhoto	Odeon	10.015-B

Música	Data	Autores	Gravadora	Nº
Olhos Feiticeiros	Ago/27	Canhoto	Odeon	10.017-A
Burgueta	Ago/27	Canhoto	Odeon	10.017-B
Marcha triunfal brasileira		Canhoto	Odeon	10.020-A
Reminiscências		Canhoto	Odeon	10.020-B
Abismo de rosas		Canhoto	Odeon	10.021-A
Marcha dos marinheiros		Canhoto	Odeon	10.021-B
Uma noite em Ipanema		Canhoto	Odeon	10.022-A
Tico-tico no farelo		Canhoto	Odeon	10.022-B
Brasilerita	Set/27	Canhoto	Odeon	10.024-A
Caprichoso	Set/27	Canhoto	Odeon	10.024-B
Amor de Argentina	Mai/28	Canhoto	Odeon	10.164-A
Arrependida	Mai/28	Canhoto	Odeon	10.164-B
Os teus olhos	Mai/28	Canhoto	Odeon	10.165-A
Pensamento	Mai/28	Canhoto	Odeon	10.165-B
Lamentos	Mai/28	Canhoto	Odeon	10.166-A
Mentiroso	Mai/28	Canhoto	Odeon	10.166-B
Delírio	Jun/28	Canhoto	Odeon	10.188-A
Quando os corações se querem	Jun/28	Canhoto	Odeon	10.188-B
Niterói	13-03-28	Canhoto	Odeon	10.200-A
Escuta minh'alma	13-03-28	Canhoto	Odeon	10.200-B
Mexicana	13-03-28	Canhoto	Odeon	10.265-A
Uma noite na roça	13-03-28	Canhoto	Odeon	10.265-B

Antonio Rago

Chorando	Mai/43	Antonio Rago	Columbia	55.437-A
Velhos tempos	Mai/43	Antonio Rago	Columbia	55.437-B
Extasiado	10-06-44	Antonio Rago	Continental	15.268-A

Música	Data	Autores	Gravadora	Nº
Sonhadora	10-06-44	Antonio Rago	Continental	15.268-B
Este é o choro	14-06-45	Antonio Rago	Continental	15.377-B
Chorando	Mar/45	Antonio Rago	Continental	15.514-A
Velhos tempos	Mar/45	Antonio Rago	Continental	15.514-B

Antonio Rago e seu conjunto

Música	Data	Autores	Gravadora	Nº
Jamais te esquecerei	24-07-47	Antonio Rago	Continental	15.811-A
Mentiroso	24-07-47	Antonio Rago	Continental	15.811-B
Bilhetinho de amor		Antonio Rago	Musi-Color	50.006-A
Boogie no samba		Antonio Rago	Musi-Color	50.006-B
Santista	05-11-54	Antonio Rago	Continental	17.129-A
Lágrimas de amor	05-11-54	Antonio Rago	Continental	17.129-B
O barão na dança	16-05-55	Rago e M. Vieira	Continental	17.149-A
Jerimum	16-05-55	Rago-H. Carvalho	Continental	17.149-B
Mi noches sin ti	08-07-55	Demetrio Ortiz e Mª Tereza Marques	Continental	17.248-A
Mambo na Glória	08-07-55	Antonio Rago	Continental	17.248-B
Amargurado	22-06-56	Antonio Rago	Continental	17.338-A
Castanholas	22-06-56	Rago e M.Vieira	Continental	17.338-B
Boneca japonesa	Jul/57	Rago e M. Vieira	Continental	17.460-A
Encantamento	Ago/57	Rago e Conde	Continental	17.460-B
Passarinho, passarinho	Mai/58	L. Babo	Continental	17.540-A
Índia morena	Jun/58	Antonio Rago	Continental	17.540-B
Balada do teu passo	Set/60	Rago e A. Machado	Continental	17.809-A
Vai com deus	Set/60	Rago/J. Pacífico	Continental	17.809-B
Que importa...	22-07-48	Antônio Rago	Continental	15.937-A
Deliciosos	22-07-48	Antônio Rago	Continental	15.937-B
Dos Almas	27-05-49	Don Fabian	Continental	16.097-A
Pelo teu amor	27-05-49	Antônio Rago	Continental	16.097-B

Música	**Data**	**Autores**	**Gravadora**	**Nº**
Em tuas mãos	22-06-50	Antônio Rago	Continental	16.271-A
Grande amigo	22-06-50	Antônio Rago	Continental	16.271-B
Noite triste	22-07-50	Antônio Rago	Continental	16.303-A
Estranho	22-07-50	Antônio Rago	Continental	16.303-B
Por toda a vida	09-11-50	Antônio Rago	Continental	16.350-A
Motivo cubano	09-11-50	Antônio Rago	Continental	16.350-B
História triste de uma praieira	04-12-50	Stefana de Macedo	Continental	16.387-A
Minha homenagem	04-12-50	Antônio Rago	Continental	16.387-B
Ni una palabra	13-08-51	Valdomiro Lobo	Continental	16.469-A
Um guarda-chuva na sombra	13-08-51	Antônio Rago	Continental	16.469-B
Desespero	30-03-51	Antônio Rago	Continental	16.523-A
Gostozinho	30-03-51	Antônio Rago	Continental	16.523-B
Saudades de alguém	27-03-52	Paraguassu	Continental	16.575-A
Despertar da montanha	27-03-52	Eduardo Souto	Continental	16.575-B
Valsa do adeus	23-07-52	Chopin-Arr. Rago	Continental	16.625-A
Voltarás a mim	23-07-52	Antônio Rago	Continental	16.625-B
Dois Bailarinos	07-01-53	Antônio Rago	Continental	16.752-A
Arrependida	07-01-53	Antônio Rago	Continental	16.752-B
Baião do Ceará	24-04-53	José Menezes e Moreira Filho	Continental	16.789-A
Na granja do Lacerda	24-04-53	Antônio Rago	Continental	16.789-B
O grande centenário	21-12-53	Antônio Rago	Continental	16-900-A
Folinha	21-12-53	Antônio Rago	Continental	16.900-B
De braços abertos	09-06-54	Antônio Rago	Continental	16.984-A
Festa portuguesa	09-06-54	Antônio Rago e Mário Vieira	Continental	16.984-B

Música	Data	Autores	Gravadora	Nº
				Armando Neves e F. Laroza
Casamento na roça	Ago/30	F. Laroza Sobrinho	Parlophon	13.194-A
Sem querer	Ago.30	F. Laroza Sobrinho	Parlophon	13.194-B
				Baden Powell
Samba triste	Jul/60	B. Powell/B. Blanco	Philips	P61025H-A
Estrellita	Jul/60	Ponce	Philips	P61025H-B
Lição de baião	Jun/51	J. Castro/D. Marechal	Philips	P61103H-A
Do jeito que a gente quer	Jun/51	Ed. Lincoln	Philips	P61103H-B
				Benedito Chaves
Em São José do Pito Aceso		Benedito Chaves	Odeon	10.845-A
Siqueira Campos		Benedito Chaves	Odeon	10.845-B
Tremolo	22-09-31	Benedito Chaves	Odeon	10.890-A
Cateretê mineiro	22-09-31	Benedito Chaves	Odeon	10.890-B
Marcha Colúmbia	Jun/29	Benedito Chaves	Colúmbia	5.036-A
Sons de carrilhões	Jun/29	João Pernambuco	Colúmbia	5.036-B
Uma lágrima	Jun/29	Sangrera	Colúmbia	5.037-A
Serenata de Toselli	Jun/29	Toselli	Colúmbia	5.037-B
Reverie	Jul/29	Shcumann	Colúmbia	5.054-A
Romanza (da Casa das Três Meninas)	Jul/29	Schubert	Colúmbia	5.054-B
Homem encantador	Jul/29	Belmácio Godinho	Colúmbia	5.055-A
Recuerdo	Jul/29	Tarrega	Colúmbia	5.055-B
Geni	Out/29	Benedito Chaves	Colúmbia	5.101-A
Lorena	Out/29	Benedito Chaves	Colúmbia	5.101-B
Marcha Heróica		Benedito Chaves	Continental	16.833 A
Ave Maria		Benedito Chaves	Continental	16.833 B

Música	Data	Autores	Gravadora	Nº
				Bola Sete
Meu sonho		Bola Sete	Star	152-A
Carminho do choro		Bola Sete	Star	152-B
Mister Jimmy	29-07-58	Bola Sete	Odeon	14.366-A
Mambeando	30-07-58	Bola Sete	Odeon	14.366-B
Batucando mesmo	13-12-59	Bola Sete	Odeon	14.610-A
Ma griffe	22-01-60	Bola Sete	Odeon	14.610-B
Accarezzame	02-07-56	P.Calvi e Nisa	Continental	17.333-A
Scapricciatiello	02-07-56	F. Albano/P. Vento	Continental	17.333-B
Sem compromisso	08-04-52	Djalma de Andrade	Todamérica	TA-5171-A
"To" de sinuca	08-04-54	Djalma de Andrade	Todamérica	TA-5171-B
Meditando	15-07-53	Garoto	Todamérica	TA-5343-A
Baião da Bahia	15-07-53	Bola Sete	Todamérica	TA-5343-B
				Bola Sete e seu conjunto
Hora staccato	Mar/55	Dinícu-Heiffetz	Continental	17.096-A
Czardas	Mar/55	Monti	Continental	17.096-B
Bacará	12-04-57	Bola Sete	Odeon	14.254-A
Aquarela do Brasil	08-02-57	Ary Barroso	Odeon	14.254-B
				Carlos Campos
Lágrimas de amantes	21-05-32	Carlos Campos	Odeon	10.982-A
Fernanda	21-05-32	Carlos Campos	Odeon	10.982-B
Lili	28-09-36	Carlos Campos	Odeon	11.491-A
Variações em ré maior	28-09-36	Carlos Campos	Odeon	11.491-B
Duas almas		Carlos Campos	Parlophon	13.340-A
Invicta		Carlos Campos	Parlophon	13.340-B
Variações em lá menos		Carlos Campos	Parlophon	13.366-A
Solar		Carlos Campos	Parlophon	13.366-B
A noite		Carlos Campos	Parlophon	13.391-A
Variações em ré menor		Carlos Campos	Parlophon	13.391-B

Música	Data	Autores	Gravadora	Nº
				Dilermando Reis
Dança chinesa	Jun/44	Dilermando Reis	Continental	15.158-A
Adeus de pai João	Jun/44	Dilermando Reis	Continental	15.158-B
Recordando	Mar/45	Dilermando Reis	Continental	15.294-A
Saudade de um dia	Mar/45	Dilermando Reis	Continental	15.294-B
Minha saudade	Abr/45	Dilermando Reis	Continental	15.317-A
Rapsódia infantil	Abr/45	Dilermando Reis	Continental	15.317-B
Noite de lua	Mai/44	Dilermando Reis	Continental	15.503-A
Magoado	Mai/44	Dilermando Reis	Continental	15.503-B
Noite de estrelas	Jun/46	Dilermando Reis	Continental	15.650-A
Dedilhando	Jun/46	Dilermando Reis	Continental	15.650-B
Adelita	Ago/46	F. Tárrega	Continental	15.674-A
Grajaú	Ago/46	Dilermando Reis	Continental	15.674-B
Vê se te agrada	20-03-48	Dilermando Reis	Continental	15.888-A
Dois destinos	20-03-48	Dilermando Reis	Continental	15.888-B
Araguaia	20-03-48	Dilermando Reis	Continental	15.966-B
Súplica	Mai/49	Dilermando Reis	Continental	16.054-A
Tempo de criança	Jun/49	Dilermando Reis	Continental	16.054-B
For de aguapé	Jul/49	Dilermando Reis	Continental	16.109-A
Doutor sabe tudo	Set/49	Dilermando Reis	Continental	16.109-B
Alma Sevilhana	Jul/50	Dilermando Reis	Continental	16.263-A
Quando baila la muchacha	08/50	Dilermando Reis	Continental	16.263-B
Xodó da baiana	Mar/51	Dilermando Reis	Continental	16.370-A
Promessa	Mar/51	Dilermando Reis	Continental	16.370-B
Sentimental	22-08-51	Dilermando Reis	Continental	16.483-A
Bingo	22-08-51	Dilermando Reis	Continental	16.483-B
Sons de carrilhões	Mai/52	João Pernambuco	Continental	16.560-A
Abismo de Rosas	Jun/52	Américo Jacomino	Continental	16.560-B

Música	Data	Autores	Gravadora	Nº
Calanguinho	14-01-53	Dilermando Reis	Continental	16.735-A
Penumbra	14-01-53	Dilermando Reis	Continental	16.735-B
Alma nortista	04-03-53	Dilermando Reis	Continental	16.803-A
Interrogando	04-03-53	João Pernambuco	Continental	16.803-B
Recordando a Malaguenha	26-04-54	Dilermando Reis	Continental	16.978-A
Uma noite em Haifa	26-04-54	Dilermando Reis	Continental	16.978-B
Eu amo Paris	Ago/54	Cole Porter	Continental	17.011-A
Fingimento	Out/54	Dilermando Reis	Continental	17.011-B
Poema de Fibich	Mar/55	Zedenko Fibich	Continental	17.094-A
Barqueiro do Volga	Mar/55	D. P.	Continental	17.094-B
Dois destinos	20-03-48	Dilermando Reis	Continental	17.108-A
Vê se te agrada	20-03-48	Dilermando Reis	Continental	17.108-B
Limpa-banco	Mai/55	Dilermando Reis	Continental	17.112-A
Sonhando com você	Mai/55	Dilermando Reis	Continental	17.112-A
Rosita	10-06-55	F. Tárrega	Continental	17.242-A
Chuvisco	10-06-55	Dilermando Reis	Continental	17.242-B
Tristesse – Opus 10 nº 3	Nov/56	Chopin	Continental	17.358-A
Adelita	Dez/56	Francisco Tárrega	Continental	17.358-B
Se ela perguntar	Jan/58	D. Reis e Jair Amorim	Continental	17.522-A
Índia	Fev/58	J. Flores e M. Guerreiro	Continental	17.522-B
Romance de amor	Nov/58	Vicente Gomes	Continental	17.604-A
Pavana	Dez/58	F. Tárrega	Continental	17.604-B
La despedida (Chilena nº 1)	Ago/60	Juan Rodrigues	Continenta	17.799-A
Doce carinho	Ago/60	Dilermando Reis	Continental	17.799-B
Uma valsa e dois amores	Mai/61	Dilermando Reis	Continental	17.888-A

Música	Data	Autores	Gravadora	Nº
Marcha dos marinheiros	Mai/61	Américo Jacomino	Continental	17.888-B
Soluços	Set/61	José A. de Freias	Continental	17.990-A
Odeon	Set/61	Ernesto Nazareth	Continental	17.990-B
Olá de Rosinha	Jan/62	Dilermando Reis	Continental	18.036-A
Abandono	Jan/62	Nazareno de Brito e P. Barros	Continental	18.036-B
Pequena cantiga de Natal		Ghiaroni	Continental	18.037-A
Idealista-Felicidade-Ato de caridade		Nazareno de Brito e P. Barros	Continental	18.037-B
No tempo do vovô		Dilermando Reis	Continental	18.054-A
Fingimento		Dilermando Reis	Continental	18.054-B
L'arlequim de Toléde	Mar/62	H. Giraud	Continental	78.018-A
Recordando a malagueña	Mar/62	Dilermando Reis	Continental	78.018-B
Sons de carrilhões		João Pernambuco	Continental	78.165-A
Despertar da montanha		Eduardo Souto	Continental	78.165-B
Gotas de lágrimas		Mozart Bicalho	Continental	78.220-A
Cisne Branco		A M. Espírito Santo e B. X. Macedo	Continental	78.220-B
Noite de lua	Ago/41	Dilermando Reis	Colúmbia	55.290-A
Magoado	Ago/41	Dilermando Reis	Colúmbia	55.290-B

Dilermando Reis e seu conjunto

Música	Data	Autores	Gravadora	Nº
Cuidado com o velho	Mai/51	Dilermando Reis	Continental	16.389-A
Vaidoso	Mai/51	Dilermando Reis	Continental	16.389-B

Música	Data	Autores	Gravadora	Nº
				F. Laroza Sobrinho
Cada vez que eu lembro dela	Jun/30	F. Laroza	Parlophon	13.171-A
Baianinha	Jun/30	F. Laroza	Parlophon	13.171-B
				F. Laroza Sobrinho e Armando Neves
Casamento na roça	Ago/30	F. Laroza Sobrinho	Parlophon	13.194-A
Sem querer	Ago/30	F. Laroza Sobrinho	Parlophon	13.194-B
				Garoto
Dá-me tuas mãos	12-09-39	R. Martins e M. Lago	Victor	34.516-A
Música maestro por favor		A. Wrubel e H. Magidson	Victor	34.516-B
Compromisso para as dez		Garoto e Natal César	Victor	34.743-A
Ingratidão	14-03-41	Garoto e G. Queiroz	Victor	34.743-B
Moreninha (guit. hav.)	Ago/36	Garoto	Colúmbia	8.223-A
Dolente	Ago/36	Garoto	Colúmbia	8.223-B
Bichinho de queijo	Mar/30	Garoto	Parlophon	13.111-A
Driblando	Mar/30	Garoto	Parlophon	13.111-B
Abismo de rosas	24-09-40	Américo Jacomino	Odeon	12.201-A
Quanto dói uma saudade	24-09-40	Garoto	Odeon	12.201-B
1 x 0 (bandolim)	10-49	Pixinguinha-B. Lacerda	Odeon	12.966-A
Língua de preto	10-49	Honório Lopes	Odeon	12.966-B
Arranca toco (bandolim)	03-50	Jaime Florence	Odeon	13.016-A
Desvairada	03-50	Garoto	Odeon	13.016-B

Música	Data	Autores	Gravadora	Nº
Dinorá	03-50	B. Lacerda-José Ramos	Odeon	13.044-A
Beira mar	03-50	Atílio Barnardini	Odeon	13.044-B
Abismo de rosas (v. elet.)	11-50	Américo Jacomino	Odeon	13.119-A
Tristezas de um violão	11-50	Garoto	Odeon	13.119-B
Meu coração (cav.)	04-51	Garoto	Odeon	13.138-A
Triste alegria (band.) 03-50		B. de Oliveira	Odeon	13.138-B
Errei sim (guit. hav.)	06-51	Ataulfo Alves	Odeon	13.172-A
Famoso (bandolim)	27-03-50	Ernesto Nazareth	Odeon	13.172-B
Artigo do dia (viol. tenor)	26-06-51	V. de Abreu "Dunga"	Odeon	13.209-A
Guanabara (band. e v. tenor)	26-05-51	Roberto Martins	Odeon	13.209-B
Baião caçula (cavaq.)	22-11-51	Mário Gennari Filho	Odeon	13.240-A
Perigoso (band.)	22-11-51	Ernesto Nazareth	Odeon	13.240-B
Um baile em Catumbi (v. tenor)	26-06-51	Eduardo Souto	Odeon	13.265-A
Sempre	22-11-51	K. Ximbinho	Odeon	13.265-B
Vamos acabar com o baile	11-50	Garoto-J. Brandão	Odeon	13.312-A
Paulistinha dengosa (v. elet.)	11-04-51	Garoto	Odeon	13.312-B
Kalu (cavaq.)	13-08-52	Humberto Teixeira	Odeon	13.333-A
Melancolie (v. elet.)	13-08-52	Alains Romans	Odeon	13.333-B
Xaxadinho (cavaq.)	13-08-52	Garoto	Odeon	13.408-A
Cavaquinho boogie	13-08-52	Garoto	Odeon	13.408-B
Cuco (v. tenor)	26-05-53	Pascoal Meiillo-Avaré	Odeon	13.472-A

Música	Data	Autores	Gravadora	Nº
Chegou a hora (cavaq.)	05-53	R. Campos-Henricão	Odeon	13.472-B
Baião paulista	28-09-53	P. César e Di Veras	Odeon	13.635-A
Romântico	28-09-53	Paulo César e Veras	Odeon	13.635-B
Sob o céu de Paris	05-54	H. Giraud	Odeon	13.680-A
Oh! (banjo)	14-05-54	B. Gay e A. Johnson	Odeon	13.680-B
Abelha e a borboleta	02-55	H. Salvador e M.Pon	Odeon	13.802-A
João Violão	16-02-55	V. Young	Odeon	13.802-B
A valsa do adeus (g. hav.)	01-03-55	Chopin	Odeon	13.852-A
Mazurca	20-04-55	Chopin	Odeon	13.852-B
Sonhador	02-10-45	Garoto	Continental	15.600-A
Celestial	08-08-45	Garoto	Continental	15.600-B
Ameno Resedá	Set/46	Ernesto Nazareth	Continental	15.692-A
Meu cavaquinho	Set/46	Garoto	Continental	15.692-B
Puxa-puxa	29-06-48	Garoto	Continental	16.004-A
Caramelo	29-06-48	Garoto	Continental	16.004-
Choro triste	20-04-55	Garoto	Odeon	14.118-A
Primavera	20-04-55	Armandinho	Odeon	14.118-B

Garoto e sua bandinha

Música	Data	Autores	Gravadora	Nº
São Paulo quatrocentão	19-08-53	Garoto e Chiquinho	Odeon	13.525-A
Baião do rouxinol	19-08-53	Garoto e Chiquinho	Odeon	13.525-B
Baile da Camacha	02-12-53	J. Santos	Odeon	13.597-A
Corridinho 1951	02-12-53	J. Gomes Figueiredo	Odeon	13.597-B

Música	Data	Autores	Gravadora	Nº
O sino da capelinha	20-04-55	Garoto-Carlos Alberto	Odeon	13.821-A
Polquinha sapeca	20-04-55	Joubert de Carvalho	Odeon	13.821-B

Garoto e Joel de Almeida

Araucaria	18-10-54	Adap. J. Sandoval	Odeon	13.777-A
Príncipe	18-10-54	Joubert de Carvalho	Odeon	13.777-B

Garoto e Cerelepe

Bichinho de queijo	Mar/30	Garoto	Parlophon	13.111-A
Driblando	Mar/30	Garoto	Parlophon	13.111-B

Glauco Viana

Ingênua	Dez/28	Glauco Viana	Parlophon	12.886-A
Arrepiado	Dez/28	Glauco Viana	Parlophon	12.886-B
Pertinho do meu bem	Mai/29	Glauco Viana	Parlophon	12.945-A
Encantadora	Mai/29	Glauco Viana	Parlophon	12.945-B
Pensando em ti	Mai/29	Glauco Viana	Parlophon	12.947-A
Sonhador	Mai/29	Glauco Viana	Parlophon	12.947-B
Sublime ventura	Jul/29	Glauco Viana	Parlophon	12.976-A
Visão de amor	Jul/29	Glauco Viana	Parlophon	12.976-B
Oh! Que beijo...	Ago/29	Glauco Viana	Parlophon	13.001-A
Deliciosa	Ago/29	Glauco Viana	Parlophon	13.001-B
Teu nome	Dez/29	Glauco Viana	Parlophon	13.070-A
Apaixonado	Dez/29	Glauco Viana	Parlophon	13.070-B
Parlophon	Abr/30	Glauco Viana	Parlophon	13.123-A
Nós dois	Abr/30	Glauco Viana	Parlophon	13.123-B
Perigoso	Jul/30	Glauco Viana	Parlophon	13.183-A
Minha mãezinha	Jul/30	Glauco Viana	Parlophon	13.183-B
Minha saudade		Glauco Viana	Parlophon	13.299-A

Música	Data	Autores	Gravadora	Nº
Não boto...		Glauco Viana	Parlophon	13.299-B
Neste momento penso em ti	Jul/31	Glauco Viana	Parlophon	13.324-A
Idílio	Jul/31	Glauco Viana	Parlophon	13.324-B
Este chorinho é teu	03-04-33	Glauco Viana	Victor	33.666-A
Agora e Cinza	14-10-60	Bide e Marçal	Odeon	14.688-A
Tudo é azul	14-10-60	Glauco Viana	Odeon	14.688-B

Henrique Brito

Romance (1)	Jan/30	Henrique Brito	Parlophon	13.082-A
Romance (2)	Jan/30	Henrique Brito	Parlophon	13.082-B
Yankite	Abr/30	Henrique Brito	Parlophon	13.127-A
Crepúsculo	Abr/30	Henrique Brito	Parlophon	13.127-B
Nana	Jul/30	Henrique Brito	Brunswick	10.072-
Alice	Jul/30	Henrique Brito	Brunswick	10.072-B
Lourdes	Set/30	Henrique Brito	Brunswick	10.087-A
Sonho havanês	Set/30	Henrique Brito	Brunswick	10.087-B
Toma lá! Dá cá!	Set/30	Henrique Brito	Brunswick	10.098-A
Saudades do norte	Set/30	Henrique Brito	Brunswick	10.098-B
Soluçante	Out/30	Henrique Brito	Brunswick	10.108-A
Não sei	Out/30	Henrique Brito	Brunswick	10.108-B
Alegre	Jan/31	Henrique Brito	Brunswick	10.129-A
Triste	Jan/31	Henrique Brito	Brunswick	10.129-B
Marte	Fev/31	Henrique Brito	Brunswick	10.135-A
Intermezzo		Henrique Brito	Brunswick	10.151-A

Jaci Pereira

Vênus	Fev/31	Jaci Pereira	Brunswick	10.135-B
Brasileiro		Jaci Pereira	Brunswick	10.151-B
Bonequinha	Fev/31	Jaci Pereira	Brunswick	10.139-B

Música	Data	Autores	Gravadora	Nº
				João Pernambuco
Mimoso		João Pernambuco	Odeon	123.070
Lágrimas		João Pernambuco	Odeon	123.071
Magoado	Dez/26	João Pernambuco	Odeon	123.165
Sons de carrilhões	Dez/26	João Pernambuco	Odeon	123.166
Pó de mico	Mar/30	João Pernambuco	Colúmbia	5.174-A
Suspiro apaixonado	Mar/30	João Pernambuco	Colúmbia	5.174-B
Sonho de magia	Mar/30	João Pernambuco	Colúmbia	5.175-A
Suspiro apaixonado	Mar/30	João Pernambuco	Colúmbia	5.175-B
Rosa carioca	Mar/30	João Pernambuco	Colúmbia	5.176-A
Reboliço	Mar/30	João Pernambuco	Colúmbia	5.176-B
Interrogando	Mar/30	João Pernambuco	Colúmbia	5.177-A
Recordando	Mar/30	João Pernambuco	Colúmbia	5.177-B
Sentindo	Mar/30	João Pernambuco	Colúmbia	5.178-A
Dengoso	Mar/30	João Pernambuco	Colúmbia	5.178-B
				Joaquim Medina
Para você	Jun/33	J. Medina	Victor	33.666-B
Dor de uma saudade	25-07-33	J. Medina e V. Morais	Victor	33.693-A
Sonho bonito	25-07-33	J. Medina e V. Morais	Victor	33.693-B
				José Augusto de Freitas
Soluços	10-09-30	José Augusto de Freitas	Odeon	10.720-A
Lamentos d'alma	10.09-30	José Augusto de Freias	Odeon	10.720-B
É assim mesmo	03-09-30	José Augusto de Freitas	Odeon	10.744-A
O tempo passa	27-11-30	José Augusto de Freitas	Odeon	10.744-B

Música	Data	Autores	Gravadora	Nº
Devaneio		José Augusto de Freias	Odeon	10.822-A
Itapura		José Augusto de Freitas	Odeon	10.822-B
Manhãs de abril	31-10-31	José Augusto de Freias	Odeon	10.899-A
Cachorro quente	31-10-31	José Augusto de Freias	Odeon	10.899-B

José Menezes

Música	Data	Autores	Gravadora	Nº
Comigo é assim! (v. tenor)	Nov/45	José Menezes	Continental	15.475-B
Il torrente	Nov/55	Leo Carmie e C. A. Liman	Continental	17.187- A
Polca brasileira	Dez/55	A. Carrilho e A Duarte	Continental	17.187- B
Comigo é assim	27-07-50	J. Menezes e L. Bittencourt	Todamérica	TA-5011 -A
Seresteiro	27-07-50	José Menezes e Luiz Bittencourt	Todamérica	TA-5011-B
Copacabana	Ago/51	J. Barro e A. Ribeiro	Sinter	0000059-A
Um domingo no Jardim de Alah	Ago/51	Lírio Panacali	Sinter	0000059-B
Guriatan de coqueiro	Out/51	Ratinho	Sinter	0000088-A
A viola do Zé	Out/51	Menezes e Luiz Bittencourt	Sinter	0000088-B
Meu cavalo alumínio	Mar/52	C. Pessoa e L. Panicali	Sinter	0000131-A
Baião de Ceará	Mar/52	Moreira Filho e Menezes	Sinter	0000131-B
Vai ou não vai?	Set/53	Lírio Panicali/P. César	Sinter	0000253-A

Música	Data	Autores	Gravadora	Nº
Mentira de amor	Set/53	Paulo César	Sinter	0000253-B
Um, dois, três		José Menezes	Sinter	0000301-A
Borocochô		P. César e L. Panicali	Sinter	0000301-B
Se você não tem amor		Luiz Bittencourt e Jairo Argileu	Sinter	0000329-A
Currupião		Luiz Bittencourt e Jairo Argile	Sinter	0000329-B
Come prima		Taccani-Panzeri e Di Paola	Sinter	609-A
O-la-lá bambolê		Luiz Bittencourt e Norível	Sinter	609-B
E daí...?		Miguel Gustavo	Sinter	644-A
Noites de Mosco		Dunayevsky	Sinter	644-B
Maluquinho		José Menezes	Mocambo	15.080-A
Meu xodozinho		Menezes-Neusa Barbosa	Mocambo	15.800
Carrilhão na batucada	Nov/59		Sinter	632 A
A felicidade	Nov/59		Sinter	632 B

José Menezes e seu conjunto

Música	Data	Autores	Gravadora	Nº
Caixinha de música	Abr/54	Menezes e Bittencourt	Continental	16.951-A
Repinica Raimundo	Abr/54	José Menezes	Continental	16.951-B
Amor brejeiro	Jan/55	Alain e P. Saka	Continental	17.072-A
Violão na gafieira	Jan/55	Menezes e Bittencourt	Continental	17.072-B
Não interessa não		Menezes e Bittencourt	Sinter	0000049-A
Vitorioso		Menezes e Bittencourt	Sinter	0000049-B
Nunca aos domingos	Mar/51	Manos Hadjidakis	Philips	P61074H-A
Taki	Mar/51	Manos Hadjifakis	Philips	P61074H-B

Música	Data	Autores	Gravadora	Nº
				José Menezes e seu quarteto
Nunca, jamais	Dez/56	Lalo Guerreiro	Sinte	516-A
Na você, na chitarra e o poço e luna	Dez/56	A Rossi e U.Calise	Sinter	516-B
Maracangalha	Mar/57	Dorival Caymmi	Sinter	528-A
Lê rififi	Mar/57	Gerard e La Rue	Sinte	528-B
Bolero napolitano	Mai/57	Bittencourt e Menezes	Sinter	550-A
Faz que vai	Mai/57	José Menezes	Sinter	550-B
				José Menezes e seus melodistas
Temperado		I. Vilarim e Menezes	Mocambo	15.161-A
Ritmo latino		Victor Young	Mocambo	15.161-B
Anastásia	Out/57	Newman e P. F. Webster	Mocambo	15.176-A
Gafieira é comigo	Out/57	José Xavier de Menezes	Mocambo	15.176-B
				Josué de Barros
Babaô miloquê	22-11-29	Josué de Barros	Victor	33.253-A
História de um capitão africano	09-12-29	Josué de Barros	Victor	33.253-B
Tome disso	22-07-31	Josué de Barros	Victor	33.484-A
Gemidos d'alma	22-07-31	Josué de Barros	Victor	33.484-B
Sinhá, sinhô	Jan/31	Josué de Barros	Colúmbia	22.006-A
Minha cachacinha	Jan/31	Josué de Barros	Colúmbia	22.006-B
Cadê ela?	Jan/31	Josué de Barros	Parlophon	13.287-A
Olha a cara dela	Jan/31	J. Barros e L. Babo	Parlophon	13.287-B
Mimo de amor	Fev/30	Josué de Barrros	Brunswick	10.022-A
Marcha das trincheiras	Fev/30	Josué de Barros	Brunswick	10.022-B

Música	Data	Autores	Gravadora	Nº
Paulistana		Josué de Barros	Copacabana	5.205-A
Cateretê imperial		Josué de Barros	Copacabana	5.205-B

Laurindo de Almeida

Música	Data	Autores	Gravadora	Nº
Saudade que passa	20-05-38	Laurindo de Almeida	Odeon	11.649-A
Inspiração	20-05-38	Laurindo de Almeida	Odeon	11.649-B
De papo pro á	14-10-40	Joubert de Carvalho Olegário Mariano	Victor	34.684-A
Saudades de Matão	14-10-40	Jorge Galatti	Victor	34.684-B

Laurindo de Almeida e seu conjunto

Música	Data	Autores	Gravadora	Nº
Buliçoso		Romeu G. Almeida Laurindo de Almeida	Continental	15.771-A
Pandeiro manhoso		Romeu G. Almeida Laurindo de Almeida	Continental	15.771-B

Levino da Conceição

Música	Data	Autores	Gravadora	Nº
Triste ausência		Levino da Conceição	Odeon	122.540
A carioca		Levino da Conceição	Odeon	122.541
Saudades do Rio Grande		Levino da Conceição	Odeon	122.924
Reminiscências Baianas		Levino da Conceição	Odeon	122.925
Há quem resista?		Levino da Conceição	Odeon	122.926
El pasado (Audacioso)		Levino da Conceição	Odeon	122.927
Prece da saudade	Mai/30	Levino da Conceição	Odeon	10.601-A

Música	Data	Autores	Gravadora	Nº
Canção gaúcha	Mai/30	E. Martins e L. Conceição	Odeon	10.601-B
Romance	Dez/30	Schumann	Odeon	10.721-A
Meditando	Dez/30	Levino da Conceição	Odeon	10.721-B

Luiz Bonfá

Música	Data	Autores	Gravadora	Nº
Jalousie – Sleepy lagoon	Ago/45	Arr. Luiz Bonfá	Continental	15.410-A
My boogie-woogie	Ago/45	Luiz Bonfá	Continental	15.410-B
Remember to you	Nov/45	Luiz Bonfá	Continental	15.476-A
My old bass	Nov/45	Luiz Bonfá	Continental	15.476-B
Granada santa	Abr/46	Agustin Lara	Continental	15.616-A
I get lost-lucy-laís		Luiz Bonfá	Continental	15.616
Dominó	Jul/52	Jacques e Plante	Continental	16.583-A
Só um beijo	Jul/52	Luiz Bonfá	Continental	16.583-B
Sonhador	24-01-53	Luiz Bonfá	Continental	16.736-A
Angústia	24-01-53	Luiz Bonfá	Continental	16.736-B
Calles de España	10-07-53	Luiz Bonfá	Continental	16.811-A
Outro adeus	10-07-53	Luiz Bonfá	Continental	16.811-B
Dança da bandeja	07-09-53	Luiz Bonfá	Continental	16.872-A
Dia de Natal	07-09-53	Luiz Bonfá	Continental	16.872
Amendoim torradinho	54	Henrique Beltrão	Continental	17.012-A
Resistência	Out/54	Luiz Bonfá	Continental	17.012-B
Baião de Ubá	Mai/55	Luiz Bonfá	Continental	17.113-A
Violão no samba	Jun/55	Luiz Bonfá	Continental	17.113-B
Noite feliz	12-10-55	F. Gruber	Continental	17.201-A
Jingle bells	12-10-55	D. P.	Continental	17.201-B
A voz do violão	Nov/55	F. Alves H. Campos	Continental	17.206-A
Saudosa Gamboa-Tristezas-Alvorada no samba		Arr. Luiz Bonfa	Continental	17.206-B

Música	Data	Autores	Gravadora	Nº
Bom que dói	03-09-57	Luiz Bonfá	Odeon	14.317-A
Dobradinho	03-09-57	Luiz Bonfá	Odeon	14.317-B
Bonde Tijuca	31-07-61	Luiz Bonfá	Odeon	14.761-A
Domingo à noite	31-07-61	Luiz Bonfá	Odeon	14.761-B
Mania de Maria	24-08-62	Bonfá e M. H. Toledo	Odeon	14.840-A
Melancolia	24-08-62	Bonfá e M. H. Toledo	Odeon	14.840-B

Luiz Bonfá e seu conjunto

Música	Data	Autores	Gravadora	Nº
Pescaria em Paquetá	Jul	Luiz Bonfá	Continental	16.432-A
Uma prece	Set/51	Luiz Bonfá	Continental	16.432-B
Tabuleiro	22-08-51	Luiz Bonfá	Continental	16.478-A
O céu mandou alguém	22-08-51	Reis e Rutinaldo	Continental	16.478-B
Malagueña	Mar	D. P.	Continental	16.544-A
Só recordação	22-08-51	Luiz Bonfá	Continental	16.544-B
Ilha dos amores	22-08-51	Luiz Bonfá	Continental	16.639-A
Olhos ciganos	11-11-51	Luiz Bonfá	Continental	16-639-B
Uei... paesano	Set	Nicola Paone	Continental	16.847-A
Marcha escocesa	Out/53	Luiz Bonfá	Continental	16.847-B
Velhos tempos	Abr/54	Luiz Bonfá	Continental	16.952-A
Baião em Bagdad	Abr/54	Luiz Bonfá	Continental	16.952-B
Recuerdos de Ypacaray	05-56	D. Ortiz Mirkin	Continental	17.308-A
Tus ojos	22-05-56	Luiz Bonfá	Continental	17.308-B
A chuva caíu	20-04-56	Bonfá e Jobim	Continental	17.313-A
Meu caminho	20-04-56	Luiz Bonfá	Continental	17.313-B

Mozart Bicalho

Música	Data	Autores	Gravadora	Nº
Alma de artista	Jul/29	Mozart Bicalho	Odeon	10.421-A
Tuim, tuim	Jul/29	Mozart Bicalho	Odeon	10.421-B

Música	Data	Autores	Gravadora	Nº
Divagações	Out/29	Mozart Bicalho	Odeon	10.481-A
Currupacos, papacos	Out/29	Mozart Bicalho	Odeon	10.481-B
Usca moleque	27-09-29	Mozart Bicalho	Odeon	10.495-A
Festa de Itambé	27-09-29	Mozart Bicalho	Odeon	10.495-B
Odeon		Mozart Bicalho	Odeon	10.585-A
Gotas de lágrimas		Mozart Bicalho	Odeon	10.585-B
Dança das Pulgas	Out/30	Mozart Bicalho	Odeon	10.693-A
Reminiscências de Santa Alda		Mozart Bicalho	Odeon	10.693-B
Cidade, cidadão	Jan/3	Mozart Bicalho	Odeon	10.758-B
Peba	04-09-30	Mozart Bicalho	Odeon	10.773-A
Meditação	04-09-30	Mozart Bicalho	Odeon	10.773-B
Coração de mãe	21-06-40	Mozart Bicalho	Odeon	11.975-A
Choro setembro	21-06-40	Mozart Bicalho	Odeon	11-975-B
Amor de Argentina	13-05-54	A. Jacomino	Odeon	13.690-A
Três prantos	13-05-54	Mozart Bicalho	Odeon	13.690-B
Tulipa	14-05-54	Mozart Bicalho	Odeon	13.973-A
Gritos d'alma	14-05-54	Mozart Bicalho	Odeon	13.973-B
Piau, piau	06-11-31	Mozart Bicalho	Victor	33.547-A
Evocação	06-11-31	Mozart Bicalho	Victor	33.547-B
Toada bonita de Marambá	Jan/31	Mozart Bicalho	Victor	33.758-B

Mozart Bicalho e sua bandinha

Música	Data	Autores	Gravadora	Nº
Se você jurar	16-04-57	Ismael Silva-N. Bastos Francisco Alves	Victor	80.1808-A
Gosto que me enrosco	16-04-57	J. B. da Silva "Sinhô"	RCA Victor	80.1808-B
Jingle bells	10-09-57	Arr. Lindolfo Gaya	RCA Victor	80.1874-A
Fim de ano	10-09-57	F. Alves e David Nasser	RCA Victor	80.1874-B

Música	Data	Autores	Gravadora	Nº
				Mozart Bicalho e Ferreira da Silva
Toada bonita de Marambá	Jan/31	Ferreira da Silva	Odeon	10.758
				Paulinho Nogueira
Menino desce daí	Nov/61	Paulinho Nogueira	RGE	10353-A
Tema do boneco de palha		V. Brasil e S. C. Neto	RGE	10353-B
				Pereira Filho
Edinho no choro	Mai/45	Pereira Filho	Continental	15.337-A
Conversa fiada	14-01-53	Pereira Filho	Continental	16.734-A
Serenata havaiana	16-01-53	Pereira Filho	Continental	16.734-B
Jongo africano	22-05-33	Pereira Filho	Victor	33.688-A
Áurea	22-05-33	Pereira Filho	Victor	33.686-B
Variações sobre cateretê	36	Pereira Filho	Victor	34.049-B
Conversa fiada	06-10-59	Pereira Filho	Todamérica	TA-5864-A
Noites sem rumo	06-10-59	Pereira Filho	Todámerica	TA-5864-B
				Pereira Filho e seu conjunto
Garoa	23-09-53	Pereira Filho	Continental	16.870-A
Borba gato	23-09-53	Pereira Filho	Continental	16.870-B
				Rogério Guimarães
Martha	1926	Rogério Guimarães	Odeon	123.076
Marinetti	1926	Rogério Guimarães	Odeon	123.077
Prelúdio de violão	1928	Rogério Guimarães	Odeon	10.107-A
Atlântico	1928	Rogério Guimarães	Odeon	10.107-B
Campanha do Sul	Mar/28	Rogério Guimarães	Odeon	10.148-B
Cinco de Julho	Mar/28	Rogério Guimarães	Odeon	10.167-A
Uma noite na Urca	Mar/28	Rogério Guimarães	Odeon	10.167-B
Stambul	Ago/28	Rogério Guimarães	Parlophon	12.815-A

Música	Data	Autores	Gravadora	Nº
Rosa meu amor	10-09-29	Rogério Guimarães	Victor	33.213 A
Cismado	18-09-29	Rogério Guimarães	Victor	33.221 A
Quando a frô pega na	12-09-29	Rogério Guimarães	Victor	33.225 A
Aguenta o galho	29-04-40	Rogério Guimarães	Odeon	11.912-A
Sinhá Chica no baile	29-04-40	Rogério Guimarães	Odeon	11.912-B
Saudades do sertão	25-06-29	Rogério Guimarães	Victor	33.200-A
Solidão	27-06-29	Rogério Guimarães	Victor	33.200-B
Victor	24-06-29	Rogério Guimarães	Victor	33.206-B
Vamos deixar de intimidade	06-29	Rogério Guimarães	Victor	33.216-A
Tarantella	25-06-29	Rogério Guimarães	Victor	33.220-A
Deliciosa	21-08-29	Rogério Guimarães	Victor	33.216-B
Trem de luxo	25-11-29	Rogério Guimarães	Victor	33.244-A
Noite de Prazer	25-11-29	Rogério Guimarães	Victor	33.244-B
O cuco do meu relógio	22-06-31	Rogério Guimarães	Victor	33.452-A
Noite silenciosa	11-07-31	Rogério Guimarães	Victor	33.452-B
Romance em ré menor	09-07-45	Rogério Guimarães	Odeon	12.625-B

Rogério Guimarães e Francisco Alves

Música	Data	Autores	Gravadora	Nº
Sílvia	Mar/28	Rogério Guimarães	Odeon	10.149-A
Araca	Mar/28	Rogério Guimarães	Odeon	10.149-B
Saudades	1928	Rogério Guimarães	Odeon	10.201-A
Ao luar	1928	Rogério Guimarães	Odeon	10.201-B
Norma	Ago/28	Rogério Guimarães	Parlophon	12.815-B
Cateretê paulista	Jan/29	Rogério Guimarães	Parlophon	12.898-A
Radiosa	Jan/29	Rogério Guimarães	Parlophon	12.898-B

Rogério Guimarães e Tico-Tico

Música	Data	Autores	Gravadora	Nº
Borboleta azul	09-07-45	Rogério Guimarães	Odeon	12.625

Música	Data	Autores	Gravadora	Nº
		Rogério Guimarães (Canhoto) e seu regional		
Meu limão meu limoeiro	03-04-51	Bola Sete	RCA Victor	80.0784-A
Gracioso	03-04-51	Altamiro Carrilho	RCA Victor	80.0784-B
Gingando	06-06-51	Dino e Canhoto	RCA Victor	80.0808-A
Rato rato	06-06-51	Casimiro Rocha	RCA Victor	80.-808-B
Luar de Paquetá	25-07-51	Freire Jr.	RCA Victor	80.0818-A
Canarinho teimoso	25-07-51	Carrilho-Aduarte	RCA Victor	80.0818-B
Rouxinol no melado	13-11-51	Altamiro Carrilho	RCA Victor	80.0875-A
Saudades de Ouro Preto	13-11-51	Arranj. Canhoto	RCA Victor	80.0875-B
Cuidado violão!	12-03-52	Zezinho	RCA Victor	80.0888-A
Subindo ao céu	12-03-52	Aristides/Borges	RCA Victor	80.0888-B
Fogo na roupa	07-07-52	A. Carrilho-Duarte	RCA Victor	80.0933-A
Boi de touca	07-07-52	Meira/O. Silveira	RCA Victor	80.0933-B
Caxias	18-07-52	Roberto Martins	RCA Victor	80.0991-A
Canhotinho	18-07-52	Canhoto	RCA Victor	80.0991-B
Enigmático	03-12-52	Altamiro Carrilho	RCA Victor	80.1083-A
Pitoresco	03-12-52	Guio de Morais	RCA Victor	80.1083-B
Professor Raimundo	16-04-53	F. Anísio/Silveira	RCA Victor	80.1148-A
Teco-teco	16-04-53	Canhoto/Meira	RCA Victor	80.1148-B
Jambalaya	11-05-53	Hank Williams	RCA Victor	80.1161-A
Bye-bye blues	11-05-53	Hamm-Bennett-Lown-Gray	RCA Victor	80.1161-B
A casinha pequenina	28-07-53	D. P.	RCA Victor	80.1207-A
Lamentos	28-05-53	Pixinguinha	RCA Victor	80.1207-B
Viagem à lua	07-10-53	Carrilho/Meira	RCA Victor	80.1233-A
Corridinho	07-10-53	J. Gomes de Figueiredo	RCA Victor	80.1233-B
Sabiá laranjeira	19-03-54	Max Bulhões-M. Oliveira	RCA Victor	80.1281-A

Música	Data	Autores	Gravadora	Nº
Jambolinha	19-03-54	Dino/Silveira	RCA Victor	80.1281-B
Gostoso como ele só	05-54	Ferreira Lixa	RCA Victor	80.1325-A
Espiga de milho	21-05-54	V. de Abreu "Dunga"	RCA Victor	80.1325-B
Raparigas de barqueiros do Minho	54	J. Gomes Figueiredo	RCA Victor	80.1364-A
Visitando	13-08-54	Canhoto e O. Silveira	RCA Victor	80.1364-B
Ivone	06-12-54	Dino Silva e A. Carrilho	RCA Victor	80.1410-A
28 de setembro	12-54	Altamiro Carrilho	RCA Victor	80.1410-B
Ai Seu Mé	16-03-55	Freire Jr. e Careca	RCA Victor	80.1440-A
Conversa mole	16-03-55	Radamés Gnattali	RCA Victor	80.1440-B
Mate amargo	10-06-55	F. Brancatti e F. Bravo	RCA Victor	80.1474-A
El pañuelito	10-06-55	Juan de Dios Filiberto	RCA Victor	80.1474-B
Lenço branco	11-08-55	J. Florence e Canhoto	RCA Victor	80.1509-A
Rio-São Paulo	11-08-55	Dino e O. Silveira	RCA Victor	80.1509-B
Rosa amarela do Texas		Don George	RCA Victor	80.1591-A
Arrivederci Roma	56	Giovannini-Garin-cibbe Rascel	RCA Victor	80.1591-B
Lembro-me ainda	07-05-56	Horondino Silva	RCA Victor	80.1633-A
O beijo do meu bem	56	V. Gomes e Canhoto	Victor	80.1633-B
Amoroso	12-07-56	Roberto Martins	Victor	80.1666-A
Um a zero	12-07-56	Pixinguinha e B. Lacerda	Victor	80.1666-B
Cristo nasceu na Bahia	20-11-56	Sebastião Cirino e Duque	Victor	80.1745-A
Atrevida	20-11-56	Dino Silva e A. Ataíde	Victor	80.1745-B

Música	Data	Autores	Gravadora	Nº
Bons tempos	12-02-57	Artur Ataíde	Victor	80.1797-A
Dedilhando	12-02-57	O. Silveira e E. Sales	Victor	80.1797-B
Vamos sambar	02-02-57	Artur Ataíde	RCA Victor	80.1841-A
Monumental	02-02-57	Pedro Santos	RCA Victor	80.1841-B
Fascinação	04-10-57	Marchetti	RCA Victor	80.1878-A
Sulla slitta	04-10-57	R. Carosone	RCA Victor	80.1878-B
Até amanhã	10-01-58	Noel Rosa	RCA Victor	80.1936-A
Clube XV	10-01-58	Oscar A Ferreira	RCA Victor	80.1936-B
Fim de festa	12-03-58	Zito Borborema	RCA Victor	80.1943-A
Aí, patiense!	12-03-58	J. Santos	RCA Victor	80.1943-B
Apache	Jul/61	Jerry Lordan	Continental	17.974-A
Boato	Jul/61	João Roberto Kelly	Continental	17.794-B
Matuto		Ernesto Nazareth	CBS	3311-A
Na colheita		Francisco P. Sobrinho Batista Jr.	CBS	3311-B
Estás com algum?	18-08-59	Pedro Santos	Odeon	14.512-A
Eu vou te contar, heim!	18-08-59	Jota Santos	Odeon	14.512-B
Sorongaio	22-02-59	Pedro Santos	Odeon	14.621-A
Cheio de moral	30-09-59	Jota Santos	Odeon	14.621-B
Cinco tambores		Pedro Santos	Musi-Color	50.019
Patatina		G. Maccia Migliacci	Musi-Color	50.019-B

Canhoto e Maurinho

Música	Data	Autores	Gravadora	Nº
Nasci para te amar		Ramoncito Gomes	CBS	3352-A
Sabes que te amo		Teddy Fregoso e Darci Bourbon	CBS	3352-B

Índice onomástico

O texto deste livro foi composto em Sabon, desenho tipográfico de Jan Tschichold de 1964 baseado nos estudos de Claude Garamond e Jacques Sabon no século XVI, em corpo 10,5/15. Para títulos e destaques, foi utilizada a tipografia Frutiger, desenhada por Adrian Frutiger em 1975.

A impressão se deu sobre papel off-white 80 g/m² pelo Sistema Cameron da Divisão Gráfica da Distribuidora Record.